LETTRES GOTHIQUES
Collection dirigée par Michel Zink

LAIS
DE MARIE DE FRANCE

Traduits, présentés et annotés
par Laurence Harf-Lancner
Texte édité par Karl Warnke

LE LIVRE DE POCHE

Laurence Harf-Lancner est professeur à l'Université Paris XII Val-de-Marne. Elle a publié *Les Fées au Moyen Âge, Morgane et Mélusine ou la Naissance des fées* (Champion, 1984) et dirigé deux ouvrages collectifs, *Métamorphose et Bestiaire fantastique au Moyen Âge* (Collection de l'École Normale Supérieure de Jeunes Filles, 1985) et, en collaboration avec D. Boutet, *Pour une mythologie du Moyen Âge* (Collection de l'École Normale Supérieure de Jeunes Filles, 1988).

Pour Bernard Lancner

Introduction

De l'auteur des *Lais*, on ne sait rien, à peine son nom, mentionné au vers 3 du lai de *Guigemar* :

> *Oëz, seignur, que dit Marie,*
> *ki en sun tens pas ne s'oblie.*

> *Écoutez donc, seigneurs, les récits de Marie,*
> *qui tient sa place parmi les auteurs de son temps.*

Consciente de la valeur de son œuvre, cette Marie revendique sa place parmi les auteurs de son temps.

L'Espurgatoire saint Patrice, une traduction du *Tractatus de Purgatorio sancti Patricii* d'Henri de Saltrey, est également signé par une *Marie*, qui a traduit l'ouvrage en *roman*, c'est-à-dire en français, afin de le rendre accessible aux laïcs ignorants du latin :

non-religieux

> *Jo, Marie, ai mis en memoire,*
> *le livre de l'Espurgatoire,*
> *en romanz, qu'il seit entendables*
> *a laie gent e covenables.*

> *Moi, Marie, j'ai sauvé de l'oubli*
> *le livre de l'Espurgatoire,*
> *en le traduisant en langue romane afin qu'il puisse être*
> *des laïcs et mis à leur portée.*   [*compris*

Enfin, une troisième *Marie* est l'auteur d'un *Ysopet*, un recueil de fables ésopiques adapté en français d'une version anglaise :

> *Al finement de cest escrit,*
> *qu'en romanz ai treité et dit,*
> *me numerai pur remembrance :*

> *Marie ai nun, si sui de France[1].*
>
> *A la fin de ce texte,*
> *que j'ai composé en langue romane,*
> *je me nommerai pour ne pas être mise en oubli :*
> *j'ai nom Marie, je suis originaire de France.*

Le roman désigne donc d'abord une langue, le français, puis une œuvre écrite dans cette langue, avant de s'attacher à la forme littéraire qui va s'épanouir au cours de ce XIIe siècle.

Les trois œuvres ont été composées à la fin du XIIe siècle, par un auteur lié à l'Angleterre. Henri de Saltrey, dont Marie traduit l'œuvre, est un cistercien anglais. Les *Fables* sont tirées d'un *Ysopet* anglais et dédiées à un comte Guillaume que l'on tend à identifier à Guillaume de Mandeville, comte d'Essex et compagnon d'Henri II. Le « noble roi » à qui est offert le recueil des *Lais* semble bien être Henri II Plantagenêt. En outre, dans les trois cas, l'auteur se présente comme un traducteur qui veut sauver des textes condamnés sans lui à l'oubli : traduction de latin en français pour l'*Espurgatoire*, d'anglais en français pour les *Fables* ; passage de l'oral à l'écrit pour les *Lais*. Il est donc vraisemblable que les trois *Marie* n'en sont qu'une seule, mais on ne peut l'affirmer. Rien ne prouve non plus que ces *Lais* dont on a parfois vanté l'écriture féminine ont bien été composés par une femme[2], même si des miniatures soulignent ce trait en représentant une femme assise, la plume à la main, à sa table de travail.

Marie de France, c'est-à-dire d'Île-de-France, ou, plus généralement, de France, par rapport à l'Angleterre. Car Marie a probablement vécu en Angleterre, peut-être à la cour de Londres, la cour d'Henri II Plantagenêt (1154-1189), le plus brillant foyer intellectuel du monde occidental au XIIe siècle[3]. Duc de Normandie, comte d'Anjou, duc d'Aquitaine par son

1. *Das Buch vom Espurgatoire S. Patrice der Marie de France*, éd. K. Warnke, Halle, 1938 ; Marie de France, *Fables*, éd. A. Ewert et R.C. Johnston, Oxford, 1942.

2. Voir J.-C. Huchet, « Nom de femme et écriture féminine », *Poétique*, 12, 1981, pp. 407-430.

3. Sur la cour d'Henri II, voir R. R. Bezzola, *Les Origines et la formation de la littérature courtoise en Occident, 500-1500*, Paris, Champion, 1944-1963, troisième partie.

mariage, en 1152, avec Aliénor d'Aquitaine (séparée d'avec le roi
de France Louis VII), roi d'Angleterre en 1154, Henri II est alors
le plus puissant prince de l'Occident chrétien et la cour de France
ne saurait rivaliser avec le rayonnement de la cour d'Angleterre.
La cour royale, nouvelle réalité sociale et culturelle pour le XIIe
siècle, attire les intellectuels, qui cherchent à y faire carrière. On
voit s'y épanouir la littérature en langue latine avec des clercs
curiaux comme Jean de Salisbury, dont le *Policraticus* (1159)
marque un nouvel essor de la réflexion politique et, à travers son
portrait du prince idéal, affirme une nouvelle idéologie royale,
mais aussi Gautier Map, Pierre de Blois, Giraud de Barri. C'est
surtout le développement d'une littérature *courtoise* en langue
vulgaire, à la gloire de la chevalerie qui se constitue alors en
classe[4]. Les premiers romans en langue française, autour de
1160, cherchent leur inspiration dans l'épopée antique : le *Roman
de Troie* de Benoît de Sainte-Maure, le *Roman de Thèbes* et le
Roman d'Eneas. Benoît de Sainte-Maure vit à la cour de Londres
et dédie son œuvre à la reine Aliénor ; l'auteur du *Roman de
Thèbes* semble poitevin, celui du *Roman d'Eneas*, normand. On
a donc pu émettre l'hypothèse que les trois romans s'inscrivaient
dans le même cadre politique et culturel, le royaume anglo-
normand. Or Énée est donné comme ancêtre, dans *Le Roman de
Brut* de Wace (1155), à Brut (Brutus), premier roi éponyme de
la Grande-Bretagne et lointain prédécesseur du roi d'Angleterre
Henri II. Henri Plantagenêt aurait cherché à capter le mythe des
origines troyennes que se réservaient les rois de France avec leur
ancêtre légendaire Francus-Francion, héros troyen et aïeul des
Francs. En outre, l'abbaye de Glastonbury, qui se voulait la
rivale de Saint-Denis, devait *inventer*, en 1191, les tombes
d'Arthur et de Guenièvre, s'appropriant le mythe insulaire du roi
Arthur pour l'opposer au mythe continental de Charlemagne.

L'œuvre de Marie de France s'inscrit dans cette éclatante
cour de Londres, bien entourée par celles des plus brillants
intellectuels de l'époque. Parallèlement, à la cour de Cham-
pagne, où la comtesse Marie favorise les arts comme sa mère
Aliénor, Chrétien de Troyes exploite, comme Marie de France,
la matière de Bretagne, mais pour la mettre au service de cette

---

4. Voir E. Köhler, *L'Aventure chevaleresque, Idéal et Réalité dans le roman
courtois*, Paris, Gallimard, 1974 et E. Baumgartner et C. Méla, « La mise en
roman », dans D. Poirion éd., *Précis de littérature française du Moyen Âge*, Paris,
PUF, 1983, chap. 3.

nouvelle forme littéraire qu'est le roman : *Erec et Enide, Yvain* ou
Le Chevalier au lion, Lancelot ou *Le Chevalier de la charrette*, les
premiers romans bretons, sont contemporains des *Lais*. En effet,
les *Lais* comme les *Fables* sont antérieurs à 1189, date de la mort
d'Henri II et de celle de Guillaume de Mandeville. En revanche,
le traité d'Henri de Saltrey étant postérieur à 1189,
l'*Espurgatoire*, qui le traduit, ne peut être lui aussi que postérieur
à cette date. Pour préciser ces datations, on a relevé l'influence
du *Brut* de Wace, dans la peinture du monde arthurien de *Lanval*,
et, moins sûre, celle du *Roman d'Eneas* (vers 1160), dans la
peinture des affres de l'amour *(Guigemar, Equitan, Eliduc)*. Les
Lais seraient donc la première œuvre de Marie, vers 1170, suivie
des *Fables*, vers 1180, et de l'*Espurgatoire*, après 1189.

Seul un manuscrit de la seconde moitié du XIIIᵉ siècle (le
manuscrit Harley 978 de la British Library de Londres) contient
l'ensemble ici présenté : le prologue et les douze lais. Quatre
autres manuscrits offrent un ou plusieurs lais. Tous les éditeurs
des *Lais* ont donc choisi pour texte de base ce manuscrit H.
L'édition de Karl Warnke, reproduite dans ce volume dans sa
troisième version, suit, comme les autres, cet unique manuscrit.
On voit que les incertitudes qui planent sur l'auteur pèsent
également sur son œuvre. Rien ne permet d'affirmer que ce
recueil est l'œuvre d'un seul auteur : les douze lais peuvent avoir
été regroupés par un compilateur qui les aurait choisis parmi des
lais dispersés (dont certains de Marie ?), et aurait décidé de leur
ordre⁵. Seule l'unité de ton, d'intention et de style qui s'affirme
dans les douze poèmes pousse à les attribuer à un unique auteur,
Marie, qui les aurait réunis et présentés dans ce prologue-
dédicace où elle justifie son projet de « rassembler des lais et de
les raconter en vers ». Mais bien des lais anonymes s'alimentent
aux mêmes sources folkloriques que les douze lais de ce recueil.
Les lais de *Graelent* et de *Guingamor*, inséparables du lai de
Lanval, content les amours d'un mortel et d'une fée : Graelent et
Guingamor sont attirés dans l'autre monde par un animal
merveilleux, blanche biche ou sanglier blanc, qui rappelle la
biche blanche aux bois de cerf du lai de *Guigemar*. Graelent et
Guingamor, comme Lanval, sont poursuivis par une reine

---

5. Voir R. Baum, *Recherches sur les œuvres attribuées à Marie de France*,
Heidelberg, 1968. Les doutes de R. Baum constituent un antidote salutaire contre
les biographies de Marie de France, créées de toutes pièces à partir des œuvres. Mais
c'est tomber dans l'excès inverse que remettre en cause l'existence même de Marie.

amoureuse, avatar de la femme de Putiphar ; Graelent, comme
Lanval, trahit la confiance de la fée et perd son amour. Les trois
héros disparaîtront dans l'autre monde, seule patrie des amours
parfaites. Mélion le loup-garou est victime, comme le Bisclavret,
de la perfidie de sa femme, qui veut le condamner à garder sa
force animale. Doon, comme Milon, affronte dans un tournoi,
sans le savoir, le fils qu'il n'a jamais vu[6]. Les premiers éditeurs
de Marie ont d'ailleurs été tentés de lui attribuer certains de ces
lais. Mais la plupart de ces récits, plus tardifs, semblent exploiter
à la fois la tradition populaire et les lais de Marie.

Trois termes sont toujours liés aux récits de Marie : lai, conte,
aventure[7]. L'aventure est un point de rupture entre réel et
surréel, un événement extra-ordinaire qui rompt la trame de la
réalité. Elle peut se traduire par l'irruption du merveilleux dans
le récit. Guigemar, qui a blessé une biche aux bois de cerf, entend
celle-ci lui révéler son destin ; la prophétie commence à se réaliser
quand il pénètre dans une nef mystérieuse qui, privée de pilote,
l'amène à celle qui lui fera découvrir l'amour et dont, dans un
conte merveilleux, la biche ne serait que l'avatar. Le héros, qui
s'est « émerveillé » devant la prodigieuse richesse du navire, et
qui voit celui-ci soudain en haute mer, comprend qu'il lui faut
accepter l'aventure, cette aventure qui lui fera découvrir
l'amour, le séparera de son amie avant de la lui rendre, quand
il aura assez souffert :

> *Bele, fet il, quels aventure*
> *que jo vus ai ici trovee[8] !*

> *Belle, dit-il, c'est une merveilleuse aventure*
> *qui m'a permis de vous retrouver ici !*

Mais l'aventure peut aussi, sans basculer dans le surnaturel,
introduire le héros dans un monde idéal où l'amour impossible

---

6. On trouvera ces récits dans *Les Lais anonymes des XIIe et XIIIe siècles*, éd.
P.M. O'Hara Tobin, Genève, Droz, 1976, et *Le Cœur mangé*, trad. D. Régnier-
Bohler, Paris, Stock, 1979.
7. Sur la notion d'aventure, voir J. Frappier, « Remarques sur la structure du
lai », dans *La Littérature narrative d'imagination*, Paris, 1961, pp. 23-39 ; sur les
relations entre aventure, lai et conte, voir M. de Riquer, « La *aventure*, el *lai* y el
conte en María de Francia », *Filologia Romanza*, 2, 1955, pp. 1-19.
8. *Guigemar*, vv. 822-823, cf. v. 199.

aura enfin sa place. Le héros du *Laüstic* reçoit le cadavre du
rossignol, qui semble signer la mort de son amour : « l'aventure
le remplit de chagrin[9] ». Mais bien vite, immortalisant l'oiseau
en l'enfermant dans une précieuse châsse, il retourne le sens de
l'aventure, qui lui permet de sauver à jamais son amour.

De ces aventures dont la Bretagne — une Bretagne que Marie
situe dans un passé mythique — est si fertile, les témoins (les
anciens Bretons) ont voulu préserver le souvenir en composant
des lais :

> *Ne dutai pas, bien le saveie,*
> *que pur remembrance les firent*
> *des aventures qu'il oïrent*
> *cil ki primes les comencierent*
> *e ki avant les enveierent[10].*

> Je savais en toute certitude
> que ceux qui avaient commencé à les écrire
> et à les répandre
> avaient voulu perpétuer le souvenir
> des aventures qu'ils avaient entendues.

L'aventure donne naissance à une œuvre, le lai. Mais entre
l'aventure et le lai, il y a le conte, la tradition orale née de
l'aventure ; c'est de ces contes que les Bretons ont tiré leurs
lais :

> *Les contes que jo sai verais,*
> *dunt li Bretun unt fait les lais,*
> *vos conterai assez briefment[11].*

> Je vais vous raconter en peu de mots
> les contes dont je sais qu'ils sont vrais,
> les contes dont les Bretons ont tiré leurs lais.

Marie fait donc entrer dans la littérature écrite les récits qu'elle
a « entendu conter », les contes populaires « dont les Bretons ont
tiré leurs lais ». Mais que sont alors les lais ? L'épilogue de
Guigemar le précise :

9. *Laüstic*, v. 147.
10. *Prologue*, vv. 34-38. Cf. *Yonec*, vv. 559-560 ; *Eliduc*, vv. 1181-1184 ; *Laüstic*,
vv. 1-2, 157-160.
11. *Guigemar*, vv. 19-21 ; cf. *Eliduc*, vv. 1-2.

> *De cest cunte qu'oï avez*
> *fu Guigemar li lais trovez,*
> *que hum fait en harpe e en rote;*
> *bone en est a oïr la note.*

> *Du conte que vous venez d'entendre,*
> *on a tiré le lai de* Guigemar,
> *qu'on joue sur la harpe et la rote:*
> *la musique en est douce à entendre.*

Ce lai (du celtique *laid*, chanson), « qu'on joue sur la harpe et
la rote » et dont « la musique est douce à entendre », est lié à une
composition musicale. Il a en outre une valeur commémorative :
il est toujours composé *pur remembrance*, pour garder le
souvenir de l'aventure. Enfin une importance extrême est
attachée à son titre : l'auteur donne un titre dans plusieurs
langues *(Bisclavret, Le Laüstic, Le Chèvrefeuille)*, comme pour
s'assurer que tout le monde le reconnaît, ce qui s'expliquerait si
Marie racontait un récit lié à une composition musicale dont tout
le monde ne connaît pas forcément le « livret »[12]. Certains contes
ont deux titres *(Chaitivel, Eliduc)* dont Marie discute les mérites
respectifs, comme si le titre, seul élément du conte subsistant
dans le lai, devait en contenir l'essence même. Choisir le titre de
Chaitivel (Le Malheureux), c'est privilégier la souffrance du seul
survivant des quatre chevaliers, contre celle de la dame, privée
en un jour de ses quatre amants. Choisir *Eliduc*, plutôt que
Guildeluec et Guilliadon, c'est sacrifier les deux figures féminines
à celle du mari aux deux femmes, parangon de chevalerie.

Ainsi à l'aventure succéderaient le conte oral, le lai musical,
puis le conte en vers. Mais il arrive à Marie, tout comme aux
auteurs des lais anonymes, de désigner les récits eux-mêmes
comme des lais :

> *Le lai del Fraisne vus dirai*
> *sulunc le cunte que jeo sai*[13].

> *Je vais vous raconter le lai du Frêne*
> *d'après le récit que je connais.*

12. Sur la genèse du lai, voir C. Bullock-Davies, « The Form of the Breton
Lay », *Medium Aevum*, 42, 1973, pp. 18-31.
13. *Fraisne*, vv. 1-2 ; cf. *Bisclavret*, vv. 1-2 ; *Chievrefueil*, vv. 118-119.

Dans le lai, qui désignait d'abord une spécialité bretonne, une œuvre à dominante musicale, liée à une aventure légendaire, l'élément narratif est devenu prépondérant : après Marie (et peut-être à la suite du succès de ses lais) s'est imposé le lai narratif, nouvelle en vers inspirée des lais bretons[14]. Enfin, au XIVᵉ siècle devait se développer une nouvelle forme lyrique, le lai, sans rapport avec le lai narratif[15].

On a pu retrouver dans bien des lais la thématique mais aussi la structure des contes populaires : Marie se réfère d'ailleurs sans cesse à des sources orales et situe ses récits en Bretagne (à l'exception de *Lanval*, inscrit dans un cadre arthurien, et des *Deux Amants*, légende normande encore vivante aujourd'hui, attachée au Mont-des-Deux-Amants, près de Pîtres). On ne s'étonnera donc pas de retrouver dans trois lais la structure de contes merveilleux. *Lanval* et *Yonec* sont deux contes *mélusiniens* (du nom de la fée Mélusine), qui content l'union d'un mortel et d'un être surnaturel[16] :

— Exclus par les leurs, Lanval et la mal mariée du lai d'*Yonec* trouvent le bonheur auprès d'un être surnaturel aussi longtemps qu'ils préservent le secret sur leur amour.

— Tous deux transgressent l'interdit et perdent leur amour.

— Les deux couples seront finalement réunis dans la mort. Muldumarec et son amie sont ensevelis dans le même tombeau. Et la disparition de Lanval en Avalon, l'île des fées, place les retrouvailles des amants sous le signe de la mort.

L'histoire du *Bisclavret*, comme bien d'autres récits médiévaux qui mettent en scène un loup-garou, repose sur le conte

---

14. Ce succès est attesté, à la fin du XIIᵉ siècle, par un passage de la *Vie de saint Edmond*, qui évoque le plaisir des chevaliers et des dames à se faire lire les lais de Marie de France : *La vie seint Edmund le rei*, éd. H. Kjellman, Göteborg, 1935, vv. 35-48. Les vers sont cités dans l'édition Warnke (p. IV) et dans l'édition Rychner (p. X).

15. Sur le lai lyrique, voir J. Maillard, *Évolution et Esthétique du lai lyrique des origines à la fin du XIVᵉ siècle*, Paris, 1963.

16. Sur les contes populaires qui affleurent dans les *Lais*, voir L. Harf-Lancner, *Les Fées au Moyen Âge*, Paris, Champion, 1984, chap. 4, 8, 9, 10 ; les remarques de R. Köhler dans l'édition Warnke (pp. C-CLXXXIV) ; E. Sienaart, *Les Lais de Marie de France : du conte merveilleux à la nouvelle psychologique*, Paris, Champion, 1978.

type 449 de la classification Aarne-Thompson, *Le Chien du tsar*[17]. Dans ce conte oriental, dont la version la plus célèbre est l'aventure de Sidi Numan dans *Les Mille et Une Nuits*, une sorcière se débarrasse de son mari en le transformant en chien (en loup dans certaines versions). L'animal est recueilli par un berger, puis par un roi, retrouve finalement sa forme humaine et se venge de sa perfide épouse.

Dans le lai de *Guigemar*, surgissent deux thèmes folkloriques qui vont devenir indissociables de la mythologie du roman breton : la chasse au blanc cerf et la nef magique. Au cours d'une partie de chasse, Guigemar voit surgir une biche blanche aux bois de cerf qui lui prédit son destin : aimer une femme qu'il trouvera au prix de longues souffrances. Cette chasse merveilleuse prélude à l'aventure surnaturelle, à la rencontre de la fée. Erec ne découvre-t-il pas Enide, dans le premier des romans bretons, au terme d'une chasse au blanc cerf, tout comme Graelent et Guingamor, les héros des deux lais anonymes, qui sont entraînés par l'animal blanc dans le domaine d'une fée amoureuse ? Et c'est une nef sans pilote qui amène Tristan à Iseut, Partonopeu de Blois à la belle Mélior, et au soir de sa vie, le roi Arthur auprès de la fée Morgane qui l'attend en Avalon.

Bien d'autres motifs folkloriques ont été relevés : le thème de Peau d'Âne, sous-jacent dans *Les Deux Amants*, avec l'amour excessif du roi pour sa fille ; le pli à la chemise et la boucle de la ceinture dans *Guigemar* ; la belle au bois dormant et les croyances attachées à la belette *(Eliduc)* ; la biche qui parle à son bourreau, comme le cerf de saint Eustache[18].

Mais tout le charme des *Lais* réside dans l'intégration de cette thématique universelle à un univers poétique à nul autre semblable. Cet univers s'inscrit dans le monde féodal du XIIᵉ siècle. Le procès de Lanval correspond à la pratique judiciaire de l'époque. Goron, l'amant de Frêne, et Equitan sont contraints au mariage par la coalition de leurs vassaux, qui sont en droit

17. A. Aarne et S. Thompson, *The Types of the Folk Tale*, Helsinki, 1961 ; L. Harf-Lancner, « La métamorphose illusoire : des théories chrétiennes de la métamorphose aux images médiévales du loup-garou », *Annales Économies Sociétés Civilisations*, 1985, 1, pp. 208-226.

18. Les motifs folkloriques des *Lais* ont été relevés par R. Köhler (dans l'édition Warnke) et M.H. Ferguson, « Folklore in the *Lais* of Marie de France », *The Romanic Review*, 57, 1966, pp. 3-24.

d'attendre de leur seigneur un héritier légitime pour lui succéder. Guigemar apprend le métier des armes chez son suzerain, qui se charge de son adoubement. Plus tard, allié de Mériaduc, il se rend à son appel pour l'aider dans la guerre qu'il a entreprise. Eliduc, chassé par son seigneur, connaît le sort peu enviable des *soudoyers*, chevaliers qui doivent vivre de leur épée. Suzerains et vassaux sont pris dans un tissu serré d'obligations réciproques. Equitan, cédant à son amour pour la femme de son sénéchal, se rend coupable de félonie envers son vassal, alors que Lanval cache son désintérêt pour l'amour de la reine derrière les obligations vassaliques. Eliduc, rappelé par le roi de Bretagne, est pris entre son devoir envers son seigneur lige et le serment d'allégeance prêté à Exeter, au père de Guilliadon ; entre son amour pour la jeune fille et la loyauté qu'il doit au père[19]. Mais délié de son engagement à l'égard du seigneur d'Exeter, il n'a plus aucun scrupule à venir enlever Guilliadon.

Trouve-t-on dans les *Lais* une problématique de l'amour, comme le voulait Leo Spitzer dans un article célèbre[20] ? Marie conte avant tout pour le plaisir de conter et le conte n'est jamais prétexte à poser un problème de casuistique amoureuse, comme ceux sur lesquels on aimait rendre jugement à la cour de la comtesse de Champagne. Mais dans leur diversité, les récits fournissent la matière d'une véritable réflexion sur l'amour. Guigemar serait un chevalier parfait s'il ne méprisait pas l'amour. Mais ce refus « lui [est] reproché comme une tare[21] » et c'est au terme de douloureuses épreuves qu'il trouvera enfin le bonheur dans l'alliance de l'amour et de la prouesse : c'est exactement la morale des romans de Chrétien de Troyes.

La faute de Lanval, c'est-à-dire la violation du secret, motif central des contes mélusiniens, est aussi, dans une interprétation courtoise, une faute contre l'amour : l'amant ne doit jamais se vanter de son amour. Cette faute même provoquera la mort des deux amants dans une nouvelle qu'on a rapprochée de *Lanval* : *La Chastelaine de Vergi*[22]. Quant à l'amie du chevalier oiseau,

19. *Eliduc*, vv. 685-689.

20. L. Spitzer, « Marie de France Dichterin von Problemmärchen », *Zeitschrift für romanische Philologie*, 50, 1930, pp. 29-67, repris dans ses *Romanische Stil- und Literaturstudien*, I, Marburg, 1932, pp 55-102.

21. *Guigemar*, v. 67.

22. *La Châtelaine de Vergi*, textes établis et traduits par R. Stuip, Paris, 10/18, 1985. Voir. R. Maraud, « *Lanval* et *La Châtelaine de Vergi* », *Romania*, 93, 1972, pp. 433-459.

dans *Yonec*, elle commet une autre faute contre la *fin amor* : dans sa joie de voir sans cesse son amant, elle oublie d'*esgarder la mesure*, provoquant la découverte de leur secret et la mort de Muldumarec[23].

L'histoire d'Equitan est un conte noir dans lequel la frontière entre lai et fabliau apparaît bien imprécise. La morale en est explicite :

> *Tels purchace le mal d'altrui,*
> *dunt tuz li mals revert sur lui*[24].

> *Tel qui cherche à faire du mal à autrui*
> *voit tout le mal se retourner contre lui.*

Les amants coupables s'y livrent pourtant à de subtiles analyses de la *fin amor*, cet amour courtois qui fleurit alors dans la poésie lyrique et le roman, et dont André le chapelain énoncera la doctrine dans son *Traité de l'amour courtois*, composé vers 1186, peut-être à l'instigation de la comtesse de Champagne.

Et le *Chaitivel* ? On serait tenté de le rapprocher des jugements rendus par de grandes dames, parmi lesquelles la reine Aliénor et la comtesse de Champagne, sur les méandres de l'amour courtois, jugements rapportés par André le chapelain. Le lai, construit sur l'épineuse question de savoir qui est le plus à plaindre, de la dame qui a perdu ses quatre amants à la fois, ou du survivant, que ses blessures empêchent de jouir de l'amour de sa dame, semble bien parodier ces doctes jugements. C'est que Marie n'est pas, comme Chrétien de Troyes, un auteur courtois, et ne cherche pas à défendre une morale. Les héros des *Lais*, comme ceux des contes populaires, sont en quête de bonheur : ils le trouveront dans l'amour, telles les mal mariées de *Guigemar*, de *Yonec*, du *Laüstic*. Mais cet amour est indissociable de la souffrance, cette souffrance purificatrice qui permettra aux amants de *Guigemar*, du *Frêne* et de *Milon* d'être enfin réunis en ce monde. Les autres couples seront réunis dans la mort *(Yonec, Lanval, Les Deux Amants, Le Chèvrefeuille)* :

> *Plusur le m'unt cunté e dit*
> *e jeo l'ai trové en escrit*
> *de Tristram e de la reïne,*
> *de lur amur ki tant fu fine,*

23. *Yonec*, v. 205.
24. *Equitan*, vv. 315-316.

> *dunt il ourent meinte dolur ;*
> *puis en mururent en un jur*[25].

> *On m'a souvent relaté*
> *l'histoire de Tristan et de la reine*
> *et je l'ai aussi trouvée dans un livre,*
> *l'histoire de leur amour si parfait,*
> *qui leur valut tant de souffrances,*
> *puis les fit mourir le même jour.*

L'amour se réalise également dans un autre monde spirituel pour les amants du lai du *Laüstic*, qui vivront dans un souvenir préservé à jamais, comme le rossignol dans sa châsse, et, dans le lai d'*Eliduc*, pour Guildeluec, la première épouse, puis pour Eliduc lui-même et Guilliadon, amenés à l'amour de Dieu par la grandeur de leur bienfaitrice.

Contes populaires, nouvelles édifiantes *(Le Frêne, Eliduc)*, récits nés d'une image *(Le Chèvrefeuille, Le Laüstic)*, les lais glissent souvent d'un merveilleux extérieur à un merveilleux intériorisé qui est caractéristique de la plupart des récits du recueil. À la première partie de *Guigemar*, résolument féerique, succède l'histoire « réaliste » des amours avec la mal mariée. Mais le merveilleux a gardé tous ses droits : pour la dame prisonnière, les portes ont perdu leurs serrures, la nef attend au port, comme si le miracle était suscité par la force de l'amour. L'apparition du chevalier oiseau, dans *Yonec*, répond à l'appel de la dame :

> *Mes ne poeie a vus venir*
> *ne fors de mun païs eissir*
> *se vus ne m'eüssiez requis*[26].

> *Mais je ne pouvais pas vous rejoindre*
> *ni sortir de mon pays*
> *si vous ne m'appeliez d'abord.*

Et quand, après avoir assisté à la mort de Muldumarec dans l'autre monde, son amie retrouve sa tombe au cœur d'un couvent du pays de Galles, le fantastique s'infiltre dans le conte. Dans *Eliduc*, Guilliadon est ressuscitée par la fleur magique qui vient

---

25. *Chievrefueil*, vv. 5-10.
26. *Yonec*, vv. 135-137.

de permettre à une belette de rendre la vie à sa compagne, mais aussi et surtout par un miracle de l'amour : Guildeluec lui redonne la vie en supprimant la cause de sa mort, la douleur de savoir son ami déjà marié.

Cet ailleurs auquel tendent les *Lais*, c'est tantôt le pays des fées et des morts, tantôt le monde rêvé où l'amour peut s'épanouir sans entraves pour les mal mariées, le temps d'une rencontre qui prélude à l'union définitive dans la mort *(Le Chèvrefeuille)*, dans le souvenir *(Le Laüstic)*, le monde idéal où l'amour humain, transcendé, trouve sa récompense ici-bas *(Le Frêne)* ou son aboutissement dans l'amour de Dieu *(Eliduc)*. Il est souvent incarné par un objet en lequel se cristallise tout le symbolisme du récit : le chèvrefeuille condamné à mourir si on le sépare du noisetier auquel il s'enlace ; l'amour meurtri puis immortalisé comme le rossignol ; les vêtements du Bisclavret, frontière fragile entre le monde animal et le monde humain ; la chemise et la ceinture de Guigemar et de son amie ; la soierie de Frêne ; le philtre des deux amants ; et même le bain brûlant d'*Equitan*, préfiguration de l'Enfer qui attend les amants coupables : tous participent de cette poésie emblématique.

Dans l'épilogue de *Milon*, Marie livre le secret du charme qui continue d'opérer dans les *Lais* :

> *De lur amur e de lur bien*
> *firent un lai li ancïen ;*
> *e jeo ki l'ai mis en escrit*
> *el recunter mult me delit.*

> *De leur amour et de leur bonheur,*
> *les anciens ont fait un lai ;*
> *et moi, qui l'ai mis par écrit,*
> *j'ai grand plaisir à le raconter.*

Le plaisir du conteur : lui seul peut appeler le plaisir de l'auditeur ou du lecteur.

Lais

Prologue

Qui Deus a duné esciënce
e de parler bone eloquence,
ne s'en deit taisir ne celer,
ainz se deit voluntiers mustrer.
5 Quan uns granz biens est mult oïz,
dunc a primes est il fluriz,
e quant loëz est de plusurs,
dunc a espandues ses flurs.
Custume fu as anciëns,
10 ceo testimoine Preciëns,
es livres que jadis faiseient
assez oscurement diseient
pur cels ki a venir esteient
e ki aprendre les deveient,
15 que peüssent gloser la letre
e de lur sen le surplus metre.
Li philesophe le saveient,
par els meïsmes l'entendeient,
cum plus trespassereit li tens,
20 plus serreient sutil de sens
e plus se savreient guarder
de ceo qu'i ert, a trespasser.
Ki de vice se vuelt defendre,
estudiër deit e entendre
25 e grevose oevre comencier;

Prologue

Quand Dieu vous a donné la science
et un talent de conteur,
il ne faut pas se taire ni se cacher
mais se montrer sans hésitation.
5 Lorsqu'un beau fait est répété,
il commence à fleurir,
et quand les auditeurs se répandent en louanges,
alors les fleurs s'épanouissent[1].
Les Anciens avaient coutume,
10 comme en témoigne Priscien,
de s'exprimer dans leurs livres
avec beaucoup d'obscurité
à l'intention de ceux qui devaient venir après eux
et apprendre leurs œuvres :
15 ils voulaient leur laisser la possibilité de commenter le texte
et d'y ajouter le surplus de science qu'ils auraient.
Les poètes anciens savaient
et comprenaient eux-mêmes
que plus le temps passerait,
20 plus les hommes auraient l'esprit subtil
et plus ils seraient capables
d'interpréter les ouvrages antérieurs[2].
Pour se protéger du vice,
il faut étudier et entreprendre
25 une œuvre difficile :

---

1. Dans ce prologue-dédicace, se succèdent plusieurs thèmes qui appartiennent à la topique de l'exorde :
— l'obligation de partager la science (vv. 1-8) ;
— Anciens et modernes (vv. 9-22) ;
— la vertu salutaire du travail (vv. 23-27) ;
— le choix du sujet (vv. 28-42) ;
— la dédicace (vv. 42-56).
Voir T. Hunt, « Glossing Marie de France », *Romanische Forschungen*, 86, 1974, pp. 396-418.
2. Marie définit ici la position des modernes à l'égard des Anciens : « comme des nains juchés sur des épaules de géants » (selon la formule fameuse de Bernard de Chartres), les modernes voient plus loin que leurs prédécesseurs, mais grâce à eux. Sur les vers 17-22, voir le commentaire de l'édition Rychner (pp. 236-237).

par ceo s'en puet plus esloignier
e de grant dolur delivrer.
Pur ceo començai a penser
d'alkune bone estoire faire
30 e de Latin en Romanz traire ;
mais ne me fust guaires de pris :
itant s'en sunt altre entremis.
Des lais pensai qu'oïz aveie.
Ne dutai pas, bien le saveie,
35 que pur remembrance les firent
des aventures qu'il oïrent
cil ki primes les comencierent
e ki avant les enveierent.
Plusurs en ai oïz conter,
40 nes vueil laissier ne obliër.
Rime en ai e fait ditié,
soventes feiz en ai veillié.

En l'onur de vus, nobles reis,
ki tant estes pruz e curteis,
45 a qui tute joie s'encline,
e en qui quer tuz biens racine,
m'entremis des lais assembler,
par rime faire e reconter.
En mun quer pensoe e diseie,
50 sire, ques vos presentereie.
Se vos les plaist a receveir,
mult me ferez grant joie aveir ;
a tuz jurs mais en serrai liee.
Ne me tenez a surquidiee,
55 se vos os faire icest present.
Ore oëz le comencement !

c'est ainsi que l'on s'éloigne le plus du mal
et que l'on s'épargne la souffrance.
Voilà pourquoi j'ai d'abord eu l'idée
de composer un bon récit
30 que j'aurais traduit de latin en français.
Mais je n'en aurais pas tiré grande estime
car tant d'autres l'ont déjà fait !
J'ai donc pensé aux lais que j'avais entendus.
Je savais en toute certitude
35 que ceux qui avaient commencé à les écrire
et à les répandre
avaient voulu perpétuer le souvenir
des aventures qu'ils avaient entendues.
J'en connais moi-même beaucoup
40 et je ne veux pas les laisser sombrer dans l'oubli.
J'en ai donc fait des contes en vers,
qui m'ont demandé bien des heures de veille.

En votre honneur, noble roi,
vous qui êtes si preux et courtois,
45 vous que salue toute joie,
vous dont le cœur donne naissance à toutes les vertus,
j'ai entrepris de rassembler ces lais
et de les raconter en vers, sire,
avec le désir
50 de vous les offrir.
S'il vous plaît de les accepter,
vous me remplirez de joie
à tout jamais.
Ne me jugez donc pas présomptueuse
55 si j'ose vous faire ce présent.
Écoutez maintenant, le récit commence !

I

Guigemar

Ki de bone matire traite,
mult li peise, se bien n'est faite.
Oëz, seignur, que dit Marie,
ki en sun tens pas ne s'oblie.
5 Celui deivent la genz loër,
ki en bien fait de sei parler.
Mais quant il a en un païs
hume ne femme de grant pris,
cil ki de sun bien unt envie
10 sovent en dïent vileinie.
Sun pris li vuelent abaissier:
pur ceo comencent le mestier
del malvais chien coart, felun,
ki mort la gent par traïsun.
15 Nel vueil mie pur ceo laissier,
se jangleür u losengier
le me vuelent a mal turner;
ceo est lur dreiz de mesparler.

Les contes que jo sai verais,
20 dunt li Bretun unt fait les lais,
vos conterai assez briefment.
El chief de cest comencement
sulunc la letre e l'escriture
vos mosterrai une aventure,
25 ki en Bretaigne la Menur
avint al tens anciënur.

I

Guigemar

Quand la matière est riche,
l'auteur est désolé de ne pas lui rendre justice.
Écoutez donc, seigneurs, les récits de Marie,
qui tient sa place parmi les auteurs de son temps.
5 On doit faire l'éloge
de celui qui a une bonne réputation.
Pourtant quand un pays possède
un homme ou une femme de grand mérite,
les envieux
10 se répandent en calomnies
pour diminuer sa gloire :
ils se mettent à jouer le rôle
du chien méchant, lâche et perfide,
qui mord traîtreusement les gens.
15 Malgré tout je ne renoncerai pas,
même si les railleurs et les médisants
veulent dénigrer mon entreprise :
libre à eux de dire du mal !

Je vais vous raconter, en peu de mots,
20 les contes dont je sais qu'ils sont vrais,
les contes dont les Bretons ont tiré leurs lais.
Au terme de ce prologue[1],
conformément au texte écrit,
voici une aventure
25 survenue, il y a bien longtemps,
en petite Bretagne[2].

parce que la littérature est à l'orale

— très présente

pour attirer la publique

Ça veux dire qu'ils sont VRAIS.

---

1. *Guigemar* s'ouvre sur un prologue qui semble antérieur au prologue-dédicace. Ce court exorde aurait donc été remplacé par un grand prologue justificatif de l'ensemble de l'œuvre. Selon M. Delbouille (« El chief de cest comencement », *Mélanges E. Labande*, Paris, 1974, pp. 185-186), le vers 22 serait donc à traduire : *au terme de ce prologue*. Sur la structure du lai, voir R. Pickens, « Thematic Structure in Marie de France's *Guigemar* », *Romania*, 95, 1974, pp. 328-341.

2. La *Bretaigne* désigne la Grande-Bretagne et *Bretaigne la Menur* (« la petite Bretagne »), notre Bretagne.

En cel tens tint Hoëls la terre,
sovent en pais, sovent en guerre.
Li reis aveit un suen barun,
30 ki esteit sire de Liün.
Oridials esteit apelez.
De sun seignur ert mult amez;
chevaliers ert pruz e vaillanz.
De sa moillier out dous enfanz,
35 un fiz e une fille bele.
Noguent ot nun la dameisele;
Guigemar noment le dancel:
el reialme nen out plus bel.
A merveille l'amot sa mere,
40 e mult esteit bien de sun pere.
Quant il le pout partir de sei,
si l'enveia servir le rei.
Li vadlez fu sages e pruz;
mult se faiseit amer de tuz.
45 Quant fu venuz termes e tens
que il aveit eage e sens,
li reis l'adube richement;
armes li dune a sun talent.
Guigemar se part de la curt;
50 mult i dona ainz qu'il s'en turt.
En Flandres vait pur sun pris querre:
la out tuz jurs estrif e guerre.
En Lohereigne n'en Burguigne
ne en Anjou ne en Gascuigne
55 a cel tens ne pout hom truver
si bon chevalier ne sun per.
De tant i out mespris nature
que unc de nule amur n'out cure.
Suz ciel n'out dame ne pucele,
60 ki tant par fust noble ne bele,
se il d'amer la requeïst,
que volentiers nel retenist.
Plusurs l'en requistrent suvent,
mais il n'aveit de ceo talent;
65 nuls ne se pout aparceveir
que il volsist amur aveir.
Pur ceo le tienent a peri
e li estrange e si ami.

En ce temps-là régnait Hoël
et sa terre connaissait la guerre aussi souvent que la paix.
Parmi ses barons,
30 le seigneur de Léon
nommé Oridial,
était très aimé du roi :
c'était un valeureux chevalier.
Son épouse lui avait donné deux enfants,
35 un fils et une fille d'une grande beauté,
nommée Noguent.
Quant au jeune homme, Guigemar,
il n'y avait pas plus beau dans tout le royaume.
Sa mère le chérissait,
40 tout comme son père,
qui décida, quand Guigemar fut en âge de le quitter,
de l'envoyer servir le roi.
Le jeune homme était sage et vaillant
et gagnait l'amitié de tous.
45 Quand il eut assez
d'âge et de raison,
le roi l'adouba
et lui offrit un riche équipement avec les armes de son choix.
Guigemar alors quitta la cour,
50 non sans s'être répandu en largesses.
En quête de renommée, il gagna la Flandre,
où il y avait toujours batailles et guerres.
Qu'on aille en Lorraine ou en Bourgogne,
en Anjou ou en Gascogne,
55 on ne pouvait alors trouver
si bon chevalier.
Et pourtant la Nature avait commis une faute en le formant :
il était indifférent à l'amour.
Nulle dame, nulle demoiselle,
60 si belle et si noble fût-elle,
ne lui aurait refusé son amour
s'il le lui avait demandé.
D'ailleurs plus d'une le lui offrit ;
mais elles ne l'intéressaient pas.
65 Il ne donnait pas même l'impression
de vouloir connaître l'amour.
Et ce refus lui était reproché comme une tare
par les étrangers comme par ses propres amis.

En la flur de sun meillur pris
70 s'en vait li ber en sun païs
veeir sun pere e sun seignur,
sa bone mere e sa sorur,
ki mult l'aveient desiré.
Ensemble od els a sujurné,
75 ceo m'est a vis, un meis entier.
Talenz li prist d'aler chacier.
La nuit somunt ses chevaliers,
ses veneürs e ses berniers.
Al matin vait en la forest;
80 kar cil deduiz forment li plest.
A un grant cerf sunt aruté,
e li chien furent descuplé.
Li veneür current devant;
li dameisels se vait tarjant.
85 Sun arc li portë uns vaslez,
sun hansac e sun berserez.
Traire voleit, se mes eüst,
ainz que d'iluec se remeüst.
En l'espeisse d'un grant buissun
90 vit une bisse od sun foün.
Tute fu blanche cele beste;
perches de cerf out en la teste.
Pur l'abai del brachet sailli.
Il tent sun arc, si trait a li.
95 En l'esclot la feri devant;
ele chaï demeintenant.
La saiete resort ariere:
Guigemar fiert en tel maniere
en la quisse desqu'al cheval,
100 que tost l'estuet descendre a val.
A terre chiet sur l'erbe drue
delez la bisse qu'out ferue.
La bisse, ki nafree esteit,
anguissuse ert, si se plaigneit.

Dans tout l'éclat de sa gloire,
70 il revient dans son pays
pour rendre visite à son père et seigneur,
à sa douce mère et à sa sœur
qui languissaient après lui.
Il est demeuré avec eux
75 un mois entier, je crois.
Un jour l'envie le prend d'aller chasser.
Le soir même, il convoque ses chevaliers,
ses veneurs et ses rabatteurs
et dès le matin, il entre dans la forêt :
80 Guigemar est un chasseur passionné[3].
On se lance à la poursuite d'un grand cerf
et on lâche les chiens.
Les veneurs courent devant,
le jeune homme s'attarde en arrière.
85 Un serviteur porte son arc,
son couteau et son chien
car il espère avoir l'occasion de décocher une flèche
avant de quitter la forêt.
Alors, au plus profond d'un épais buisson,
90 il voit une biche avec son faon.
La bête était toute blanche
et portait des bois de cerf.
Les aboiements du chien la font bondir.
Guigemar tend son arc, décoche une flèche
95 et l'atteint au front.
Elle s'abat immédiatement
mais la flèche rebondit
et vient traverser
la cuisse de Guigemar si profondément qu'elle atteint le
100 Il doit aussitôt mettre pied à terre   [cheval[4].
et tombe sur l'herbe épaisse,
près de la biche qu'il a atteinte.
La biche souffrait de sa blessure
et gémissait.

3. On retrouve ici le thème mythique du chasseur passionné (Hippolyte) :
refusant l'amour des mortelles, le héros suscite l'amour d'une femme surnaturelle,
émanation de la forêt. Mais le lai rationalise le conte merveilleux : à la femme biche
se substitue la mal mariée.

4. Cette blessure à la cuisse matérialise l'impuissance de Guigemar à aimer. Elle
ressurgit dans *Chaitivel* mais aussi dans *Le Conte du Graal* de Chrétien de Troyes,
avec la blessure du père de Perceval et celle du roi *Mehaigné* (mutilé) : éd. F. Lecoy,
Paris, Champion, Classiques français du Moyen Âge, 1973, vv. 434 et 3498-3499.

105 Aprés parla en itel guise :
 'Oï, lasse ! Jo sui ocise !
 E tu, vassal, ki m'as nafree,
 tels seit la tue destinee :
 ja mais n'aies tu medecine !
110 Ne par herbe ne par racine,
 ne par mire ne par poisun
 n'avras tu ja mes guarisun
 de la plaie qu'as en la quisse,
 de si que cele te guarisse,
115 ki suferra pur tue amur
 si grant peine e si grant dolur,
 qu'unkes femme tant ne sufri ;
 e tu referas tant pur li,
 dunt tuit cil s'esmerveillerunt,
120 ki aiment e amé avrunt
 u ki puis amerunt aprés.
 Va t'en de ci ! Lai m'aveir pes !'

 Guigemar fu forment blesciez.
 De ceo qu'il ot est esmaiez.
125 Comença sei a purpenser
 en quel terre purra aler
 pur sa plaie faire guarir ;
 kar ne se volt laissier murir.
 Il set assez e bien le dit
130 qu'unkes femme nule ne vit,
 a qui il aturnast s'amur
 ne kil guaresist de dolur.
 Sun vaslet apela avant.
 'Amis', fait il, 'va tost poignant !
135 Fai mes compaignuns returner ;
 kar jo voldrai a els parler.'
 Cil point avant, e il remaint.
 Mult anguississement se pleint.
 De sa chemise estreitement
140 bende sa plaie fermement.
 Puis est muntez, d'iluec s'en part ;
 qu'esloigniez seit, mult li est tart ;
 ne vuelt que nuls des suens i vienge,
 kil desturbast ne kil retienge.
145 Le travers del bois est alé
 un vert chemin, ki l'a mené

105 Elle se mit alors à parler :
« Hélas, je vais mourir !
Et toi, chevalier, toi qui m'as blessée,
voici ta destinée :
puisses-tu ne jamais trouver de remède !
110 Nulle herbe, nulle racine,
nul médecin, nulle potion
ne guériront jamais
la plaie de ta cuisse (la sexe)
tant qu'une femme ne viendra pas la guérir,
115 une femme qui souffrira pour l'amour de toi
plus de peines et de douleurs
que nulle autre amoureuse.
Et toi, tu souffriras tout autant pour elle.
Et votre amour émerveillera
120 tous ceux qui aiment, qui ont aimé
et qui aimeront.
Maintenant va-t'en, laisse-moi en paix ! »

Guigemar, cruellement blessé,
est bouleversé par ces paroles.
125 Il se demande
dans quel pays se rendre
pour faire guérir sa plaie
car il ne veut pas se laisser mourir.
Il sait bien, et il se le répète,
130 qu'il n'a jamais vu femme
qu'il puisse aimer
et qui puisse le guérir et le soulager.
Il fait venir son serviteur devant lui :
« Mon ami, pars vite au galop
135 et fais revenir mes compagnons :
je veux leur parler ! »
Le serviteur part au galop et lui reste seul,
gémissant de douleur.
De sa chemise bien serrée
140 il panse solidement sa plaie
puis remonte à cheval et s'en va,
pressé de s'éloigner
de peur que l'un des siens n'arrive
et ne tente de le retenir.
145 À travers la forêt,
un chemin verdoyant l'a mené

fors de la landë. En la plaigne
vit la faleise e la muntaigne
d'une ewe ki desuz cureit.
150 Braz fu de mer; hafne i aveit.
El hafne out une sule nef,
dunt Guigemar choisi le tref.
Mult esteit bien aparilliee;
defors e dedenz fu peiee,
155 nuls huem n'i pout trover jointure.
N'i out cheville ne closture
ki ne fust tute d'ebenus;
suz ciel n'a or ki vaille plus.
La veile fu tute de seie:
160 mult est bele, ki la despleie.
Li chevaliers fu mult pensis;
en la cuntree n'el païs
n'out unkes mes oï parler
que nes i peüst ariver.
165 Il vait avant, si descent jus;
a grant anguisse munta sus.
Dedenz quida humes truver,
ki la nef deüssent guarder:
n'i aveit nul, ne nul vit.
170 En mi la nef trova un lit,
dunt li pecol e li limun
furent a l'uevre Salemun
taillié a or, tut a trifoire,
de ciprés e de blanc ivoire.
175 D'un drap de seie a or teissu
ert la coilte ki desus fu.
Les altres dras ne sai preisier;
mes tant vos di de l'oreillier:
ki sus eüst sun chief tenu,
180 ja mais le peil n'avreit chanu.
Li coverturs de sabelin
volz fu de purpre Alexandrin.
Dui chandelabre de fin or
(li pire valeit un tresor)
185 el chief de la nef furent mis;

au-delà de la lande. Dans la plaine
il découvre une rivière
qui court au pied de la montagne
150 et devient un bras de mer où se trouve un port.
Au port, un seul navire,
dont il aperçoit la voile,
un navire prêt à prendre la mer,
calfaté en dehors et en dedans
155 sans qu'on puisse voir la moindre jointure.
Pas une cheville, pas un crampon
qui ne soient d'ébène :
il n'est rien de si précieux !
La voile, toute de soie,
160 se déploie magnifiquement.
Pourtant le chevalier, tout étonné,
n'avait jamais entendu dire
qu'un navire pût aborder
dans la région.
165 Il avance, descend de cheval
pour monter à grand-peine dans le navire.
Il croyait y trouver des hommes
chargés de le garder.
Mais il n'en trouve pas trace.
170 Au milieu du navire, il découvre un lit
dont les montants et les côtés
étaient d'or gravé selon l'art de Salomon
et incrusté
de cyprès et d'ivoire blanc[5].
175 Une étoffe de soie brochée d'or
recouvrait le lit.
Quant aux draps, je ne saurais les évaluer
mais pour l'oreiller, je peux bien vous dire son pouvoir :
il aurait suffi d'y poser sa tête
180 pour se voir épargner les cheveux blancs.
La couverture de zibeline
était doublée de pourpre d'Alexandrie.
À la proue du navire,
deux candélabres d'or fin
185 dont le moins précieux valait un trésor,

---

5. « L'œuvre Salomon » est une technique de gravure proche de celle du champlevé. Voir G. D. West, « L'uevre Salomon », *Modern Language Review*, 49, 1954, pp. 176-182. La traduction de ce vers est de J. Rychner (*op. cit.*, p. 243).

desus out dous cirges espris.
De ceo s'esteit il merveilliez.
Il s'est sur le lit apuiez ;
repose sei, sa plaie duelt.
190 Puis est levez, aler s'en vuelt.
Il ne pout mie returner ;
la nes est ja en halte mer,
od lui s'en va delivrement.
Bon oré ot e suëf vent,
195 n'i a niënt de sun repaire ;
mult est dolenz, ne set que faire.
N'est merveille se il s'esmaie,
kar grant dolur a en sa plaie.
Sufrir li estuet l'aventure.
200 A Deu prie qu'en prenge cure,
qu'a sun poeir l'ameint a port
e sil defende de la mort.
El lit se colche, si s'endort.
Hui a trespassé le plus fort ;
205 ainz la vespree arivera
la u sa guarisun avra,
desuz une antive cité,
ki esteit chiés de cel regné.

Li sire, ki la manteneit,
210 mult fu vielz huem e femme aveit,
une dame de halt parage,
franche, curteise, bele e sage.
Gelus esteit a desmesure ;
car ceo purporte la nature
215 que tuit li vieil seient gelus ;
mult het chascuns que il seit cus :
tels est d'eage li trespas.
Il ne la guardout mie a gas.
En un vergier suz le donjun
220 la out un clos tut envirun.
De vert marbre fu li muralz,
mult par esteit espés e halz.
N'i out fors une sule entree ;
cele fu nuit e jur guardee.
225 De l'altre part fu clos de mer ;
nuls n'i pout eissir ne entrer,
se ceo ne fust od un batel,

garnis de deux cierges allumés.
Guigemar, émerveillé,
s'est appuyé sur le lit
pour se reposer car il souffre.
190 Il se relève, veut partir
mais c'est impossible :
déjà le navire est en haute mer
et file vers le large avec lui.
Le temps est beau, le vent souffle,
195 le retour est impossible.
Il se désole, impuissant.
Rien d'étonnant à ce qu'il soit épouvanté !
Sa plaie le fait cruellement souffrir.
Mais il lui faut pourtant subir cette aventure.
200 Il implore Dieu de le protéger
et, dans sa puissance, de l'amener à bon port
et de lui épargner la mort.
Il se couche dans le lit et s'endort.
Le plus dur est maintenant passé :
205 avant le soir, il atteindra
la terre où l'attend la guérison,
au pied d'une vieille cité,
capitale de ce royaume.

Le seigneur de cette terre
210 était un vieillard qui avait épousé
une dame de haut rang,
noble, courtoise, belle et sage.
La jalousie le dévorait :
c'est dans la nature
215 des vieillards d'être jaloux
car personne ne supporte l'idée d'être cocu.
Mais l'âge vous oblige à en passer par là.
La pauvre femme n'était pas l'objet d'une surveillance
Dans un jardin, au pied du donjon,   [pour rire.
220 il y avait un enclos tout entouré
d'un mur de marbre vert
bien épais et bien haut.
Il n'existait qu'une seule entrée,
gardée nuit et jour.
225 De l'autre côté, c'est la mer qui isolait le jardin :
impossible d'y entrer ou d'en sortir
sinon par bateau,

se busuin eüst al chastel.
Li sire out fait dedenz le mur,
230 pur metre i sa femme a seür,
chambre; suz ciel n'aveit plus bele.
A l'entree fu la chapele.
La chambre ert peinte tut en tur.
Venus, la deuesse d'amur,
235 fu tresbien mise en la peinture;
les traiz mustrot e la nature
cument hom deit amur tenir
e leialment e bien servir.
Le livre Ovide, u il enseigne
240 coment chascuns s'amur estreigne,
en un fu ardant le getout,
e tuz icels escumenjout,
ki ja mais cel livre lirreient
ne sun enseignement fereient.
245 La fu la dame enclose e mise.
Une pucele a sun servise
li aveit sis sire bailliee,
ki mult ert franche e enseigniee,
sa niece, fille sa suror.
250 Entre les dous out grant amur;
od li esteit quant il errout.
De ci la que il repairout,
hume ne femme n'i venist
ne fors de cel murail n'issist.
255 Uns vielz prestre blans e floriz
guardout la clef de cel postiz;
les plus bas membres out perduz:
altrement ne fust pas creüz.
Le servise Deu li diseit
260 e a sun mangier la serveit.

Cel jur meïsme ainz relevee
fu la dame el vergier alee.
Dormi aveit aprés mangier,
si s'ert alee esbaneier,
265 ensemble od li sul la meschine.

lorsque le besoin s'en faisait sentir au château.
   À l'intérieur de la muraille, le seigneur avait fait construire,
230 pour mettre sa femme en sûreté,
une chambre, la plus belle qu'on puisse imaginer.
La chapelle était à l'entrée.
   Des peintures couvraient tous les murs de la chambre.
   On y voyait Vénus, déesse de l'amour,
235 admirablement représentée :
elle y montrait les caractères et la nature
de l'amour
et comment l'amour est un devoir qui impose un service
   Quant au livre d'Ovide, où il enseigne   [loyal.
240 à lutter contre l'amour,
elle le jetait en un feu ardent
et excommuniait tous ceux
qui oseraient le lire
et suivre ses leçons[6].
245 C'est là que la dame était enfermée.
Son époux avait mis à son service
une jeune fille
noble et courtoise,
sa nièce, la fille de sa sœur.
250 Une grande amitié liait les deux femmes et la jeune fille
vivait avec la dame quand le seigneur était en voyage.
Avant le retour du maître,
nulle créature n'aurait eu le droit
de franchir ces murailles ou d'en sortir[7].
255 Seul un vieux prêtre tout chenu
possédait la clef de la porte.
Mais il était impuissant :
jamais sinon on ne lui aurait fait confiance.
Il disait l'office divin à la dame
260 et la servait à ses repas.

   Ce jour-là, tôt dans l'après-midi,
la dame était allée au jardin.
Elle avait dormi après le repas
et venait se distraire,
265 avec la jeune fille pour seule compagne.

   6. Ce livre d'Ovide doit être les *Remedia Amoris*.
   7. Ce personnage de mal mariée, issu de la poésie lyrique, réapparaît dans
Yonec, *Le Laüstic* et *Milon*.

Guardent a val vers la marine;
la nef virent al flot muntant,
ki el hafne veneit siglant;
ne veient rien ki la cunduie.
270 La dame vuelt turner en fuie:
se ele a poür, n'est merveille;
tute en fu sa face vermeille.
Mes la meschine, ki fu sage
e plus hardie de curage,
275 la recunforte e aseüre.
Cele part vunt grant aleüre.
Sun mantel oste la pucele,
entre en la nef ki mult fu bele.
N'i trova nule rien vivant
280 fors sul le chevalier dormant.
Arestut sei, si l'esguarda;
pale le vit, mort le quida.
Ariere vait la dameisele,
hastivement sa dame apele.
285 Tute l'aventure li dit,
mult pleint le mort que ele vit.
Respunt la dame: 'Or i aluns!
Se il est morz, nus l'enforruns;
nostre prestre nus aidera.
290 Se vif le truis, il parlera.'
Ensemble vunt, ne targent mes,
la dame avant e cele après.
Quant ele est en la nef entree,
devant le lit est arestee.
295 Le chevalier a esguardé;
mult pleint sun cors e sa belté.
Pur lui esteit triste e dolente
e dit que mar fu sa juvente.
Desur le piz li met sa main;
300 chalt le senti e le quer sein,
ki suz les costes li bateit.
Li chevaliers, ki se dormeit,
s'est esveilliez, si l'a veüe.
Mult en fu liez, si la salue;
305 bien set qu'il est venuz a rive.
La dame, pluranz e pensive,
li respundi mult bonement;
demande li cumfaitement

Elles regardent au loin le rivage
et voient le navire qui, porté par la marée montante,
fait voile vers le port.
Mais elles ne voient pas le moindre pilote.
270 La dame, tout naturellement effrayée,
rouge de peur,
veut prendre la fuite.
Mais la suivante, sage
et plus courageuse,
275 la réconforte et la rassure.
Elles courent vers le port.
La jeune fille enlève son manteau
et pénètre dans le beau navire
où elle ne trouve âme qui vive
280 à l'exception du chevalier endormi.
Elle s'arrête, l'examine,
le voit tout pâle, le croit mort
et retourne vite sur ses pas
pour appeler la dame.
285 Elle lui raconte l'aventure
et se lamente sur le mort.
La dame répond : « Allons-y vite !
S'il est mort, nous l'enterrerons
avec l'aide de notre prêtre ;
290 s'il est vivant, il nous racontera tout ! »
Elles repartent ensemble sans plus tarder.
La dame pénètre la première
dans le navire,
s'arrête devant le lit,
295 regarde le chevalier.
Devant sa beauté, elle plaint son triste sort ;
pleine de tristesse,
elle s'apitoie sur sa jeunesse brisée.
Mais voici qu'elle pose la main sur sa poitrine,
300 qu'elle trouve chaude,
et sent battre son cœur.
Le chevalier endormi
s'éveille et la voit.
Il la salue, plein d'allégresse,
305 car il sait qu'enfin il a touché le rivage.
La dame, en pleurs et chagrinée,
lui rend courtoisement son salut
et l'interroge :

il est venuz e de quel terre
310 e s'il est eissilliez pur guerre.
'Dame', fet il, 'ceo n'i a mie.
Mes se vus plest que jeo vus die
m'aventure, vus cunterai;
nïent ne vus en celerai.
315 De Bretaigne la Menur sui.
En bois alai chacier jehui.
Une blanche bisse feri,
e la saiete resorti;
en la quisse m'a si nafré,
320 ja mes ne quid aveir santé.
La bisse se pleinst e parla,
mult me maldist e si ura,
que ja n'eüsse guarisun
se par une meschine nun.
325 Ne sai u ele seit trovee!
Quant jeo oï la destinee,
hastivement del bois eissi.
En un hafne ceste nef vi;
dedenz entrai, si fis folie;
330 od mei s'en est la nes ravie.
Ne sai u jeo sui arivez,
coment a nun ceste citez.
Bele dame, pur Deu vus pri,
cunseilliez mei, vostre merci!
335 Kar jeo ne sai quel part aler,
ne la nef ne puis governer.'
El li respunt: 'Bels sire chiers,
cunseil vus durrai volentiers.
Ceste citez est mun seignur
340 e la cuntree tut en tur.
Riches huem est de halt parage,
mes mult par est de grant eage.
Anguissusement est gelus,
par cele fei que jeo dei vus.
345 Dedenz cest clos m'a enserree.
N'i a fors une sule entree;
uns vielz prestre la porte guarde:
ceo doinse Deus que mals feus l'arde!
Ici sui nuit e jur enclose;
350 ja nule feiz nen iere si ose
que j'en isse, s'il nel comande,

comment est-il venu? de quelle terre?
310 est-il chassé par la guerre?
« Dame, répond-il, il n'en est rien.
Je vous conterai volontiers mon aventure,
sans rien vous en cacher,
si elle vous intéresse.
315 Je suis de Petite Bretagne.
Aujourd'hui je suis allé chasser dans la forêt.
J'ai atteint une biche blanche.
Mais la flèche a rebondi
et m'a blessé si profondément à la cuisse
320 que je n'espère plus retrouver la santé.
La biche s'est mise à gémir et à parler.
Elle m'a maudit et a émis le vœu
que jamais je ne trouve la guérison,
sinon des mains d'une jeune femme,
325 que je ne sais où trouver.
Entendant cette prophétie,
j'ai vite quitté la forêt,
j'ai vu ce navire dans un port
et, comme un fou, j'y suis monté :
330 le navire est parti avec moi.
Sur quel rivage ai-je abordé?
quel est le nom de cette cité? je ne le sais pas.
Belle dame, au nom de Dieu,
aidez-moi, par pitié !
335 Je ne sais où aller
et je suis incapable de diriger ce navire !
— Noble et cher seigneur, répond la dame,
je vous viendrai bien volontiers en aide.
Cette cité appartient à mon époux,
340 ainsi que tout le pays alentour.
C'est un homme puissant et de noble lignage.
Mais il est très vieux
et terriblement jaloux,
je vous l'assure.
345 Il me tient prisonnière dans cet enclos.
Il n'y a qu'une seule entrée,
gardée par un vieux prêtre :
que Dieu le maudisse !
Nuit et jour je suis enfermée
350 et jamais je n'oserai
sortir d'ici si le prêtre ne me l'ordonne,

se mis sire ne me demande.
Ci ai ma chambre e ma chapele,
ensemble od mei ceste pucele.
355 Se vus i plest a demurer,
tant que vus mielz puissiez errer,
volentiers vus sojurnerum
e de bon quer vus servirum.'
Quant il a la parole oïe,
360 dulcement la dame en mercie;
od li sujurnera, ceo dit.
En estant s'est dreciez del lit;
celes li aïent a peine.
La dame en sa chambre l'en meine.
365 Desur le lit a la meschine,
triers un dossal ki pur cortine
fu en la chambre apareilliez,
la est li dameisels culchiez.
En bacins d'or ewe aporterent:
370 sa plaie e sa quisse laverent.
A un bel drap de cheinsil blanc
li osterent en tur le sanc;
puis l'unt estreitement bendé.
Mult le tienent en grant chierté.
375 Quant lur mangiers al vespre vint,
la pucele tant en retint,
dunt li chevaliers out asez:
bien est peüz e abevrez.
Mes amurs l'ot feru al vif;
380 ja ert sis quers en grant estrif,
kar la dame l'a si nafré,
tut a sun païs ublié.
De sa plaie nul mal ne sent;
mult suspire anguissusement.
385 La meschine, kil deit servir,
prie qu'ele le laist dormir.
Cele s'en part, si l'a laissié.
Puis qu'il li a duné cungié,
devant sa dame en est alee,
390 ki alkes esteit reschalfee

à la demande de mon époux.
J'ai là ma chambre, ma chapelle
et cette jeune fille qui vit avec moi.
355 Si vous désirez séjourner avec nous
jusqu'à ce que vous puissiez reprendre votre voyage,
nous vous garderons volontiers près de nous
et vous servirons de bon cœur. »
À ces mots,
360 Guigemar remercie courtoisement la dame
et accepte son offre.
Il se lève du lit et se met debout,
soutenu à grand-peine par les deux femmes.
La dame le mène dans sa chambre
365 et le fait se coucher
sur le lit de la jeune fille,
derrière un panneau
qui divisait la pièce.
Elles apportent de l'eau dans deux bassins d'or
370 pour laver la plaie de sa cuisse.
Avec une belle étoffe de lin blanc,
elles essuient le sang autour de la blessure
qu'elles entourent d'un pansement bien serré.
Guigemar est l'objet de tous leurs soins.
375 Le soir, quand on apporte le repas,
la jeune fille prend suffisamment de nourriture
pour le chevalier :
il a bien mangé et bien bu.
Mais l'amour l'a frappé au vif,
380 son cœur est désormais un champ de bataille.
La dame l'a si bien blessé
qu'il a tout oublié de son pays.
Sa plaie ne le fait plus souffrir
et pourtant il soupire douloureusement[8].
385 Il prie la jeune fille, qui doit le servir,
de le laisser dormir.
Recevant son congé,
elle le laisse
et retourne auprès de sa dame,
390 qui commence à brûler du feu

8. Cette peinture des souffrances de l'amour naissant a peut-être subi l'influence
du *Roman d'Eneas*, qui évoque dans les mêmes termes les tourments de Lavine et
d'Eneas.

del feu dunt Guigemar se sent
que sun quer alume e esprent.

Li chevaliers fu remés sous.
Pensis esteit e anguissous ;
395 ne set uncore que ceo deit ;
mes nepurquant bien s'aparceit :
se par la dame n'est guariz,
de la mort est seürs e fiz.
'A las !' fet il, 'quel le ferai ?
400 Irai a li, si li dirai
Que ele ait merci e pitié
de cest chaitif descunseillié.
S'ele refuse ma preiere
e tant seit orgoilluse e fiere,
405 dunc m'estuet il a doel murir
u de cest mal tuz jurs languir.'
Lors suspira ; en poi de tens
li est venuz novels purpens,
e dit que sufrir li estoet ;
410 kar issi fait ki mielz ne poet.
Tute la nuit a si veillié
e suspiré e travaillié ;
en sun quer alot recordant
les paroles e le semblant,
415 les uiz vairs e la bele buche,
dunt la dolçurs al quer li tuche.
Entre ses denz merci li crie ;
pur poi ne l'apele s'amie.
Se il seüst qu'ele senteit
420 e cum amurs la destreigneit,
mult en fust liez, mun esciènt ;
un poi de rasuagement
li tolist alques la dolur
dunt il ot pale la colur.
425 Se il a mal pur li amer,
el ne s'en puet niënt loër.
Par matinet einz l'ajurnee
esteit la dame sus levee.
Veillié aveit, de ceo se pleint ;
430 ceo fet amurs ki la destreint.
La meschine, ki od li fu,
al semblant a aparceü

que ressent Guigemar,
un feu qui enflamme et embrase son propre cœur.

Le chevalier, resté seul,
s'interroge anxieusement :
395 il ne connaît pas encore son mal
mais il comprend bien
que si la dame ne le guérit pas,
il est sûr et certain de mourir.
« Hélas, dit-il, que faire ?
400 J'irai à elle
et implorerai sa pitié
pour le malheureux privé de ressources que je suis.
Si elle repousse ma prière
et se montre orgueilleuse et fière,
405 il ne me reste plus qu'à mourir de chagrin
ou languir à tout jamais de ce mal. »
Il soupire. Mais bientôt
il change d'avis
et se dit qu'il lui faut endurer sa souffrance,
410 car il n'a pas le choix.
Toute la nuit s'est ainsi écoulée dans la veille,
les soupirs, les tourments.
Il se rappelle sans cesse
les paroles de la dame et sa beauté,
415 revoit ses yeux brillants, sa belle bouche
dont la douceur touche son cœur.
À mi-voix il lui demande pitié
et est près de l'appeler son amie.
S'il avait connu ses sentiments
420 et les souffrances qu'elle endurait pour l'amour de lui,
je crois qu'il s'en serait réjoui
et que la douleur
qui faisait pâlir son visage
s'en serait quelque peu apaisée.
425 Car s'il souffre pour l'amour d'elle,
elle-même n'est pas dans une situation plus enviable.
De bon matin, avant même le lever du jour,
elle est levée
et se plaint de n'avoir pas trouvé le sommeil :
430 c'est l'amour qui la torture.
Sa compagne
a bien compris, à son visage,

de sa dame, que ele amout
le chevalier ki sojurnout
435 en la chambre pur guarisun;
mes el ne set s'il l'eime u nun.
La dame est entree el mustier,
e cele vait al chevalier.
Asise s'est devant le lit;
440 e il l'apele, si li dit:
'Amie, u est ma dame alee?
Pur quei est el si tost levee?'
A tant se tut, si suspira.
La meschine l'araisuna.
445 'Sire', fet ele, 'vus amez!
Guardez que trop ne vus celez!
Amer poëz en itel guise,
que bien iert vostre amurs assise.
Ki ma dame voldreit amer,
450 mult devreit bien de li penser.
Ceste amurs sereit covenable,
se vus amdui fussiez estable.
Vus estes bels, e ele est bele!'
Il respundi a la pucele:
455 'Jeo sui de tel amur espris,
bien me purra venir a pis,
se jeo n'ai sucurs e aïe.
Cunseilliez mei, ma dulce amie!
Que ferai jeo de ceste amur?'
460 La meschine par grant dulçur
le chevalier a conforté
e de s'aïe aseüré,
de tuz les biens qu'ele puet faire;
mult ert curteise e de bon'aire.

465 Quant la dame a la messe oïe,
ariere vait, pas ne s'ublie.
Saveir voleit que cil faiseit,
se il veillout u il dormeit,
pur qui amur sis quers ne fine.
470 Avant l'apele la meschine;
al chevalier la fait venir:
bien li purra tut a leisir
mustrer e dire sun curage,
turt li a pru u a damage.

qu'elle est éprise
du chevalier que toutes deux soignent
435 et <u>hébergent</u> dans la chambre.
Mais elle ignore si cet amour est partagé.
Tandis que la dame est à l'église,
la jeune fille rejoint le chevalier
et s'assied devant son lit.
440 Il l'appelle et l'interroge :
« Mon amie, où donc s'en est allée ma dame ?
Pourquoi s'est-elle si tôt levée ? »
Puis il se tait et se met à soupirer.
La jeune fille prend alors la parole :
445 « Seigneur, vous aimez !
Prenez garde de trop dissimuler !
Vous pouvez aimer
en choisissant dignement l'objet de votre amour.
Celui qui voudrait aimer ma dame
450 devrait la tenir en grande estime.
Cet amour serait parfait
si vous demeuriez des amants fidèles ;
car vous êtes aussi beau qu'elle est belle.
— L'amour qui m'enflamme est si fort,
455 répond-il à la jeune fille,
qu'il m'arrivera malheur
si l'on ne vient pas à mon secours !
Aidez-moi donc, ma douce amie !
Que dois-je faire pour mon amour ? »
460 La jeune fille, courtoise et bonne,
a réconforté le chevalier
avec douceur
et lui a promis de faire de son mieux
pour l'aider.

465 Après l'office,
la dame revient sur ses pas sans tarder.
Elle veut savoir comment va
celui qui tourmente son cœur,
s'il veille ou s'il dort.
470 Justement la jeune fille l'appelle
et l'amène au chevalier :
elle pourra ainsi à loisir
lui révéler ses sentiments,
qu'il en résulte pour elle profit ou dommage.

475 Il la salue e ele lui.
    En grant esfrei erent amdui.
    Il ne l'osot nïent requerre;
    pur ceo qu'il ert d'estrange terre,
    aveit poür, s'il li mustrast,
480 qu'el l'enhaïst e esloignast.
    Mes ki ne mustre s'enferté,
    a peine puet aveir santé.
    Amurs est plaie dedenz cors
    e si ne piert nïent defors;
485 ceo est uns mals ki lunges tient,
    pur ceo que de nature vient.
    Plusur le tienent a gabeis,
    si cume cil vilain curteis,
    ki jolivent par tut le mund,
490 puis s'avantent de ceo que funt;
    n'est pas amurs, einz est folie
    e malvaistiez e lecherie.
    Ki un en puet leial trover,
    mult le deit servir e amer
495 e estre a sun comandement.
    Guigemar eime durement:
    u il avra hastif sucurs,
    u li estuet vivre a reburs.
    Amurs li dune hardement:
500 il li descuevre sun talent.
    'Dame', fet il, 'jeo muerc pur vus;
    mis quers en est mult anguissus.
    Se vus ne me volez guarir,
    dunc m'estuet il en fin murir.
505 Jo vus requier de druërie:
    bele, ne m'escundites mie!'
    Quant ele l'a bien entendu,
    avenantment a respundu.
    Tut en riant li dit: 'Amis,
510 cist cunseilz sereit trop hastis,
    d'otreier vus ceste preiere:
    jeo n'en sui mie custumiere.'

475 Ils se saluent tous deux,
    aussi bouleversés l'un que l'autre.
    Il n'osait pas lui demander son amour ;
    parce qu'il était étranger,
    il craignait, en se dévoilant,
480 d'encourir sa haine et d'être chassé.
    Mais ce n'est pas en cachant son mal
    qu'on peut espérer retrouver la santé.
    L'amour est une blessure intérieure
    qui n'apparaît pas au-dehors.
485 C'est une maladie tenace
    que la nature elle-même nous envoie.
    Bien des gens s'en moquent,
    comme ces amants de pacotille,
    qui papillonnent un peu partout
490 puis se vantent de leurs succès :
    on ne reconnaît pas là l'amour, mais la folie,
    la fausseté et la débauche.
    Celle qui peut trouver un loyal amant
    a toutes les raisons de le servir, de l'aimer
495 et d'exaucer ses vœux.
    Guigemar est éperdument amoureux :
    il faut qu'il trouve un prompt secours,
    ou qu'il se mette à vivre contrairement à ses désirs.
    L'amour lui donne du courage :
500 il révèle à la dame ses sentiments.
    « Dame, je meurs pour vous ;
    mon cœur est plein d'angoisse.
    Si vous refusez de me guérir,
    je ne puis échapper à la mort.
505 Je vous demande votre amour[9],
    belle dame, ne me repoussez pas ! »
    Elle l'a bien écouté
    et lui répond gracieusement,
    en souriant : « Mon ami,
510 ce serait une décision bien hâtive
    que d'accéder à votre prière :
    telle n'est pas ma coutume !

MRIE

---

9. Le gaulois *druto* a donné *dru*, qui, au sens concret, signifie *serré, dense* (cf. *Guigemar*, v. 101, *l'erbe drue*) et, au sens moral, *gai, fidèle*, puis, substantivé, *ami, amant. Druerie* désigne l'amitié, l'intrigue amoureuse, le cadeau offert en gage d'amour.

'Dame', fet il, 'pur Deu, merci!
Ne vus ennuit, se jol vus di!
515 Femme jolive de mestier
se deit lunc tens faire preier,
pur sei cherir, que cil ne quit
que ele ait usé cel deduit.
Mes la dame de bon purpens,
520 ki en sei ait valur ne sens,
s'ele trueve hume a sa maniere,
ne se fera vers lui trop fiere,
ainz l'amera, si'n avra joie.
Ainz que nuls le sace ne l'oie,
525 avrunt il mult de lur pru fait.
Bele dame, finum cest plait!'
La dame entent que veir li dit,
e li otreie senz respit
l'amur de li, e il la baise.
530 Des ore est Guigemar a aise.
Ensemble gisent e parolent
e sovent baisent e acolent;
bien lur covienge del surplus,
de ceo que li altre unt en us!

535 Ceo m'est a vis, an e demi
fu Guigemar ensemble od li.
Mult fu delituse la vie.
Mes fortune, ki ne s'oblie,
sa roe turnë en poi d'ure,
540 l'un met desuz, l'altre desure.
Issi est de cels avenu;
kar tost furent aparceü.

Al tens d'esté par un matin
jut la dame lez le meschin.
545 La buche li baise e le vis;
puis si li dit: 'Bels, dulz amis,
mis quers me dit que jeo vus pert;
veü serum e descovert.

Marie

— Dame, au nom de Dieu, pitié !
Ne vous courroucez pas de mes paroles !
515 Une femme à la conduite légère
doit se faire prier longtemps,
pour donner plus de prix à ses faveurs et empêcher son
de croire qu'elle se donne facilement.   [amant
Mais la dame avisée,
520 pleine de mérite et de sagesse,
qui trouve un amant à sa convenance,
ne se montrera pas trop cruelle :
elle l'aimera et connaîtra les joies de l'amour.
Avant que l'on surprenne leur secret,
525 ils auront bien employé leur temps !
Belle dame, cessons donc ce débat ! »
La dame comprend qu'il dit vrai
et sans plus tarder, elle lui accorde
son amour, avec un baiser.
530 Désormais, Guigemar connaît le bonheur.
Ils s'allongent l'un contre l'autre,
s'enlacent, échangent bien des serments et des baisers.
Quant au reste, quant aux pratiques qui sont d'ordinaire
celles des autres amants, c'est leur affaire !

535 Guigemar partagea avec la dame
un an et demi
de bonheur, je crois.
Mais la Fortune n'oublie jamais son rôle
et a tôt fait de tourner sa roue,
540 plaçant les uns en haut, les autres en bas[10].
C'est le sort qui les attendait :
bien vite ils furent découverts.

C'était un matin d'été,
la dame, couchée près du jeune homme,
545 lui embrasse la bouche et le visage.
Elle lui dit alors : « Mon beau, mon doux ami,
mon cœur me dit que je vais vous perdre ;
on va nous voir et nous surprendre.

10. La déesse Fortune qui tourne, les yeux bandés, une roue sur laquelle les hommes sont placés tour à tour en haut et en bas, est un thème récurrent dans la littérature et l'iconographie du Moyen Âge : voir E. Mâle, *L'Art religieux du XIIIe siècle en France*, Paris, Le Livre de Poche, I, pp. 183-188.

Se vus murez, jeo vueil murir ;
550 e se vis en poëz partir,
vus recoverrez altre amur
e jeo remeindrai en dolur.'
'Dame', fet il, 'nel dites mes !
Ja n'aie jeo joie ne pes,
555 quant vers nule altre avrai retur !
N'aiez de ceo nule poür !'
'Amis, de ceo m'aseürez !
Vostre chemise me livrez !
El pan desuz ferai un pleit ;
560 cungié vus doins. u que ceo seit,
d'amer cele kil desfera
e ki despleier le savra.'
Il li baille, si l'aseüre ;
le pleit i fet en tel mesure,
565 nule femme nel desfereit,
se force u cultel n'i meteit.
La chemise li dune e rent.
Il la receit par tel covent
qu'el le face seür de li
570 par une ceinture altresi,
dunt a sa char nue la ceint :
parmi les flans alkes l'estreint.
Ki la bucle purra ovrir
senz depescier e senz partir,
575 il li prie que celui aint.
Puis l'a baisiee ; a tant remaint.

Cel jur furent aparceü,
descovert, trové e veü
d'un chamberlenc mal vezïé,
580 que sis sire i out enveié.
A la dame voleit parler,
ne pout dedenz la chambre entrer.
Par une fenestre les vit ;
vait a sun seignur, si li dit.
585 Quant li sire l'a entendu,
unques mes tant dolenz ne fu.
De ses privez demande treis.
A la chambre vait demaneis ;
il en a fet l'us depescier :
590 dedenz trova le chevalier.

Si vous mourez, je veux mourir !
550 Mais si vous me quittez, vivant,
vous retrouverez un autre amour
et moi, je resterai avec ma douleur !
— Dame, ne parlez pas ainsi !
Que plus jamais je ne connaisse la joie et le repos,
555 si jamais je me tourne vers une autre !
Vous n'avez rien à craindre !
— Ami, donnez-moi alors un gage de votre fidélité !
Remettez-moi votre chemise :
je ferai un nœud au pan de dessous.
560 Je vous autorise, où que ce soit,
à aimer celle qui saura défaire le nœud
et déplier la chemise ! »
Guigemar lui remet la chemise et lui prête serment :
elle y fait un nœud
565 que nulle femme ne saurait défaire
sans ciseaux ou couteau.
Elle lui rend sa chemise.
Mais lui exige à son tour
qu'elle le rassure sur sa propre fidélité
570 en portant une ceinture,
dont lui-même entoure sa chair nue,
en lui serrant un peu les flancs.
Celui qui pourra ouvrir la boucle
sans briser ni déchirer la ceinture,
575 cet homme, il la prie de lui accorder son amour !
Puis il l'embrasse et les choses en restent là.

Le jour même, ils furent découverts
et surpris
par un chambellan sournois,
580 envoyé par le seigneur
qui voulait parler à la dame.
Ne pouvant pénétrer dans la chambre,
il voit les amants par la fenêtre,
et va tout dire à son maître,
585 qui n'a jamais appris plus fâcheuse nouvelle
que ce jour-là.
Le seigneur, accompagné de trois de ses familiers,
se précipite vers la chambre,
fait enfoncer la porte
590 et découvre le chevalier à l'intérieur.

Pur la grant ire que il a
a ocire le cumanda.
Guigemar est en piez levez;
ne s'est de nïent esfreez.
595 Une grosse perche de sap,
u suleient pendre li drap,
prist en ses mains, e sis atent.
Il en fera alkun dolent:
ainz que il d'els seit aprismiez,
600 les avra il tuz mahaigniez.
Li sire l'a mult esguardé;
enquis li a e demandé
ki il esteit e dunt fu nez
e coment est laienz entrez.
605 Cil li cunte cum il i vint
e cum la dame le retint;
tute li dist la destinee
de la bisse ki fu nafree
e de la nef e de sa plaie.
610 Ore est del tut en sa manaie.
Il li respunt que pas nel creit,
e s'issi fust cum il diseit,
se il peüst la nef trover,
il le metreit giers en la mer:
615 s'il guaresist, ceo li pesast,
e bel li fust, se il neiast.
Quant il l'a bien aseüré,
al hafne sunt ensemble alé.
La barge truevent, enz l'unt mis:
620 od lui s'en vet en sun païs.
La nes eire, pas ne demure.
Li chevaliers suspire e plure;
la dame regrete sovent,
e prie Deu omnipotent
625 que il li doinst hastive mort
e que ja mes ne vienge a port,
s'il ne repuet aveir s'amie,
qu'il desire plus que sa vie.
Tant a cele dolur tenue,
630 que la nes est a port venue
u ele fu primes trovee.
Asez ert pres de sa cuntree.
Al plus tost qu'il pout s'en issi.

Sous le coup de la fureur,
il ordonne qu'on le mette à mort.
Mais Guigemar, impavide,
se lève,
595 saisit une grosse perche de sapin
sur laquelle on faisait sécher le linge,
et les attend de pied ferme :
il compte bien en chagriner quelques-uns.
Avant de se laisser approcher,
600 il les aura tous mis à mal.
Le seigneur l'examine
et lui demande
qui il est, d'où il vient
et comment il a pu s'introduire dans la place.
605 Guigemar lui raconte comment il est arrivé,
comment la dame l'a gardé près d'elle ;
il lui parle de la prophétie
de la biche blessée,
du navire, de sa plaie.
610 Il se voit maintenant au pouvoir du seigneur de ces lieux.
Ledit seigneur lui répond qu'il ne croit pas à son histoire.
Pourtant, si c'était là la vérité
et s'il pouvait retrouver le navire,
il aurait tôt fait de remettre Guigemar à la mer :
615 il serait bien désolé de le voir survivre
et compte bien sur sa noyade !
Marché conclu !
Ils se rendent ensemble au port,
trouvent le navire, y font monter Guigemar,
620 qui fait voile,
rapidement, vers son pays.
Le chevalier soupire et pleure,
il ne cesse de regretter sa dame
et implore Dieu tout-puissant
625 de lui envoyer vite la mort
et de ne pas le laisser toucher au port
s'il ne peut revoir son amie,
qu'il aime bien plus que sa vie.
Tout à sa douleur,
630 il vogue jusqu'au port
où il avait découvert le navire,
tout près de son pays.
Il débarque aussitôt.

Uns damisels, qu'il ot nurri,
635 errot aprés un chevalier;
en sa mein menot un destrier.
Il le conut, si l'apela,
e li vaslez se reguarda.
Sun seignur veit, a pié descent;
640 le cheval li met en present.
Od lui s'en vait; joius en sunt
tuit si ami ki trové l'unt.
Mult fu preisiez en sun païs;
mes tuz jurs ert maz e pensis.
645 Femme voleient qu'il presist;
mes il del tut les escundist:
ja ne prendra femme nul jur,
ne pur aveir ne pur amur,
se ele ne puet despleier
650 sa chemise senz depescier.
Par Bretaigne vait la novele;
il n'i a dame ne pucele
ki n'i alast pur asaier:
unc ne la porent despleier.

655 De la dame vus vueil mustrer,
que Guigemar puet tant amer.
Par le cunseil d'un suen barun
sis sire l'a mise en prisun
en une tur de marbre bis.
660 Le jur a mal e la nuit pis.
Nuls huem el mund ne purreit dire
la grant peine ne le martire
ne l'anguisse ne la dolur
que la dame suefre en la tur.
665 Dous anz i fu e plus, ceo quit;
unc n'i ot joie ne deduit.
Sovent regrete sun ami:
'Guigemar, sire, mar vus vi!
Mielz vueil hastivement murir
670 que lungement cest mal sufrir!
Amis, se jeo puis eschaper,
la u vus fustes mis en mer
me neierai!' Dunc lieve sus;
tute esbaïe vient a l'us;
675 n'i trueve clef ne serreüre:

Et voilà qu'il rencontre un jeune homme qu'il a lui-même
635 et qui faisait route, à la recherche d'un chevalier,   [élevé
menant par la bride un destrier.
Il le reconnaît, l'appelle :
le jeune homme se retourne,
voit son seigneur et met pied à terre
640 pour venir lui offrir le cheval.
Ils font route ensemble.
Tous ses amis sont joyeux de le retrouver,
tous les habitants du pays le couvrent d'honneurs ;
mais lui ne sort pas de sa tristesse.
645 On veut le marier ;
mais lui oppose toujours le même refus :
jamais la richesse ni l'amour
ne lui feront prendre femme,
à l'exception de celle qui pourra défaire
650 le nœud de sa chemise sans la déchirer.
La nouvelle court dans toute la Bretagne :
dames et demoiselles
accourent toutes tenter l'épreuve.
Mais nulle ne réussit à dénouer la chemise.

655 Revenons à la dame
que Guigemar aime tant.
Son époux, sur le conseil d'un de ses barons,
l'a emprisonnée
dans une tour de marbre bis.
660 Elle souffre le jour et la nuit plus encore.
Comment dire
la grande peine et le martyre,
l'angoisse et la douleur
qu'elle endure dans la tour ?
665 Elle y resta deux ans et même plus, je crois,
sans jamais connaître joie ni plaisir,
ne cessant de pleurer son ami :
« Guigemar, cher seigneur, c'est pour mon malheur que je
Plutôt mourir tout de suite   [vous ai rencontré !
670 que continuer à endurer cette souffrance !
Ami, si je peux m'échapper,
j'irai me noyer là même où vous avez été livré aux flots ! »
Elle se lève alors,
tout égarée, s'approche de la porte,
675 n'y trouve ni clef ni serrure

fors s'en eissi par aventure.
Unques nuls ne la desturba.
Al hafne vint, la nef trova ;
atachiee fu al rochier,
680 u ele se voleit neier.
Quant el la vit, enz est entree ;
mes d'une rien s'est purpensee
qu'ilec fu sis amis neiez.
Dunc ne puet ester sur ses piez :
685 se desqu'al bort peüst venir,
el se laissast defors chaïr.
Asez suefre travail e peine.
La nes s'en vet, ki tost l'en meine.
En Bretaigne est venue al port
690 suz un chastel vaillant e fort.
Li sire a qui li chastels fu
aveit a nun Meriadu.
Il guerreiot un suen veisin ;
pur ceo fu levez par matin,
695 sa gent voleit fors enveier
pur sun enemi damagier.
A une fenestre s'estot
e vit la nef ki arivot.
Il descendi par un degré ;
700 sun chamberlein a apelé.
Hastivement a la nef vunt ;
par l'eschiele muntent a munt.
Dedenz unt la dame trovee,
ki de belté resemble fee.
705 Il la saisist par le mantel ;
od lui l'en meine en sun chastel.
Mult fu liez de la troveüre,
kar bele esteit a desmesure ;
ki que l'eüst mise en la barge,
710 bien set qu'ele est de grant parage.
A li aturna tel amur,
unques a femme n'ot greignur.
Il out une serur pucele ;
en sa chambre, ki mult fu bele,
715 la dame li a comandee.

et s'en va, à l'aventure,
sans rencontrer nul obstacle.
Elle arrive au port, trouve le navire
amarré au rocher,
680 là même où elle voulait se noyer.
Elle y pénètre
mais à l'idée
que son ami s'est ici noyé,
elle ne tient plus sur ses jambes :
685 si elle avait pu parvenir jusqu'au bastingage,
elle se serait laissée tomber par-dessus bord,
tant elle souffre.
Mais le navire s'en va et l'emporte vite
en Bretagne, dans un port,
690 au pied d'un fier château fort
dont le seigneur
se nommait Mériaduc.
Il était en guerre contre un de ses voisins
et s'était levé de bon matin
695 pour envoyer ses hommes
en expédition contre son ennemi.
Debout à la fenêtre,
il voit le navire accoster,
s'empresse de descendre
700 en appelant son chambellan
et de rejoindre le navire.
Ils s'introduisent à bord par l'échelle
et découvrent la dame à l'intérieur,
belle comme une fée.
705 Mériaduc la saisit par le manteau[11]
et l'emmène dans son château,
tout réjoui de sa découverte,
car la dame est merveilleusement belle.
Il sait bien, quel que soit celui qui l'a laissée dans ce navire,
710 qu'elle est de noble naissance
et se prend pour elle d'un amour
qu'il n'a jamais éprouvé pour aucune femme.
Il mène la dame à sa jeune sœur,
dans une fort belle chambre,
715 et la lui confie.

---

11. Le sens premier de *saisir* étant *prendre possession de*, P. Jonin traduit le
vers 705 : « Il en prend possession en la saisissant par son manteau. »

Bien fu servie e honuree,
richement la vest e aturne;
mes tuz jurs est pensive e murne.
Il vait sovent a li parler,
720 kar de bon quer la puet amer.
Il la requiert; el n'en a cure,
ainz li mustre de la ceinture:
ja mes hume nen amera
se celui nun ki l'uverra
725 senz depescier. Quant il l'entent,
si li respunt par maltalent:
'Altresi a en cest païs
un chevalier de mult grant pris:
de femme prendre en itel guise
730 se defent par une chemise,
dunt li destre pans est pleiez;
il ne puet estre desliëz,
ki force u cultel n'i metreit.
Vus feïstes, ceo quit, cel pleit!'
735 Quant el l'oï, si suspira,
pur un petit ne se pasma.
Il la reçut entre ses braz.
De sun blialt trencha les laz;
la ceinture voleit ovrir,
740 mes n'en poeit a chief venir.
Puis n'ot el païs chevalier,
que il n'i feïst essaier.

Issi remest bien lungement
de ci qu'a un turneiement,
745 que Meriadus afia
cuntre celui qu'il guerreia.
Mult i ot semuns chevaliers;
Guigemar fu tuz li primiers.
Il l'i manda par gueredun
750 si cum ami e cumpaignun,
qu'a cel busuin ne li faillist
e en s'aïe a lui venist.
Alez i est mult richement;
chevaliers meine plus de cent.
755 Meriadus dedenz sa tur
le herberja a grant honur.
Encuntre lui sa serur mande;

La dame est bien servie et honorée,
richement vêtue et parée ;
mais toujours elle demeure triste et sombre.
Mériaduc s'entretient souvent avec elle
720 car il l'aime de tout son cœur.
Il sollicite son amour ; mais elle ne s'en soucie guère.
Elle lui montre la ceinture
et lui explique qu'elle n'aimera jamais que l'homme
capable de l'ouvrir
725 sans la déchirer.
Il lui répond alors, furieux :
« Il y a aussi dans ce pays
un valeureux chevalier
qui refuse de prendre femme
730 au nom d'une chemise,
dont le pan droit est plié :
on ne peut la dénouer
sans couteau ou ciseaux.
N'auriez-vous pas fait ce nœud vous-même ? »
735 À ces mots, elle soupire
et manque s'évanouir.
Mériaduc la reçoit dans ses bras
et coupe les lacets de sa robe ;
il voulait ouvrir la ceinture,
740 mais en vain.
Plus tard il fit tenter l'épreuve
par tous les chevaliers du pays.

Le temps s'écoula ainsi
jusqu'à un tournoi
745 que Mériaduc organisa
pour y rencontrer son ennemi.
Il y convia bien des chevaliers
et, en premier lieu, Guigemar,
son ami et son compagnon
750 qui, en échange de services rendus,
lui devait bien aide
et assistance en ce besoin.
Guigemar est donc venu, en superbe équipage,
avec plus de cent chevaliers.
755 Mériaduc lui offre une riche hospitalité
dans son donjon :
il convoque sa sœur

　　　par dous chevaliers li comande
　　　qu'ele s'aturt e vienge avant,
760　la dame meint qu'il eime tant.
　　　Cele a fet sun comandement.
　　　Vestues furent richement,
　　　main a main vienent en la sale;
　　　la dame fu pensive e pale.
765　Ele oï Guigemar nomer:
　　　ne pout desur ses piez ester;
　　　se cele ne l'eüst tenue,
　　　ele fust a terre chaüe.
　　　Li chevaliers cuntre els leva;
770　la dame vit e esguarda
　　　e sun semblant e sa maniere.
　　　Un petitet se traist ariere.
　　　'Est ceo', fet il, 'ma dulce amie,
　　　m'esperance, mis quers, ma vie,
775　ma bele dame ki m'ama?
　　　Dunt vient ele? Ki l'amena?
　　　Ore ai pensé mult grant folie;
　　　bien sai que ceo n'est ele mie:
　　　femmes se resemblent asez;
780　pur nïent change mis pensez.
　　　Mes pur cele qu'ele resemble,
　　　pur qui mis quers suspire e tremble,
　　　a li parlerai volentiers.'
　　　Dunc vet avant li chevaliers.
785　Il la baisa, lez lui l'asist;
　　　unques nul altre mot ne dist
　　　fors tant que seeir la rova.
　　　Meriadus les esguarda;
　　　mult li pesa de cel semblant.
790　Guigemar apele en riant.
　　　'Sire', fet il, 'se vus plaiseit,
　　　ceste pucele essaiereit
　　　vostre chemise a despleier,
　　　s'ele i purreit rien espleitier.'
795　Il li respunt: 'E jeo l'otrei!'
　　　Un chamberlenc apele a sei,
　　　ki la chemise ot a guarder;
　　　il li comande a aporter.
　　　A la pucele fu bailliee;
800　mes ne l'a mie despleiee.

et lui fait dire par deux chevaliers
qu'elle se pare et se présente à lui,
760 accompagnée de la dame qu'il aime tant.
La jeune fille obéit
et les deux femmes, magnifiquement vêtues,
entrent dans la grande salle en se tenant par la main.
La dame, pensive et pâle,
765 entend le nom de Guigemar.
Elle ne peut plus se soutenir
et serait tombée
si son amie ne l'avait retenue.
Le chevalier se lève pour venir à leur rencontre.
770 Il voit la dame, examine
son visage et son allure
et recule :
« Serait-ce ma douce amie,
mon espérance, mon cœur, ma vie,
775 la belle dame qui m'a aimé ?
D'où vient-elle ? qui l'a amenée ?
Mais je suis fou !
Je sais bien que ce n'est pas elle !
Les femmes se ressemblent beaucoup.
780 J'ai tort de penser à elle.
Mais elle ressemble tant à celle
pour qui mon cœur soupire et tremble
que je veux lui parler ! »
Le chevalier s'avance donc,
785 donne un baiser à la dame et la fait asseoir près de lui ;
mais après cette requête,
il ne lui adresse plus la parole.
Mériaduc les observe
avec inquiétude
790 et appelle Guigemar en souriant :
« Seigneur, dit-il en désignant sa sœur, vous devriez
laisser cette jeune fille tenter
de dénouer votre chemise,
pour voir si elle réussit ! »
795 Guigemar accepte la proposition,
appelle le chambellan
qui a la garde de la chemise
et lui ordonne de l'apporter.
On la remet à la jeune fille
800 qui ne parvient pas à la dénouer.

La dame conut bien le pleit.
Mult est sis quers en grant destreit;
kar volentiers s'i essaiast,
s'ele peüst u ele osast.
805 Bien s'aparceit Meriadus;
dolenz en fu, ainz ne fu plus.
'Dame', fait il, 'kar assaiez,
se desfaire le purriëz!'
Quant ele ot le comandement,
810 le pan de la chemise prent;
legierement le despleia.
Li chevaliers s'esmerveilla.
Bien la conut; mes nequedent
nel poeit creire fermement.
815 A li parla en tel mesure :
'Amie, dulce creature,
estes vus ceo? Dites mei veir!
Laissiez mei vostre cors veeir,
la ceinture dunt jeo vus ceins!'
820 A ses costez li met ses meins,
si a trovee la ceinture.
'Bele', fet il, 'quels aventure
que jo vus ai ici trovee!
Ki vus a ici amenee?'
825 Ele li cunte la dolur,
les granz peines e la tristur
de la prisun u ele fu,
e coment li est avenu,
coment ele s'en eschapa,
830 neier se volt, la nef trova,
dedenz entra, a cel port vint,
e li chevaliers la retint;
guardee l'a a grant honur,
mes tuz jurs la requist d'amur.
835 Ore est sa joie revenue.
'Amis, menez en vostre drue!'
Guigemar s'est en piez levez.
'Seignur', fet il, 'or m'escultez!
Ci ai m'amie cuneüe
840 que jeo quidoue aveir perdue.
Meriadu requier e pri,

La dame reconnaît bien le nœud.
Elle est au supplice
car elle tenterait bien l'épreuve
si elle pouvait et osait.
805 Mériaduc, plein de tristesse,
s'en aperçoit :
« Dame, voyez donc
si vous pourriez défaire le nœud ! »
À cette demande,
810 elle saisit le pan de la chemise
et le dénoue sans difficulté.
Émerveillé,
le chevalier la reconnaît
mais n'arrive pas à y croire.
815 « Amie, dit-il,
douce dame,
est-ce bien vous ? Dites-moi la vérité,
laissez-moi voir si vous portez
la ceinture que je vous ai mise ! »
820 Il touche alors sa taille
et trouve la ceinture.
« Belle, dit-il, c'est une merveilleuse aventure
qui m'a permis de vous retrouver ici !
Qui vous a donc amenée ? »
825 La dame lui raconte ses souffrances
et ses épreuves
en prison,
l'aventure qui lui a permis
de s'échapper
830 quand elle voulait se noyer, comment elle a trouvé le navire,
y est montée, a débarqué dans ce port,
où le chevalier l'a retenue.
Mériaduc l'a entourée d'honneurs
mais il ne cessait de lui demander son amour.
835 Maintenant sa joie est revenue :
« Ami, emmenez la femme que vous aimez[8] ! »
Alors Guigemar s'est levé.
« Seigneurs, écoutez-moi !
Je viens de retrouver mon amie,
840 que je croyais avoir perdue.
J'implore Mériaduc

8. Sur *dru*, voir *supra*, note 9.

rende la mei, sue merci !
Sis huem liges en devendrai ;
dous anz u treis le servirai
845 od cent chevaliers u od plus.'
Dunc respundi Meriadus.
'Guigemar', fet il, 'bels amis,
jeo ne sui mie si suzpris
ne si destreiz pur nule guerre,
850 que de ceo me deiez requerre.
Jeo la trovai, si la tendrai
e cuntre vus la defendrai.'

Quant il l'oï, hastivement
comanda a munter sa gent.
855 D'iluec se part ; celui desfie.
Mult li peise qu'il lait s'amie.
En la vile n'out chevalier,
ki fust venuz pur turneier,
que Guigemar n'en meint od sei.
860 Chescuns li afie sa fei :
od lui irunt quel part qu'il alt ;
mult est huniz ki or li falt.
La nuit sunt al chastel venu,
ki guerreiout Meriadu.
865 Li sire les a herbergiez,
ki mult en fu joius e liez
de Guigemar e de s'aïe ;
bien set que sa guerre est finie.
El demain par matin leverent,
870 par les ostels se cunreerent.
De la vile issent a grant bruit ;
Guigemar primes les cunduit.
Al chastel vienent, si l'asaillent ;
mes forz esteit, al prendre faillent.
875 Guigemar a la vile assise ;
n'en turnera, si sera prise.
Tant li crurent ami e genz,
que tuz les afama dedenz.
Le chastel a destruit e pris
880 e le seignur dedenz ocis.
A grant joie s'amie en meine.
Ore a trespassee sa peine.

de me la rendre, par pitié !
Je deviendrai son homme lige
et je le servirai pendant deux années ou même trois,
845 avec cent chevaliers et même plus ! »
Mais Mériaduc lui répond :
« Guigemar, mon bon ami,
je ne suis pas démuni
et harcelé par cette guerre
850 au point que vous puissiez me faire cette requête !
J'ai trouvé cette dame, je la garderai
et je la défendrai contre vous ! »

À ces mots, Guigemar ordonne en hâte
à ses hommes de monter à cheval
855 et s'en va, défiant Mériaduc,
désolé de devoir abandonner son amie.
De tous les chevaliers venus en ville
pour le tournoi,
il n'en est pas un qui ne suive Guigemar
860 et ne lui jure fidélité :
ils l'accompagneront, où qu'il aille.
Honte à celui qui lui refuse son aide !
Le soir même, ils sont au château
du seigneur qui faisait la guerre à Mériaduc.
865 Le châtelain leur offre l'hospitalité,
tout heureux
de l'aide que lui apporte Guigemar :
il comprend que la guerre est finie.
Dès le lendemain, de bon matin, tous se lèvent,
870 s'équipent dans leurs logis
et quittent la ville bruyamment
sous la conduite de Guigemar.
Parvenus au château de Mériaduc, ils lancent un assaut
qui échoue, car la place était bien fortifiée.
875 Alors Guigemar assiège la ville :
il ne partira pas avant de l'avoir prise.
Le nombre de ses amis et de ses chevaliers augmente si bien
qu'il réduit tous les assiégés à la famine.
Il s'empare donc du château, le détruit,
880 tue le seigneur.
Tout joyeux, il emmène son amie :
ses épreuves sont finies désormais.

De cest cunte qu'oï avez
fu Guigemar li lais trovez,
885 que hum fait en harpe e en rote;
bone en est a oïr la note.

Du conte que vous venez d'entendre,
on a tiré le lai de *Guigemar*,
885 qu'on joue sur la harpe et la rote :
la musique en est douce à entendre.

II

Equitan

Mult unt esté noble barun
cil de Bretaigne, li Bretun.
Jadis suleient par pruësce,
par curteisie e par noblesce
5 des aventures que oeient,
ki a plusurs genz aveneient,
faire les lais pur remembrance,
qu'um nes meïst en ubliance.
Un en firent, ceo oi cunter,
10 ki ne fet mie a ubliër,
d'Equitan ki mult fu curteis,
sire des Nanz, justise e reis.

Equitan fu mult de grant pris
e mult amez en sun païs.
15 Deduit amout e druërie :
pur ceo maintint chevalerie.
Cil metent lur vie en nuncure,
ki d'amer n'unt sen ne mesure ;
tels est la mesure d'amer
20 que nuls n'i deit raisun guarder.
Equitan ot un seneschal,
bon chevalier, pruz e leial.
Tute sa terre li guardout
e meinteneit e justisout.
25 Ja, se pur osteier ne fust,
pur nul busuin ki li creüst
li reis ne laissast sun chacier,
sun deduire, sun riveier.

Femme espuse ot li seneschals,
30 dunt puis vint el païs granz mals.
La dame ert bele durement
e de mult bon afaitement.

II

Equitan

C'étaient de bien nobles barons
que les seigneurs de Bretagne, les Bretons.
Ils avaient jadis une coutume qui témoignait de leur valeur,
de leur courtoisie et de leur noblesse :
5 quand ils entendaient raconter les aventures
survenues autour d'eux,
ils faisaient composer des lais pour en préserver le souvenir,
pour leur éviter de tomber dans l'oubli.
Ils en ont composé un que j'ai entendu conter
10 et qui mérite bien qu'on le tire de l'oubli :
c'est le lai d'Equitan, un courtois chevalier
qui était seigneur des Nantais[1], juge souverain et roi.

Equitan était grandement honoré
et aimé dans son pays.
15 Il aimait les plaisirs de l'amour
et se conduisait en vaillant chevalier pour les mériter.
C'est mettre sa vie en danger
que de n'observer ni sagesse ni mesure en amour.
Mais qui mesure l'amour constate
20 qu'on ne peut qu'y perdre la raison.
Equitan avait pour sénéchal
un bon chevalier, preux et loyal
qui veillait sur sa terre
et l'administrait.
25 Car le roi n'aurait renoncé à ses parties de plaisir
et de chasse au gibier de forêt et de rivière
pour nulle affaire au monde,
la guerre exceptée.

Le sénéchal avait une épouse
30 qui devait apporter le malheur au pays,
une dame d'une grande beauté
et d'une parfaite éducation.

---

1. *Nanz* a été traduit par *Nantais* ou *nains* : dans ce dernier cas, Equitan serait
le roi d'un autre monde, comme le Muldumarec du lai d'*Yonec*.

Gent cors out e bele faiture;
en li former uvra nature.
35 Les uiz out vairs e bel le vis,
bele buche, nes bien asis,
les chevels blunz e reluisanz.
Curteise fu e bien parlanz.
Sa face aveit colur de rose.
40 Qu'en direie jeo altre chose?
El reialme n'aveit sa per.
Li reis l'oï sovent loër.
Soventes feiz la salua;
de ses aveirs li enveia.
45 Senz veüe la coveita,
e cum ainz pot, a li parla.
Priveement esbaneier
en la cuntree ala chacier
la u li seneschals maneit.
50 El chastel u la dame esteit
se herberja li reis la nuit,
quant repairout de sun deduit.
Asez poeit a li parler,
sun curage e sun bon mustrer.
55 Mult la trova curteise e sage,
bele de cors e de visage,
de bel semblant e enveisiee.
Amurs l'a mis en sa maisniee.
Une saiete a vers lui traite,
60 ki mult grant plaie li a faite:
el quer li a lanciee e mise.
N'i a mestier sens ne cointise:
pur la dame l'a si suzpris,
tuz en est murnes e pensis.
65 Or l'i estuet del tut entendre,
ne se purra nïent defendre.
La nuit ne dort ne ne repose,
mes sei meïsme blasme e chose.
'A las', fet il, 'quels destinee
70 m'amena en ceste cuntree?
Pur ceste dame qu'ai veüe
m'est une anguisse el quer ferue,
ki tut le cors me fet trembler.
Jeo quit que mei l'estuet amer.
75 E se jo l'aim, jeo ferai mal:

La nature avait mis tous ses soins
à modeler son corps harmonieux, à lui donner cette allure
35 ce beau visage aux yeux scintillants,   [gracieuse,
cette belle bouche, ce nez parfait,
ces cheveux blonds et brillants.
Courtoise et de parole agréable,
elle avait un teint de rose.
40 Qu'en dire de plus ?
Elle n'avait pas sa pareille dans le royaume.
Le roi entendait souvent chanter ses louanges, chansons
lui adressait souvent ses salutations
et des cadeaux.
45 Avant même de l'avoir vue, il se mit à la désirer
et lui parla dès qu'il le put. (avait le pouvoir)
Il s'en alla un jour chasser
sans escorte dans la région
où habitait le sénéchal
50 et la nuit venue, au retour de la chasse,
demanda l'hospitalité
dans le château où demeurait la dame.
Il pouvait ainsi lui parler facilement,
lui révéler son sentiment et son désir.
55 Il l'a trouvée courtoise et sage,
belle de corps et de visage,
aimable et gaie.
Amour a fait de lui l'un des siens :
il lui a décoché une flèche
60 qui l'a profondément blessé
en se fichant dans son cœur.
Sagesse et ruse ne servent à rien :
possédé par son amour pour la dame,
il est sombre et pensif.
65 Il lui faut se vouer tout entier à cet amour maintenant
car il n'y a pas de défense possible.
La nuit, il ne trouve ni sommeil ni repos
mais s'accuse lui-même :
« Hélas, quelle destinée
70 m'a mené dans ce pays ?
La vue de cette dame
m'a enfoncé dans le cœur une douleur
qui me fait trembler de tout mon corps.
Je ne puis que l'aimer, je crois.
75 Mais si je l'aime, j'agirai mal,

ceo est la femme al seneschal.
Guarder li dei amur e fei,
si cum jeo vueil qu'il face a mei.
Se par nul engin le saveit,
80 bien sai que mult l'en pesereit.
Mes nepurquant pis iert asez
que jeo pur li seie afolez.
Si bele dame tant mar fust,
s'ele n'amast e dru n'eüst!
85 Que devendreit sa curteisie,
s'ele n'amast de druërie?
Suz ciel n'a hume, s'el l'amast,
ki durement n'en amendast.
Li seneschals se l'ot cunter,
90 ne l'en deit mie trop peser;
suls ne la puet il pas tenir:
certes, jeo vueil a li partir!'
Quant ceo ot dit, si suspira,
e puis se jut e si pensa.
95 Aprés parla e dist: 'De quei
sui en estrif e en esfrei?
Uncor ne sai ne n'ai seü
s'ele fereit de mei sun dru;
mes jeo savrai hastivement.
100 S'ele sentist ceo que jeo sent,
jeo perdreie ceste dolur.
E Deus! Tant a de ci qu'al jur!
Jeo ne puis ja repos aveir.
Mult a que jeo culchai ier seir.'

105 Li reis veilla tant que jurs fu;
a grant peine l'a atendu.
Il est levez, si vet chacier.
Mes tost se mist el repairier
e dist que mult est deshaitiez.
110 Es chambres vet, si s'est culchiez.
Dolenz en est li seneschals.
Il ne set pas quels est li mals,
de quei li reis sent les triçuns:
sa femme en est dreite achaisuns.
115 Pur sei deduire e cunforter,
la fist venir a li parler.
Sun curage li descovri,

car c'est la femme de mon sénéchal.
À lui je dois l'amitié et la fidélité
que je lui demande de me témoigner.
Si par trahison il apprenait la chose,
80 il en serait très malheureux, je le sais bien.
Et pourtant ce sera bien pire
si cette femme me fait mourir de douleur.
Une telle beauté ne servirait à rien,
si cette dame n'aimait et n'avait un amant !
85 Que deviendrait sa courtoisie
si elle ne connaissait pas l'amour ?
Et il n'est nul homme au monde, si elle l'aimait,
que cet amour ne rendrait meilleur !
Quant au sénéchal, s'il l'apprend,
90 il n'a nulle raison de tant se chagriner :
il ne peut pas la garder pour lui seul ;
je veux la partager avec lui ! »
Après cela, il soupire,
se couche et médite encore :
95 « Pourquoi donc
ce trouble et ce tourment ?
Je ne sais pas encore et je n'ai jamais su
si elle m'accepterait pour amant ;
mais je le saurai vite.
100 Si elle pouvait sentir ce que je sens,
ma douleur disparaîtrait vite.
Mon Dieu ! que le jour est encore loin !
Je ne peux plus trouver le repos ;
il y a bien longtemps que je suis couché ! »

105 Le roi veille jusqu'au lever du jour,
qu'il a bien du mal à attendre.
Il se lève, va chasser,
mais revient bien vite au château
en disant qu'il est souffrant,
110 regagne sa chambre et se couche.
Le sénéchal, désolé,
ne connaît pas la maladie
qui fait frissonner son roi :
elle n'a d'autre cause que sa femme.
115 Equitan fait venir la dame auprès de lui,
pour trouver joie et réconfort.
Il lui découvre ses sentiments,

saveir li fet qu'il muert pur li ;
del tut li puet faire confort
120 e bien li puet doner la mort.
'Sire', la dame li a dit,
'de ceo m'estuet aveir respit.
A ceste primiere feiee
n'en sui jeo mie cunseilliee.
125 Vus estes reis de grant noblesce ;
ne sui mie de tel richesce
qu'a mei vus deiez arester
de druërie ne d'amer.
S'aviëz fait vostre talent,
130 jeo sai de veir, n'en dut niënt,
tost m'avriëz entrelaissiee ;
j'en sereie mult empeiriee.
Se issi fust que vus amasse
e vostre requeste otreiasse,
135 ne sereit pas uël partie
entre nus dous la druërie.
Pur ceo que estes reis puissanz
e mis sire est de vus tenanz,
quideriëz a mun espeir
140 le dangier de l'amur aveir.
Amurs n'est pruz, se n'est egals.
Mielz valt uns povres huem leials,
ki en sei a sen e valur,
e greindre joie est de s'amur
145 qu'il n'est de prince ne de rei,
quant il n'a leialté en sei.
S'alcuns aime plus haltement
qu'a sa richesce nen apent,
cil se dute de tute rien.
150 Li riches huem requide bien
que nuls ne li toille s'amie
qu'il vuelt amer par seignurie.'
Equitan li respunt aprés :
'Dame, merci ! Ne dites mes !
155 Cil ne sunt mie fin curteis,
ainz est bargaigne de burgeis,
ki pur aveir ne pur grant fiu
metent lur peine en malvais liu.
Suz ciel n'a dame, s'ele est sage,
160 curteise e franche de curage,

lui révèle qu'il meurt d'amour pour elle ;
elle peut lui rendre la vie
120 tout comme elle peut lui donner la mort.
« Sire, dit la dame,
laissez-moi un peu de temps !
C'est la première fois que vous me parlez ainsi
et vous me prenez au dépourvu.
125 Vous êtes un roi de grande noblesse ;
je ne suis pas d'un rang assez haut
pour que vous choisissiez
de vous lier d'amour avec moi.
Une fois votre passion satisfaite,
130 je sais bien sans le moindre doute
que vous auriez vite fait de m'abandonner ;
et moi je me sentirais amoindrie.
Si j'en venais à vous aimer
et à accéder à votre demande,
135 nos relations ne seraient pas
sur un pied d'égalité.
Vous êtes un roi puissant
et mon époux est votre vassal :
vous croiriez donc, j'en suis sûre,
140 avoir, dans cet amour, tous les pouvoirs.
Mais l'amour n'a de valeur qu'entre égaux.
Mieux vaut un homme pauvre mais loyal,
sage et plein de mérite :
son amour offre plus de joie
145 que celui d'un prince ou d'un roi
sans loyauté.
Celui qui aime
au-dessus de son rang
est toujours dans la crainte !
150 Quant au puissant, bien persuadé
que personne ne lui enlèvera son amie,
il entend la dominer de son amour ! »
Mais Equitan lui répond :
« Dame, pitié ! Ne parlez plus ainsi !
155 Ce ne sont pas de vrais amants courtois,
mais des bourgeois qui barguignent,
ceux qui, nantis de richesse ou d'un grand fief,
recherchent des femmes inférieures.
Il n'est dame au monde, si elle est sage,
160 courtoise, de noble cœur,

pur quei d'amer se tienge chiere
qu'el ne seit mie noveliere,
s'el n'eüst fors sul sun mantel,
qu'uns riches princes de chastel
165 ne se deüst pur li pener
e leialment e bien amer.
Cil ki d'amur sunt novelier
e ki s'aturnent de trichier,
il sunt gabé e deceü ;
170 de plusurs l'avum nus veü.
N'est pas merveille se cil pert
ki par s'ovreigne le desert.
Ma chiere dame, a vus m'otrei !
Ne me tenez mie pur rei,
175 mes pur vostre hume e vostre ami !
Seürement vus jur e di
que jeo ferai vostre plaisir.
Ne me laissiez pur vus murir !
Vus seiez dame e jeo servanz,
180 vus orguilluse e jeo preianz.'
Tant a li reis parlé a li
e tant li a crié merci
que de s'amur l'aseüra,
e el sun cors li otria.
185 Par lur anels s'entresaisirent,
lur fiances s'entreplevirent.
Bien les tindrent, mult s'entramerent,
puis en mururent e finerent.

Lung tens dura lur druërie,
190 que ne fu pas de gent oïe.
As termes de lur assembler,
quant ensemble durent parler,
li reis faiseit dire a sa gent
que seigniez ert priveement.
195 Li us des chambres furent clos ;
ne trovissiez hume si os,
se li reis pur lui n'enveiast,
ja une feiz dedenz entrast.
De nuiz veneit, de nuiz alout
200 veeir celui que ele amout.
Li seneschals la curt teneit,
les plaiz e les clamurs oeit.

attachée à son amour
et fidèle,
qui ne mérite, n'eût-elle que son manteau,
qu'un puissant prince et châtelain
165 lui accorde tous ses soins
et l'aime loyalement !
Ceux qui sont infidèles en amour
et s'appliquent à tricher,
sont finalement trompés à leur tour :
170 nous en avons vu maints exemples.
Rien d'étonnant à ce qu'il perde son amie,
celui qui le mérite par sa conduite !
Dame très chère, je me donne à vous !
Ne me considérez pas comme votre roi,
175 mais comme votre vassal et votre amant !
Je vous affirme et je vous jure
que j'obéirai à vos ordres.
Ne me laissez pas mourir d'amour pour vous !
Soyez la maîtresse, et moi le serviteur,
180 soyez hautaine, et moi suppliant ! »
À force de discours
et de supplications,
le roi a obtenu l'amour de la dame
et le don de sa personne.
185 Ils échangèrent leurs anneaux
et s'engagèrent leur foi.
Fidèles à ce serment, ils s'aimèrent passionnément
avant d'en mourir.

Ils s'aimèrent longtemps
190 à l'insu de tous.
Quand ils devaient se rencontrer,
le moment venu,
le roi faisait dire à sa suite
qu'il se faisait saigner en privé.
195 On fermait les portes des chambres
et nul n'aurait eu l'audace
d'entrer
sans être convoqué.
La dame venait de nuit visiter son amant
200 et repartait de nuit.
Quant au sénéchal, il présidait la cour,
s'occupait des procès et des plaintes.

Li reis l'ama mult lungement,
que d'altre femme n'ot talent.
205 Il ne voleit nule espuser;
ja n'en rovast oïr parler.
Sa genz li tindrent mult a mal,
tant que la femme al seneschal
l'oï suvent; mult l'en pesa,
210 e de lui perdre se duta.
Quant ele pout a lui parler
e el li dut joie mener,
baisier, estreindre e acoler,
ensemble od lui rire e juër,
215 forment plura e grant duel fist.
Li reis demanda e enquist
que ceo deveit e que ceo fu.
La dame li a respundu:
'Sire, jo plur pur nostre amur,
220 ki mei revert a grant dolur.
Femme prendrez, fille a un rei,
e si vus partirez de mei.
Sovent l'oi dire e bien le sai.
E jeo lasse! que devendrai?
225 Pur vus m'estuet aveir la mort;
car jeo ne sai altre cunfort.'
Li reis li dit par grant amur:
'Bele amie, n'aiez poür!
Certes, ja femme ne prendrai
230 ne pur altre ne vus larrai.
Saciez de veir e si creez:
se vostre sire fust finez,
reïne e dame vus fereie;
ja pur nul hume nel lerreie.'
235 La dame l'en a mercié
e dit que mult l'en set bon gre,
e se de ceo l'aseürast
que pur altre ne la laissast,
hastivement purchacereit
240 a sun seignur que morz sereit;
legier sereit a purchacier,
pur ceo qu'il l'en volsist aidier.
Il li respunt que si fera;
ja cele rien ne li dirra,
245 que il ne face a sun poeir,

Le roi aima longtemps la dame
et ne désirait pas d'autre femme.
205 Il ne voulait pas se marier
et ne supportait pas d'entendre parler mariage.
Son entourage le lui reprochait vivement,
si bien que la femme du sénéchal
en eut bien des échos qui la chagrinèrent fort :
210 elle craignait de perdre son amant.
Un jour qu'ils étaient réunis,
au lieu de se montrer joyeuse,
de le couvrir de baisers et de caresses
et de se livrer aux plaisirs de l'amour,
215 elle se mit à pleurer et à manifester la plus vive douleur.
Le roi lui demanda
la raison de ses pleurs
et elle lui répondit :
« Sire, si je pleure,
220 c'est que notre amour m'est devenu souffrance !
Vous allez vous marier, épouser la fille d'un roi,
et vous me quitterez.
Je connais bien ces projets et je suis sûre de ce mariage !
Et moi, hélas, que vais-je devenir ?
225 Je ne puis attendre de vous que la mort,
car je ne vois nul autre secours ! »
Le roi, plein d'amour, lui répondit :
« Ma douce amie, n'ayez pas peur !
Je n'épouserai aucune femme
230 et je ne vous abandonnerai pour nulle autre.
Je vous en fais le serment :
si votre époux mourait,
je ferais de vous ma reine et ma suzeraine !
Personne ne pourrait m'en empêcher ! »
235 La dame l'a remercié
et lui a dit sa reconnaissance :
s'il lui donnait l'assurance
de ne jamais l'abandonner pour une autre,
elle s'emploierait à provoquer rapidement
240 la mort de son mari ;
l'entreprise serait facile
s'il voulait bien l'aider.
Il accepte :
tout ce qu'elle voudra,
245 il le fera de son mieux,

turt a folie u a saveir.
'Sire', fet ele, 'se vus plest,
venez chacier en la forest
en la cuntree u jeo sujur.
250 Dedenz le chastel mun seignur
sujurnez; si serez seigniez,
e al tierz jur si vus baigniez.
Mis sire od vus se saignera
e avuec vus se baignera.
255 Dites li bien, nel laissiez mie,
que il vus tienge cumpaignie!
E jeo ferai les bains temprer
e les dous cuves aporter.
Sun bain ferai chalt e buillant;
260 suz ciel nen a hume vivant,
ne seit eschaldez e malmis,
einz que dedenz se seit asis.
Quant morz sera e eschaldez,
voz humes e les soens mandez;
265 si lur mustrez cumfaitement
est morz el bain sudeinement.'
Li reis li a tut graanté,
qu'il en fera sa volenté.

Ne demura mie treis meis
270 qu'el païs vet chacier li reis.
Seignier se fet cuntre sun mal,
ensemble od lui sun seneschal.
Al tierz jur dist qu'il baignereit.
Li seneschals mult le voleit.
275 'Vus baignerez', dist il, 'od mei!'
Li seneschals dist: 'Jo l'otrei.'
La dame fet les bains temprer
e les dous cuves aporter.
Devant le lit tut a devise
280 a chescune des cuves mise.
L'ewe buillant fait aporter,
u li seneschals dut entrer.
Li prozdum esteit sus levez;
pur deduire fu fors alez.
285 La dame vint parler al rei,
e il la mist dejuste sei.
Sur le lit al seignur culchierent

que ce soit folie ou sagesse.
« Sire, dit la dame, si vous le voulez bien,
venez chasser dans la forêt
de la région où je demeure
250 et logez dans le château de mon mari.
Vous vous ferez saigner
et, deux jours après, vous prendrez un bain.
Mon mari se fera saigner
et prendra un bain en même temps que vous.
255 N'oubliez surtout pas de lui demander
de vous tenir compagnie !
Moi, je ferai chauffer l'eau des bains
et préparer les deux cuves.
Je ferai bouillir l'eau de son bain :
260 n'importe qui
serait ébouillanté et brûlé
avant même d'y être assis.
Quand il sera mort, brûlé,
vous n'aurez qu'à appeler vos hommes et les siens
265 et leur montrer comment
il est mort soudainement dans son bain. »
Le roi lui promet d'agir en tout
selon sa volonté.

À peine trois mois plus tard,
270 le roi va chasser dans le pays de son sénéchal.
Pour se soigner, il se fait saigner
en même temps que le sénéchal.
Deux jours plus tard, il demande un bain
et le sénéchal s'empresse auprès de lui.
275 « Vous vous baignerez en même temps que moi ! »
dit Equitan. Le sénéchal acquiesce.
La dame fait chauffer l'eau des bains
et apporter les deux cuves.
Elle les a placées toutes deux
280 devant le lit, soigneusement.
Elle fait apporter l'eau bouillante
qu'elle réserve au sénéchal.
Le bon chevalier était alors levé
et était sorti se promener.
285 La dame rejoint le roi
qui la fait asseoir près de lui.
Ils se couchent sur le lit du seigneur

e deduistrent e enveisierent :
iluec unt ensemble geü,
290 pur la cuve ki devant fu.
L'us firent tenir e guarder ;
une meschine i dut ester.
Li seneschals ariere vint.
A l'us buta, cele le tint.
295 Icil le fiert par tel aïr,
par force li estut ovrir.
Le rei e sa femme a trovez
el lit gisant entracolez.
Li reis guarda, sil vit venir.
300 Pur sa vileinie covrir,
dedenz la cuve salt joinz piez,
e il fu nuz e despuilliez ;
unques guarde ne s'en dona.
Iluec murut e eschalda.
305 Sur lui est li mals revertiz,
e cil en est sals e guariz.
Li seneschals a bien veü
coment del rei est avenu.
Sa femme prent demeintenant :
310 el bain la met, le chief avant.
Issi mururent ambedui,
li reis avant, ele aprés lui.
Ki bien voldreit raisun entendre,
ici purreit ensample prendre :
315 tels purchace le mal d'altrui,
dunt tuz li mals revert sur lui.

Issi avint cum dit vus ai.
Li Bretun en firent un lai,
d'Equitan, cument il fina
320 e la dame ki tant l'ama.

et s'y livrent aux plaisirs de l'amour.
Ils sont allongés ensemble
290 près de la cuve placée devant le lit
et font surveiller la porte
par une jeune servante qui doit monter la garde.
Mais le sénéchal revient,
frappe à la porte que la jeune fille tient fermée.
295 Il frappe si fort
qu'elle est obligée de lui ouvrir
et il découvre alors le roi et sa femme
enlacés sur le lit.
Quand le roi le voit arriver,
300 il tente de cacher sa honte
en sautant à pieds joints dans la cuve,
par mégarde,
complètement nu.
Il meurt ébouillanté.
305 Le piège s'est retourné contre lui,
alors que le sénéchal y a échappé.
Ce dernier a bien vu
ce qui est arrivé au roi.
Il se saisit aussitôt de sa femme
310 et la jette dans le bain, la tête la première.
Ainsi moururent les deux amants,
le roi d'abord, la dame après lui.
À bien réfléchir,
on pourrait tirer une leçon de ce récit :
315 celui qui cherche le malheur d'autrui
voit le malheur retomber sur lui.

L'aventure est bien telle que je vous l'ai rapportée.
Les Bretons en ont tiré un lai,
qui conte la mort d'Equitan
320 et de la dame qui l'aimait tant.

III

Le Fraisne

Le lai del Fraisne vus dirai
sulunc le cunte que jeo sai.

En Bretaigne jadis maneient
dui chevalier ; veisin esteient.
5 Riche hum furent e manant,
e chevalier pruz e vaillant.
Prochein furent, d'une cuntree.
Chescuns femme aveit espusee.
L'une des dames enceinta.
10 Al terme qu'ele delivra,
a cele feiz ot dous enfanz.
Sis sire en est liez e joianz.
Pur la joie que il en a,
a sun bon veisin le manda,
15 que sa femme a dous fiz eüz,
de tanz enfanz esteit creüz ;
l'un li trametra a lever,
de sun nun le face nomer.
Li riches huem sist al mangier :
20 a tant es vus le messagier !
Devant le deis s'agenoilla,
tut sun message li cunta.
Li sire en a Deu mercié ;
un bon cheval li a doné.
25 La femme al chevalier s'en rist,
ki juste lui al mangier sist ;
kar ele ert feinte e orguilluse
e mesdisanz e enviüse.
Ele parla mult folement
30 e dist oant tute sa gent :
'Si m'aït Deus, jo m'esmerveil
u cist prozdum prist cest cunseil,
qu'il a mandé a mun seignur
sa hunte e sa grant deshonur,
35 que sa femme a eüz dous fiz.
E il e ele en sunt huniz.

III

Le Frêne

Je vais vous raconter le lai du Frêne
d'après le récit que je connais.

Il était une fois en Bretagne
deux chevaliers qui étaient voisins.
5 C'étaient deux seigneurs puissants et riches,
deux vaillants chevaliers,
parents, issus du même pays
et tous deux mariés.
L'une des dames devint enceinte
10 et le moment venu,
accoucha de deux enfants.
Son époux, tout heureux,
veut faire partager sa joie
à son bon voisin et lui faire savoir
15 que sa femme vient d'avoir deux fils :
voilà de quoi accroître sa maison !
Il veut que son ami tienne l'un des deux sur les fonts
et lui donne son nom.   [baptismaux
Le puissant seigneur était assis à table
20 à l'arrivée du messager :
celui-ci s'agenouille devant la table
et récite son message.
Le seigneur rend grâces à Dieu
et lui offre un beau cheval.
25 Mais la femme du chevalier, qui était assise à ses côtés,
se mit à rire :
c'était une femme fausse, orgueilleuse,
médisante et envieuse.
Comme une folle,
30 elle déclara devant toute sa maisonnée :
« Que Dieu m'aide, quelle idée
a ce brave homme
de faire annoncer à mon mari
sa honte et son déshonneur ?
35 Si sa femme a eu deux fils,
ils sont déshonorés tous les deux

Nus savum bien qu'il i afiert:
unques ne fu ne ja nen iert
ne n'avendra cele aventure,
40 qu'a une sule porteüre
une femme dous enfanz ait,
se dui hume ne li unt fait.'
Sis sire l'a mult esguardee,
mult durement l'en a blasmee.
45 'Dame', fet il, 'laissiez ester!
Ne devez mie issi parler!
Veritez est que ceste dame
a mult esté de bone fame.'
La genz ki en la maisun erent
50 cele parole recorderent.
Asez fu dite e coneüe,
par tute Bretaigne seüe.
Mult en fu la dame haïe;
puis en dut estre malbaillie.
55 Tutes les femmes ki l'oïrent,
povres e riches, l'en haïrent.
Cil ki le message ot porté
a sun seignur a tut cunté.
Quant il l'oï dire e retraire,
60 dolenz en fu, ne sot que faire;
sa prude femme en enhaï
e durement la mescreï,
e mult la teneit en destreit,
senz ceo qu'ele nel deserveit.

65 La dame ki si mesparla
en l'an meïsmes enceinta.
De dous enfanz est enceintiee:
ore est sa veisine vengiee!
Desqu'a sun terme les porta.
70 Dous filles ot: mult li pesa.
Mult durement en est dolente;
a sei meïsmes se demente.
'Lasse', fet ele, 'que ferai?

car nous savons bien ce qu'il en est :
on n'a jamais vu
et on ne verra jamais
40 une femme accoucher
de deux enfants à la fois,
à moins que deux hommes ne les lui aient faits[1] ! »
Son époux se tourne vers elle
et lui reproche vertement ses paroles :
45 « Dame, taisez-vous donc !
Vous n'avez aucune raison de parler ainsi.
En vérité, on n'a jamais entendu
que du bien de cette dame ! »
Mais les assistants
50 rapportèrent ces paroles,
qui furent répétées
et connues dans toute la Bretagne
et valurent à leur auteur une haine générale.
Mais elle dut plus tard les payer cher.
55 Toutes les femmes qui les apprirent,
pauvres ou riches la prirent en haine.
Quant à l'envoyé qui a porté le message,
il a tout raconté à son seigneur
qui, tout chagrin à ce récit,
60 ne sait que faire :
il se met, pour ces paroles, à haïr sa noble femme,
à la soupçonner,
à la persécuter
alors qu'elle ne le méritait nullement.

65 La même année, la médisante
devient enceinte,
enceinte de deux enfants :
voilà sa voisine bien vengée !
Elle les porte jusqu'au terme
70 et accouche de deux filles :
la voilà désespérée,
qui se lamente :
« Hélas, que faire ?

---

1. Il s'agit là d'un motif folklorique très courant : cf. S. Thompson, *Motif Index of Folk Literature*, Bloomington, 1932-1936, T. 587.1 (*Birth of Twins Indication of Unfaithfulness in Wife*. Sur les croyances relatives aux naissances gémellaires, voir N. Belmont, *Les Signes de la naissance*, Paris, 1971.

Ja mes pris ne honur n'avrai !
75 Hunie sui, c'est veritez.
Mis sire e tuz mis parentez
certes ja mes ne me crerrunt,
des que ceste aventure orrunt ;
kar jeo meïsmes me jujai,
80 de tutes femmes mesparlai.
Dunc ne dis jeo que unc ne fu
ne nus ne l'aviüm veü,
que femme dous enfanz eüst,
se dous humes ne coneüst ?
85 Ore en ai dous ; ceo m'est a vis,
sur mei en est turnez li pis.
Ki sur altrui mesdit e ment,
ne set mie qu'a l'ueil li pent ;
de tel hume puet l'um parler,
90 ki mielz de lui fet a loër.
Pur mei defendre de hunir,
un des enfanz m'estuet murdrir.
Mielz le vueil vers Deu amender
que mei hunir ne vergunder.'
95 Celes ki en la chambre esteient
la cunfortouent e diseient
qu'eles nel suferreient pas ;
d'enfant ocire n'est pas gas.

La dame aveit une meschine,
100 ki mult esteit de franche orine ;
lung tens l'ot guardee e nurrie
e mult amee e mult cherie.
Cele oï sa dame plurer,
durement pleindre e doluser ;
105 anguissusement li pesa.
A li vint, si la cunforta.
'Dame', fet ele, 'ne valt rien.
Laissiez cest duel, si ferez bien !
L'un des enfanz me bailliez ça !
110 Jeo vus en deliverrai ja,
si que honie n'en serez
ne que ja mes ne la verrez.
A un mustier la geterai,
tut sein e salf l'i porterai.
115 Alcuns prozdum la trovera,

Plus jamais je ne retrouverai l'estime ni l'honneur !
75 Je suis vraiment déshonorée !
Mon mari et tous mes parents
n'auront plus jamais confiance en moi
quand ils apprendront cette aventure.
Car j'ai moi-même prononcé mon jugement
80 en disant du mal de toutes les femmes.
N'ai-je pas dit
que l'on n'avait jamais vu
une femme avoir des jumeaux
à moins d'avoir connu deux hommes ?
85 Et me voici avec des jumelles !
Je crois que le malheur est retombé sur moi.
Celui qui répand calomnies et mensonges sur autrui
ne sait pas ce qui l'attend !
Celui que vous critiquez
90 vaut peut-être mieux que vous !
Pour éviter le déshonneur,
je n'ai plus qu'à tuer l'un des enfants !
J'aime mieux expier ce péché devant Dieu
que supporter la honte et le déshonneur ! »
95 Ses femmes
la consolaient et disaient
qu'elles ne la laisseraient pas faire :
On ne tue pas un enfant si facilement !

La dame avait une suivante
100 de noble naissance,
qu'elle gardait et élevait depuis longtemps
et qu'elle aimait beaucoup.
La jeune fille est désolée
d'entendre sa maîtresse pleurer
105 et se désespérer.
Elle vient la consoler.
« Dame, dit-elle, cessez donc ce deuil
qui ne sert à rien !
Donnez-moi l'un des enfants
110 et je vous en débarrasserai :
vous ne serez pas déshonorée
et vous ne la verrez plus jamais.
Je l'exposerai à la porte d'un monastère,
où je la porterai saine et sauve.
115 Un homme de bien la trouvera

se Deu plest, nurrir la fera.'
La dame oï que cele dist.
Grant joie en out; si li promist,
se cel servise li faiseit,
120 bon gueredun de li avreit.
En un chief de mult bon cheinsil
envolupent l'enfant gentil
e desus un paile roé;
sis sire li ot aporté
125 de Costentinoble u il fu;
unques si bon n'orent veü.
A une piece d'un suen laz
un gros anel li lie al braz.
De fin or i aveit une unce;
130 el chastun out une jagunce;
la verge en tur esteit letree.
La u la meschine iert trovee,
bien sacent tuit veraiement
qu'ele est nee de bone gent.
135 La dameisele prist l'enfant;
de la chambre s'en ist a tant.
La nuit quant tut fu aseri,
fors de la vile s'en eissi.
En un grant chemin est entree,
140 ki en la forest l'a menee.
Parmi le bois sa veie tint.
Od tut l'enfant ultre s'en vint;
unques del grant chemin n'eissi.
Bien loinz sur destre aveit oï
145 chiens abaier e cos chanter:
iluec purra vile trover.
Cele part vet a grant espleit,
u la noise des chiens oeit.
En une vile riche e bele
150 est entree la dameisele.
En la vile out une abeïe
durement riche e bien guarnie;
mun esciënt noneins i ot
e abeesse kis guardot.
155 La meschine vit le mustier,
les turs, les murs e le clochier.
Hastivement est la venue.
Devant l'us s'est aresteüe.

et, si Dieu le veut, se chargera de son éducation. »
La dame, pleine de joie à ces mots,
lui promet
une riche récompense
120 si elle accepte de lui rendre ce service.
Elles enveloppent l'enfant de noble naissance
dans une fine toile de lin
et la recouvrent d'une soierie ornée de rosaces
que le seigneur avait rapportée à sa femme
125 d'un séjour à Constantinople :
on n'avait jamais vu si belle étoffe !
La mère attache au bras de l'enfant,
avec un de ses lacets, un gros anneau
d'or pur d'une once :
130 le chaton portait une hyacinthe
et une inscription courait autour de l'anneau.
Ainsi quand on trouvera la petite fille,
tout le monde pourra être sûr
qu'elle est de bonne famille.
135 La jeune fille prend l'enfant
et sort de la chambre.
La nuit tombée,
elle quitte la ville
et prend un grand chemin
140 qui la mène à la forêt.
Elle traverse tout le bois
avec l'enfant,
sans jamais s'écarter de son chemin.
Loin sur sa droite, elle avait entendu
145 des aboiements et des chants de coqs :
elle trouvera là une ville.
Elle marche vite dans la direction
où elle entend les chiens aboyer
et entre
150 dans une ville riche et belle,
où se trouvait un couvent
prospère et bien approvisionné :
des religieuses y vivaient, je crois,
sous la conduite de leur abbesse.
155 La jeune fille voit l'église,
les tours, les murailles et le clocher.
Vite elle s'approche
de la porte, s'arrête,

L'enfant mist jus qu'ele porta ;
160 mult humblement s'agenuilla.
Ele comence s'oreisun.
'Deus', fait ele, 'par tun seint nun,
sire, se te vient a plaisir,
cest enfant guarde de perir !'
165 Quant sa preiere aveit finee,
ariere sei s'est reguardee.
Un fraisne vit, le e branchu
e mult espés e bien ramu ;
en quatre furs esteit quarrez ;
170 pur umbre faire i fu plantez.
Entre ses braz a pris l'enfant,
de si qu'al fraisne vint corant.
Desus le mist ; puis le laissa ;
a Deu le veir le comanda.
175 La dameisele ariere vait ;
sa dame cunte qu'ele a fait.

En l'abeïe ot un portier ;
ovrir suleit l'us del mustier,
defors par unt la genz veneient
180 ki le servise oïr voleient.
Icele nuit par tens leva.
Chandeiles, lampes aluma,
les seins sona e l'us ovri.
Sur le fraisne les dras choisi ;
185 quida qu'alkuns les eüst pris
en larrecin e iluec mis ;
d'altre chose nen ot reguard.
Plus tost qu'il pot vint cele part ;
taste, si a l'enfant trové.
190 Il en a Deu mult mercïé,
e puis l'a pris, si ne l'i lait.
A sun ostel od tut s'en vait.
Une fille ot ki vedve esteit ;
sis sire ert morz, enfant aveit
195 petit en berz e alaitant.
Li prozdum l'apela avant.
'Fille', fet il, 'levez, levez !
Fu e chandeile m'alumez !
Un enfant ai ci aporté,
200 la fors el fraisne l'ai trové.

dépose à terre l'enfant qu'elle porte,
160 s'agenouille humblement
pour dire sa prière :
« Dieu, fait-elle, par ton saint nom,
veuille protéger, Seigneur,
cet enfant de la mort ! »
165 Sa prière achevée,
elle se retourne
et voit un gros frêne bien couvert de branches
épaisses et de rameaux,
dont le tronc se ramifie en quatre :
170 on l'avait planté là pour faire de l'ombre.
La jeune fille court au frêne,
l'enfant dans les bras :
elle dépose son fardeau dans l'arbre et l'abandonne
à la grâce du vrai Dieu.
175 À son retour,
elle raconte à sa maîtresse ce qu'elle a fait.

L'abbaye avait un portier,
chargé d'ouvrir la porte de l'église
aux fidèles qui venaient du dehors
180 entendre l'office.
Cette nuit-là, il se lève tôt,
allume chandelles et lampes,
sonne les cloches et ouvre la porte.
Sur le frêne il aperçoit l'étoffe :
185 il se dit qu'un voleur
l'a cachée ici.
Laissant là ses tâches,
il se précipite vers l'arbre,
tâte l'étoffe et découvre l'enfant.
190 Remerciant Dieu de ce don,
il le prend vite
et regagne son logis avec sa trouvaille.
Sa fille avait perdu son mari
et elle était restée veuve avec un petit enfant
195 au berceau qu'elle allaitait.
Le brave homme l'appelle :
« Ma fille, crie-t-il, levez-vous donc !
Allumez-moi du feu et une chandelle !
J'ai là un enfant
200 que je viens de trouver dans le frêne.

De vostre lait le m'alaitiez;
Eschalfez le e sil baigniez!'
Cele a fet sun comandement.
Le feu alume e l'enfant prent,
205 eschalfé l'a e bien baignié,
puis l'a de sun lait alaitié.
Entur sun braz trueve l'anel;
le paile virent riche e bel :
bien sorent cil a esciënt
210 qu'ele est nee de halte gent.
El demain aprés le servise,
quant l'abeesse ist de l'eglise,
li portiers vet a li parler.
L'aventure li vuelt cunter
215 de l'enfant cum il le trova.
L'abeesse li comanda
que devant li seit aportez
tut issi cum il fu trovez.
A sa maisun vet li portiers.
220 L'enfant aporte volentiers,
si l'a a la dame mustré,
e el l'a forment esguardé
e dit que nurrir le fera
e pur sa niece la tendra.
225 Al portier a bien defendu
qu'il ne die cument il fu.
Ele meïsmes l'a levee.
Pur ceo qu'el fraisne fu trovee,
Le Fraisne li mistrent a nun,
230 e Le Fraisne l'apelë hum.

La dame la tint pur sa niece.
Issi fu celee grant piece;
dedenz le clos de l'abeïe
fu la dameisele nurrie.
235 Quant ele aveit passé .vii. anz,
de sun aé fu bele e granz.
Des qu'ele pot raisun entendre,
l'abeesse l'a faite aprendre;
car mult l'amout e cherisseit
240 e mult richement la vesteit.
Quant ele vint en tel eé
que nature furme belté,

Donnez-lui de votre lait,
réchauffez-le et baignez-le donc ! »
La jeune femme obéit,
allume le feu, prend l'enfant,
205 le réchauffe, lui donne un bain
et le nourrit de son lait.
À son bras elle trouve l'anneau.
Devant la richesse et la beauté de l'étoffe,
ils comprennent bien
210 que la petite fille est de noble naissance.
Dès le lendemain, après l'office,
le portier aborde l'abbesse
qui sort de l'église,
pour lui raconter l'aventure
215 et la façon dont il a découvert l'enfant.
Celle-ci lui ordonne
de lui apporter la petite fille
exactement comme il l'a trouvée.
Regagnant sa maison, le portier
220 a tôt fait d'apporter l'enfant
pour le lui montrer
et la dame, le contemplant,
décide de l'élever
et de la faire passer pour sa nièce.
225 Elle interdit au portier
de révéler la vérité,
la tint elle-même sur les fonts baptismaux ;
et comme on l'avait trouvée dans un frêne,
on lui donna le nom de Frêne
230 et désormais on l'appela Frêne.

La dame fit passer l'enfant pour sa nièce
et la cacha ainsi longtemps,
l'élevant
dans l'enceinte du couvent.
235 À sept ans,
elle était belle et grande pour son âge
et dès qu'elle eut atteint l'âge de raison,
l'abbesse se chargea de son éducation :
elle la chérissait
240 et la parait de riches vêtements.
Quand Frêne atteignit l'âge
où Nature forme la beauté,

en Bretaigne ne fu si bele
ne si curteise demeisele.
245 Franche esteit e de bone escole
e en semblant e en parole.
Nuls ne la vit ki ne l'amast
e merveille ne la preisast.
Li riche hume veeir l'alouent.
250 A l'abeesse demandouent,
sa bele niece lur mustrast
e que sufrist qu'a els parlast.

A Dol aveit un bon seignur :
unc puis ne einz n'i ot meillur.
255 Ici vus numerai sun nun :
el païs l'apelent Gurun.
De la pucele oï parler ;
si la cumença a amer.
A un turneiement ala ;
260 par l'abeïe returna.
La dameisele a demandee ;
l'abeesse li a mustree.
Mult la vit bele e enseigniee,
sage, curteise e afaitiee.
265 Se il nen a l'amur de li,
mult se tendra a malbailli.
Esguarez est, ne set coment ;
kar se il repairout sovent,
l'abeesse s'aparcevreit ;
270 ja mes des uiz ne la verreit.
D'une chose se purpensa :
l'abeïe creistre voldra,
de sa terre tant i durra,
dunt a tuz jurs l'amendera ;
275 kar il i volt aveir retur
e le repaire e le sejur.
Pur aveir lur fraternité
la a grantment del soen doné ;
mes i aveit altre achaisun
280 que de receivre le pardun.

il n'y avait pas en Bretagne
de demoiselle aussi belle et aussi courtoise.
245 Sa noblesse et l'excellence de son éducation
transparaissaient dans son attitude et ses paroles.
On ne pouvait la voir sans l'aimer
et se répandre en louanges.
Les seigneurs du pays venaient lui rendre visite
250 et demandaient à l'abbesse
de leur montrer sa belle nièce
et de leur permettre de lui parler.

À Dol vivait un seigneur si bon
qu'on n'a jamais connu meilleur, ni avant ni après.
255 Je vais vous dire son nom :
on l'appelait Goron dans le pays.
Il entendit parler de la jeune fille
et se mit à l'aimer.
Un jour qu'il se rendait à un tournoi,
260 il prit sur le retour le chemin du couvent.
Il s'enquiert de la demoiselle :
l'abbesse la lui présente.
Il la découvre pleine de beauté et de grâce,
sage, courtoise et élégante.
265 S'il ne gagne pas son amour,
il pourra bien maudire son infortune !
Éperdu, il ne sait que faire
car s'il revient souvent,
l'abbesse découvrira tout
270 et plus jamais il ne verra la jeune fille.
Il imagine alors un stratagème.
Il décide d'accroître le domaine du couvent :
il lui donnera tant de ses terres
qu'il aura lui-même à s'en féliciter[2],
275 car il veut avoir le droit
d'y séjourner comme chez un vassal.
Pour appartenir à leur communauté,
il prend sur son bien et les dote richement :
mais son motif n'est pas
280 le désir de recevoir l'absolution !

___

2. Voir la note de l'édition Rychner, p. 250. *L'* peut désigner le couvent (« il lui donnera de quoi l'enrichir pour toujours ») ou être interprété comme un pronom neutre, *l'amender* signifiant alors « améliorer sa propre situation ».

Soventes feiz i repaira.
A la dameisele parla;
tant li preia, tant li premist,
qu'ele otria ceo que il quist.
285 Quant a seür fu de s'amur,
si la mist a raisun un jur.
'Bele', fet il, 'ore est issi,
de mei avez fet vostre ami.
Venez vus ent del tut od mei!
290 Saveir poëz, jol quit e crei,
se vostre ante s'aparceveit,
mult durement li pesereit,
s'entur li fussiez enceintiee;
durement sereit curuciee.
295 Se mun cunseil creire volez,
ensemble od mei vus en vendrez.
Certes, ja mes ne vus faldrai,
richement vus cunseillerai.'
Cele ki durement l'amot
300 bien otria ceo que li plot.
Ensemble od lui en est alee;
a sun chastel l'en a menee.
Sun paile en porte e sun anel:
de ceo li puet estre mult bel.
305 L'abeesse li ot rendu
e dit coment ert avenu,
quant primes li fu enveiee.
Desus le fraisne fu culchiee;
le paile e l'anel li bailla
310 cil ki primes li enveia;
plus d'aveir ne receut od li;
come sa niece la nurri.
La meschine bien les guarda;
en un cofre les enferma.
315 Le cofre fist od sei porter,
nel volt laissier ne ubliër.
Li chevaliers ki l'en mena
mult la cheri e mult l'ama,
e tuit si hume e si servant;
320 n'i out un sul, petit ne grant,
pur sa franchise ne l'amast
e ne cherist e honurast.

À plusieurs reprises, il séjourna donc au couvent,
parla à la jeune fille,
multiplia les prières et les promesses,
si bien qu'elle lui accorda sa requête.
285 Sûr de son amour,
il lui dit un jour :
« Mon amie, vous avez maintenant
fait de moi votre amant.
Venez donc vivre avec moi !
290 Vous savez bien, et j'en suis sûr,
que si votre tante découvrait la vérité,
elle serait très chagrinée ;
et si vous deveniez enceinte chez elle,
sa colère serait terrible.
295 Croyez mon conseil
et venez avec moi !
Jamais je ne vous abandonnerai
et toujours je prendrai soin de vous ! »
La jeune fille l'aimait tellement
300 qu'elle lui obéit volontiers
et le suivit
dans son château.
Elle emporta son étoffe et son anneau
qui lui rendront peut-être grand service.
305 L'abbesse les lui avait remis
en lui racontant par quelle aventure
elle lui avait été amenée :
elle était couchée dans les branches du frêne
et l'homme qui la lui avait confiée
310 lui avait remis l'étoffe et l'anneau.
Elle n'avait rien reçu d'autre
et avait élevé l'enfant comme sa nièce.
La jeune fille conserva précieusement les objets
et les enferma dans un coffre
315 qu'elle emporta avec elle
soigneusement.
Le chevalier qui l'emmena
la chérissait et l'aimait tendrement,
comme tous ses hommes et ses serviteurs ;
320 pas un seul, petit ou grand,
dont elle n'avait gagné l'estime et l'amour
par sa noblesse.

Lungement ot od lui esté,
tant que li chevalier fiefé
325 a mult grant mal li aturnerent.
Soventes feiz a lui parlerent,
qu'une gentil femme espusast
e de cele se delivrast.
Lié sereient, s'il eüst heir
330 ki aprés lui peüst aveir
sa terre e sun grant heritage ;
trop i avreient grant damage,
se il laissast pur sa suignant
que d'espuse n'eüst enfant ;
335 ja mes pur seignur nel tendrunt
ne volentiers nel servirunt,
se il ne fait lur volenté.
Li chevaliers a graanté
qu'a lur cunseil femme prendra.
340 Ore esguardent u ceo sera.
'Sire', funt il, 'ci pres de nus
a un produme, per a vus.
Une fille a, ki est sun heir :
mult poëz terre od li aveir.
345 La Coldre a nun la dameisele ;
en tut cest païs n'a si bele.
Pur le Fraisne que vus larrez
en eschange la Coldre avrez.
En la coldre a noiz e deduiz,
350 li fraisnes ne porte unkes fruiz.
La pucele purchaceruns :
se Deu plest, si la vus durruns.'
Cel mariage unt purchacié
e de tutes parz otrié.
355 A las ! cum est mesavenu,
que li prudume n'unt seü
l'aventure des dameiseles,
ki esteient serurs gemeles !
Le Fraisne cele fu celee ;
360 sis amis a l'altre espusee.
Quant ele sot que il la prist,
unkes peiur semblant n'en fist :

Elle vivait depuis longtemps avec son ami
quand les vassaux du seigneur
325 se mirent à lui reprocher sa liaison.
Ils ne cessaient de l'engager
à épouser une femme de noble naissance
et à se débarrasser de Frêne :
ils seraient heureux qu'il ait un héritier
330 qui puisse après lui
recueillir sa terre et son grand domaine
et perdraient gros, au contraire,
si, pour sa maîtresse, il renonçait
à avoir un enfant d'une épouse légitime.
335 S'il ne cède à leur volonté,
ils cesseront de le tenir pour leur seigneur
et ne le serviront plus jamais de bon gré.
Le chevalier a donc accepté
de prendre la femme qu'ils lui choisiraient :
340 à eux de la lui chercher !
« Seigneur, disent-ils, tout près d'ici
vit un homme de bien, qui est votre pair.
Il n'a qu'une fille pour héritière,
avec qui vous pouvez avoir beaucoup de terre.
345 La demoiselle se nomme Coudrier
et c'est la plus belle du pays.
Vous laisserez là le frêne
et prendrez en échange le coudrier :
le coudrier donne de délicieuses noisettes
350 alors que le frêne ne porte jamais le moindre fruit.
Nous demanderons la main de la jeune fille
et, si Dieu le veut, nous vous la donnerons en mariage. »
Ils ont donc fait la demande
et obtenu tous les accords.
355 Hélas ! quelle malchance
que les bons seigneurs n'aient pas su
l'aventure des deux jeunes filles
qui étaient sœurs jumelles !
Frêne, elle, avait été cachée dès sa naissance[3] :
360 son ami a donc épousé l'autre.
Quand elle apprend ce mariage,
elle n'en fait pas moins bon semblant,

---

3. *Le Fraisne* est sujet.

sun seignur sert mult bonement
e honure tute sa gent.
365 Li chevalier de la maisun
e li vadlet e li garçun
merveillus duel pur li faiseient
de ceo que perdre la deveient.

Al jur des noces qu'il unt pris,
370 li sire i mande ses amis,
e l'erceveskes i esteit,
cil de Dol ki de lui teneit.
S'espuse li unt amenee.
Sa mere i est od li alee.
375 De la meschine aveit poür,
vers qui li sire ot tel amur,
que a sa fille mal tenist
vers sun seignur, s'ele poïst.
De sa maisun la getera;
380 a sun gendre cunseillera
qu'a un produme la marit;
si s'en deliverra, ceo dit.

Les noces tindrent richement;
mult i out esbaneiement.
385 La dameisele es chambres fu;
unques de quan qu'ele a veü
ne fist semblant que li pesast
sul tant qu'ele s'en curuçast.
Entur la dame bonement
390 serveit mult afaitieement.
A grant merveille le teneient
cil e celes ki la veeient.
Sa mere l'a mult esguardee,
en sun quer preisiee e amee.
395 Pensa e dist, s'ele seüst
la maniere e que ele fust,
ja pur sa fille ne perdist

continue à servir son seigneur
et à honorer toute la maisonnée avec le même dévouement.
365 À l'idée de la perdre,
les chevaliers de la suite de Goron,
tout comme les jeunes écuyers et les serviteurs,
sont remplis de chagrin.

Le jour des noces,
370 Goron invite ses amis.
L'archevêque de Dol,
son vassal, était là.
On lui amène sa fiancée,
accompagnée de sa mère.
375 La dame craint
que la femme que Goron aime tant
ne cherche à perdre la jeune fille
auprès de son futur époux.
Elle la fera donc chasser de la maison
380 et conseillera à son gendre
de la marier à un bon chevalier :
elle pense ainsi s'en débarrasser.

Les noces sont magnifiques,
il y a force réjouissances.
385 Frêne reste dans les appartements :
à tout ce qu'elle voit,
elle n'oppose pas la moindre marque de chagrin
ni de colère.
Elle sert la jeune épouse
390 avec grâce et bonté,
à l'admiration
de tous les spectateurs[4].
Sa mère ne cesse de l'observer
et ne ressent pour elle qu'estime et amitié.
395 Elle se dit que si elle avait su
quelle femme était Frêne,
celle-ci n'aurait pas perdu son seigneur[5]

---

4. On reconnaît ici le thème de Grisélidis, dont c'est la première apparition dans la littérature. Il ressurgira dans le roman de *Galeran de Bretagne* (début XIIIe siècle), dans le *Décaméron* de Boccace (X, 10) en 1353, dans les *Contes de Canterbury* de Chaucer en 1373 *(The Clerk's Tale)*, puis dans l'*Estoire de Grisélidis* de Philippe de Mézières vers 1384 et, bien sûr, dans le conte de Perrault, *La Marquise de Saluces ou la Patience de Grisélidis* (1691).

5. Voir Rychner, p. 251 : *seignur* est un complément commun aux deux verbes *perdist* et *tolist*.

ne sun seignur ne li tolist.

La nuit al lit apareillier,
400 u l'espuse deveit culchier,
la damisele i est alee.
De sun mantel s'est desfublee.
Les chamberleins i apela ;
la maniere lur enseigna
405 cument sis sire le voleit ;
kar meinte feiz veü l'aveit.
Quant le lit orent apresté,
un covertur unt sus jeté.
Li dras esteit d'un vieil bofu.
410 La dameisele l'a veü.
N'ert mie bons, ceo li sembla ;
en sun curage l'en pesa.
Un cofre ovri, sun paile prist,
sur le lit sun seignur le mist.
415 Pur lui honurer le faiseit :
kar l'ercevèskes i esteit
pur els beneïstre e seignier ;
ceo afereit a sun mestier.
Quant la chambre fu delivree,
420 la dame a sa fille amenee.
Ele la volt faire culchier,
si la cumande a despoillier.
Le paile esguarde sur le lit,
que unkes mes si bon ne vit
425 fors sul celui qu'ele dona
od sa fille qu'ele cela.
Idunc li remembra de li ;
tuz li curages li fremi.
Le chamberlenc apele a sei.
430 'Di mei', fait ele, 'par ta fei,
u fu cist bons pailes trovez ?'
'Dame', fait il, 'bien le savrez.
La dameisele l'aporta,
sur le covertur le geta ;
435 kar ne li sembla mie boens.
Jeo quit que li pailes est soens.'
La dame l'aveit apelee,
e cele est devant li alee.
De sun mantel se desfubla,

à cause de sa fille.

La nuit venue,
400 Frêne a quitté son manteau de cour
pour aller préparer
le lit de l'épousée.
Elle appelle les chambellans,
leur montre comment faire le lit
405 selon le désir de son seigneur,
qu'elle connaît bien.
Le lit préparé,
ils le recouvrent
d'une soierie fanée,
410 que Frêne remarque
et désapprouve.
Peinée,
elle ouvre un coffre et en retire son étoffe de soie,
qu'elle étend sur le lit de son seigneur,
415 pour l'honorer ;
car l'archevêque était là
pour bénir les nouveaux époux et faire sur eux le signe de
comme cela incombait à son ministère.   [croix,
Les serviteurs partis,
420 la mère amène sa fille
pour la mettre au lit
et lui dit de se dévêtir.
Elle remarque l'étoffe sur le lit :
elle n'en a jamais vu d'aussi belle,
425 hormis celle qui enveloppait
la fille qu'elle a cachée.
À ce souvenir,
elle tremble d'émotion
et appelle le chambellan :
430 « Dis-moi, dit-elle, sur ta foi,
d'où vient cette belle étoffe ?
— Dame, je vais vous le dire :
c'est la demoiselle qui l'a apportée
pour la jeter sur le couvre-lit,
435 qui ne lui semblait pas assez beau.
Je crois que cette soierie lui appartient. »
La dame appelle Frêne,
qui enlève son manteau
pour se présenter à elle.

440 e la mere l'araisuna :
'Bele amie, nel me celez !
U fu cist bons pailes trovez ?
Dunt vus vint il ? Kil vus dona ?
Kar me dites kil vus bailla !'
445 La meschine li respundi :
'Dame, m'ante ki me nurri,
l'abeesse le me bailla ;
a guarder le me comanda.
Cest e un anel me baillierent
450 cil ki a nurrir m'enveierent.'
'Bele, puis jeo veeir l'anel ?'
'Oïl, dame, ceo m'est mult bel.'
L'anel li a dunc aporté,
e ele l'a mult esguardé.
455 El l'a tresbien reconeü
e le paile qu'ele a veü.
Ne dute mes, bien set e creit
que li Fraisnes sa fille esteit.
Oiant tuz dit, ne ceile mie :
460 'Tu iés ma fille, bele amie !'
De la pitié que ele en a
ariere chiet, si se pasma.
E quant de pasmeisuns leva,
pur sun seignur tost enveia ;
465 e il i vient tuz esfreez.
Quant il est en la chambre entrez,
la dame li cheï as piez,
estreitement li a baisiez :
pardun li quiert de sun mesfait.
470 Il ne sot nïent de cel plait.
'Dame', fet il, 'que dites vus ?
Il n'a se bien nun entre nus.
Quan que vus plest, seit parduné !
Dites mei vostre volunté !'
475 'Sire, quant parduné l'avez,
jel vus dirai ; si m'escultez !
Jadis par ma grant vileinie
de ma veisine dis folie.
De ses dous enfanz mesparlai :
480 vers mei meïsmes mesdit ai.
Veritez est, jeo enceintai,
dous filles oi, l'une en celai.

440 La mère l'interroge :
« Mon amie, ne me cachez rien !
Où avez-vous trouvé cette belle étoffe ?
D'où vous vient-elle ? Qui vous l'a donnée ?
Dites-moi vite qui vous l'a remise ! »
445 La jeune fille lui répond :
« Dame, c'est ma tante,
l'abbesse qui m'a élevée,
qui me l'a donnée en me disant de la garder,
ainsi qu'un anneau qui m'a été remis avec l'étoffe
450 par ceux qui m'avaient envoyée à elle.
— Amie, puis-je voir l'anneau ?
— Mais oui, dame, avec plaisir ! »
Elle apporte l'anneau,
que la dame examine
455 et qu'elle reconnaît aussi bien
que l'étoffe qu'elle vient de voir.
Elle n'a plus aucun doute, elle est sûre
que Frêne est bien sa fille.
Devant tous elle déclare sans rien cacher :
460 « Mon amie, tu es ma fille ! »
Terrassée par l'émotion,
elle tombe évanouie
mais dès qu'elle revient à elle,
elle fait vite appeler son époux,
465 qui arrive, tout effrayé.
Lorsqu'il est dans la chambre,
la dame se jette à ses pieds
qu'elle couvre de baisers,
et lui demande pardon pour son crime.
470 Lui ne connaît rien de l'affaire :
« Dame, que dites-vous ?
Nous n'avons jamais eu le moindre désaccord.
Je vous pardonne tout ce que vous voulez !
Vous n'avez qu'à exprimer votre désir ! »
475 — Seigneur, puisque je suis pardonnée,
je vais tout vous dire : écoutez-moi !
Jadis, par méchanceté,
j'ai parlé follement de ma voisine,
je l'ai outragée à propos de ses deux enfants.
480 Mais c'est de moi-même que j'ai dit du mal.
Voici la vérité : enceinte,
j'ai accouché de deux filles et j'ai caché l'une d'elles.

A un mustier la fis geter
e vostre paile od li porter
485 e l'anel que vus me donastes,
quant vus primes a mei parlastes.
Ne vus puet mie estre celé :
le drap e l'anel ai trové.
Nostre fille ai ci coneüe,
490 que par ma folie oi perdue.
E ja est ceo la dameisele
ki tant est pruz e sage e bele,
que li chevaliers a amee,
ki sa serur a espusee.'
495 Li sire dit : 'De ceo sui liez ;
unkes mes ne fui si haitiez.
Quant nostre fille avum trovee,
grant joie nus a Deus donee,
ainz que li pechiez fust dublez.
500 Fille', fet il, 'avant venez !'
La meschine mult s'esjoï
de l'aventure qu'ele oï.
Sis pere ne volt plus atendre ;
il meïsmes vet pur sun gendre
505 e l'erceveske i amena,
cele aventure li cunta.
Li chevaliers quant il le sot,
unkes si grant joie nen ot.
L'erceveskes a cunseillié
510 que issi seit la nuit laissié ;
el demain les departira,
lui e celi espusera.
Issi l'unt fet e graanté.
El demain furent desevré.
515 Aprés a s'amie espusee,
e li pere li a donee,
ki mult ot vers li bon curage.
Par mi li part sun heritage.
Il e la mere as noces furent
520 od lur fille si cum il durent.
Granz noces refunt de rechief ;
a un riche hume sereit grief
d'esligier ceo qu'il despendirent
al grant convive que il firent.
525 Pur la joie de la meschine,

Je l'ai fait abandonner dans un couvent
avec votre étoffe de soie
485 et l'anneau que vous m'aviez donné
lors de notre première rencontre.
Je ne peux plus rien vous cacher :
j'ai retrouvé l'étoffe et l'anneau.
J'ai reconnu notre fille,
490 que j'avais perdue par ma folie :
c'est cette demoiselle,
si noble, sage et belle,
aimée du chevalier
qui vient d'épouser sa sœur !
495 — Dame, répond le seigneur, je m'en réjouis.
Je n'ai jamais connu pareil bonheur !
Dieu nous a fait une grande grâce
en nous faisant retrouver notre fille,
avant que nous n'ayons redoublé notre faute envers elle.
500 Ma fille, avancez ! »
Frêne est toute joyeuse
de cette aventure.
Sans vouloir attendre davantage,
son père va lui-même chercher son gendre
505 et l'archevêque
en leur racontant l'aventure.
À cette nouvelle, le chevalier
éprouve la plus grande joie de sa vie !
L'archevêque conseille
510 d'arrêter là la cérémonie ;
le lendemain, il annulera le premier mariage
et unira Frêne et Goron.
On s'accorde à cette décision
et dès le lendemain, le premier mariage est annulé :
515 Goron a épousé son amie
et l'a reçue des mains de son père
qui, plein d'amour pour elle,
lui donne la moitié de son héritage.
Le père et la mère assistent aux noces
520 de leur fille ainsi qu'il convient.
On célèbre à nouveau les noces avec faste :
l'homme le plus riche aurait du mal
à payer les dépenses
de ce somptueux banquet !
525 La joie de la jeune femme,

ki de belté semble reïne,
qu'il unt sifaitement trovee,
unt mult grant joie demenee.
Quant en lur païs s'en alerent,
530 la Coldre, lur fille, en menerent.
Mult richement en lur cuntree
fu puis la meschine donee.

Quant l'aventure fu seüe
coment ele esteit avenue,
535 le lai del Fraisne en unt trové :
pur la dame l'unt si numé.

dont la beauté mérite une couronne,
fait écho à la joie de ses parents,
qui l'ont si miraculeusement retrouvée.
Puis le seigneur et sa femme regagnèrent leur pays
530 avec Coudrier, leur autre fille,
qui fit ensuite dans le pays
un très beau mariage.

Quand on apprit cette aventure,
dans tous ses détails,
535 on en tira le lai du Frêne,
du nom de son héroïne.

IV

Bisclavret

Quant des lais faire m'entremet,
ne vueil ubliër Bisclavret.
Bisclavret a nun en Bretan,
Garulf l'apelent li Norman.
5 Jadis le poeit hum oïr
e sovent suleit avenir,
hume plusur garulf devindrent
e es boscages maisun tindrent.
Garulf, ceo est beste salvage;
10 tant cum il est en cele rage,
humes devure, grant mal fait,
es granz forez converse e vait.
Cest afaire les ore ester;
del Bisclavret vus vueil cunter.

15 En Bretaigne maneit uns ber,
merveille l'ai oï loër.
Beals chevaliers e bons esteit
e noblement se cuteneit.
De sun seignur esteit privez
20 e de tuz ses veisins amez.

IV

Bisclavret

Puisque je me mêle d'écrire des lais,
je n'ai garde d'oublier *Bisclavret*.
Bisclavret : c'est son nom en breton,
mais les Normands l'appellent *Garou*.
5 Jadis on entendait raconter,
et c'était une aventure fréquente,
que bien des hommes se transformaient en loups-garous
et demeuraient dans les forêts.
Le loup-garou, c'est une bête sauvage.
10 Tant que cette rage le possède,
il dévore les hommes, fait tout le mal possible,
habite et parcourt les forêts profondes.
Mais assez là-dessus :
c'est l'histoire du Bisclavret que je veux vous raconter[1].

15 En Bretagne vivait un baron,
dont je n'ai entendu dire que le plus grand bien.
C'était un beau et un bon chevalier,
de conduite irréprochable,
apprécié de son seigneur
20 et aimé de tous ses voisins.

---

1. Les contes de loups-garous abondent dans la littérature médiévale : on y trouve la double influence de la littérature antique (en particulier du *Satiricon* de Pétrone) et du folklore. Sur la métamorphose, voir L. Harf-Lancner éd., *Métamorphose et Bestiaire fantastique au Moyen Âge*, Paris, Collection de l'École Normale Supérieure de Jeunes Filles, 1985. Sur le loup-garou, voir W. Hertz, *Der Werwolf*, Stuttgart, 1862 ; M. Summers, *The Werewolf*, Londres, 1933 ; K.F. Smith, « An Historical Study of the Werewolf in Literature », *P.M.L.A.*, 9, 1894, pp. 1-41 ; G.L. Kittredge, « Arthur and Gorlagon », *Studies and Notes in Philology and Literature*, VIII, 1903, pp. 149-275 ; S. Battaglia, « Il mito del licantropo nel *Bisclavret* », *La coscienza letteraria del Medioevo*, Naples, 1965, pp. 381-389 ; M. Bambeck, « Das Werwolfmotiv im *Bisclavret* », *Zeitschrift für romanische Philologie*, 89, 1973, pp. 123-147 ; M. Faure, « Le *Bisclavret* de Marie de France, une histoire suspecte de loup-garou », *Revue des langues romanes*, 83, 1978, pp. 345-356 ; F. Suard, « *Bisclavret* et les contes de loup-garou », *Mélanges C. Foulon* II, *Marche romane*, XXX, 1980, pp. 267-276 ; L. Harf-Lancner, « La métamorphose illusoire », *Annales E.S.C.*, 1985, 1, pp. 208-226 ; P. Ménard, « Les histoires de loup-garou au Moyen Âge », *Symposium in honorem M. de Riquer*, Barcelone, 1986, pp. 209-238.

Femme ot espuse mult vaillant
e ki mult faiseit bel semblant.
Il amot li e ele lui;
mes d'une chose ot grant ennui,
25 qu'en la semeine le perdeit
treis jurs entiers qu'el ne saveit
que deveneit ne u alout,
ne nuls des soens nïent n'en sout.
Une feiz esteit repairiez
30 a sa maisun joius e liez;
demandé li a e enquis.
'Sire', fait el, 'bealz, dulz amis,
une chose vus demandasse
mult volentiers, se jeo osasse;
35 mes jeo criem tant vostre curut
que nule rien tant ne redut.'
Quant il l'oï, si l'acola,
vers lui la traist, si la baisa.
'Dame', fait il, 'or demandez!
40 Ja cele chose ne querrez,
se jo la sai, ne la vus die.'
'Par fei', fet ele, 'or sui guarie!
Sire, jeo sui en tel esfrei
les jurs quant vus partez de mei.
45 El cuer en ai mult grant dolur
e de vus perdre tel poür,
se jeo nen ai hastif cunfort,
bien tost en puis aveir la mort.
Kar me dites u vus alez,
50 u vus estes e conversez!
Mun esciënt que vus amez,
e se si est, vus meserrez.'
'Dame', fet il, 'pur Deu, merci!
Mals m'en vendra, se jol vus di;
55 kar de m'amur vus partirai
e mei meïsmes en perdrai.'
Quant la dame l'a entendu,
ne l'a nïent en gab tenu.
Suventes feiz li demanda.
60 Tant le blandi e losenja
que s'aventure li cunta;
nule chose ne li cela.
'Dame, jeo devienc bisclavret.

Il avait une noble épouse
pleine de tendresse.
Ils s'aimaient.
Et pourtant la dame avait un souci :
25 chaque semaine, elle perdait son époux
trois jours entiers sans savoir
ni ce qu'il devenait, ni où il allait ;
et nul des siens n'en savait rien non plus.
Un jour qu'il fêtait
30 joyeusement son retour,
elle l'a interrogé :
« Seigneur, mon doux ami,
si j'osais,
je vous poserais bien une question.
35 Mais il n'est rien que je craigne
autant que votre colère ! »
À ces mots, il la serre dans ses bras,
l'attire contre lui, lui donne un baiser :
« Dame, posez donc votre question !
40 Quelle qu'elle soit,
je vous donnerai la réponse, si je la connais !
— Me voici donc toute soulagée !
Seigneur, les jours où vous me quittez,
je suis si émue,
45 j'ai le cœur si lourd,
j'ai tant peur de vous perdre
que si vous ne me réconfortez pas bien vite,
je risque d'en mourir sous peu.
Dites-moi donc où vous allez,
50 où vous êtes, où vous demeurez !
Je vous soupçonne d'aimer une autre femme :
si c'est vrai, c'est bien mal à vous !
— Dame, dit-il, au nom de Dieu, pitié !
Si je vous le dis, il m'arrivera malheur,
55 ce sera la fin de votre amour pour moi
et ma propre perte ! »
Cette réponse,
la dame ne la prit certes pas à la légère.
Elle le questionna bien des fois,
60 le flatta et le cajola si bien
qu'il finit par lui raconter son aventure
sans rien lui cacher :
« Dame, je deviens loup-garou.

En cele grant forest me met
65 al plus espés de la gualdine,
s'i vif de preie e de ravine.'
Quant il li aveit tut cunté,
enquis li a e demandé
s'il se despueille u vet vestuz.
70 'Dame', fet il, 'jeo vois tuz nuz.'
'Dites pur Deu, u sunt voz dras?'
'Dame, ceo ne dirai jeo pas;
kar se jes eüsse perduz
e de ceo fusse aparceüz,
75 bisclavret sereie a tuz jurs.
Ja nen avreie mes sucurs,
de si qu'il me fussent rendu.
Pur ceo ne vueil qu'il seit seü.'
'Sire', la dame li respunt,
80 'jeo vus eim plus que tut le mund.
Nel me devez nïent celer
ne mei de nule rien duter;
ne semblereit pas amistié.
Qu'ai jeo forfait, pur quel pechié
85 me dutez vus de nule rien?
Dites le mei! Si ferez bien.'
Tant l'anguissa, tant le suzprist,
ne pout el faire, si li dist.
'Dame', fet il, 'delez cel bois,
90 lez le chemin par unt jeo vois,
une viez chapele i estait,
ki meinte feiz grant bien me fait.
La est la piere cruese e lee
suz un buissun, dedenz cavee.
95 Mes dras i met suz le buissun,
tant que jeo revienc a maisun.'
La dame oï cele merveille,
de poür fu tute vermeille.
De l'aventure s'esfrea.
100 En maint endreit se purpensa
cum ele s'en peüst partir;
ne voleit mes lez lui gisir.
Un chevalier de la cuntree,
ki lungement l'aveit amee
105 e mult preiee e mult requise
e mult duné en sun servise,

Je m'enfonce dans cette grande forêt,
65 au plus profond du bois,
et j'y vis de proies et de rapines. »
Quand il lui a tout raconté,
elle lui demande
s'il se dépouille de ses vêtements ou les garde.
70 « Dame, dit-il, je reste nu.
— Au nom de Dieu, dites-moi où sont vos vêtements !
— Dame, cela, je ne vous le dirai pas
car si je perdais mes vêtements
et si l'on découvrait la vérité,
75 je serais loup-garou pour toujours.
Je n'aurais plus aucun recours
avant qu'ils ne me soient rendus.
Voilà pourquoi je ne veux pas qu'on le sache.
— Seigneur, répond la dame,
80 je vous aime plus que tout au monde.
Vous ne devez rien me cacher
ni me craindre en quoi que ce soit,
ou c'est montrer que vous ne m'aimez pas.
Qu'ai-je fait de mal ? Pour quelle faute
85 me refusez-vous votre confiance ?
Dites-moi le secret et vous ferez bien ! »
Elle le tourmente et l'accable tant
qu'il ne peut faire autrement que lui révéler le secret.
« Dame, dit-il, près de ce bois,
90 près du chemin que j'emprunte,
se dresse une vieille chapelle
qui depuis longtemps me rend grand service :
il s'y trouve, sous un buisson,
une grosse pierre creuse, largement évidée.
95 C'est là que je laisse mes vêtements, sous le buisson,
jusqu'à ce que je regagne ma maison. »
En apprenant ce prodige,
la dame eut si peur qu'elle changea de couleur.
L'aventure l'épouvantait.
100 Longtemps elle chercha le moyen
de se séparer de son époux.
Elle ne voulait plus dormir à ses côtés.
Alors elle convoqua par un messager
un chevalier de la contrée,
105 qui depuis longtemps l'aimait,
multipliait prières, requêtes

(ele ne l'aveit unc amé
ne de s'amur aseüré,)
celui manda par sun message,
110 si li descovri sun curage.
'Amis', fet ele, 'seiez liez!
Ceo dunt vus estes travailliez
vus otrei jeo senz nul respit;
ja n'i avrez nul cuntredit.
115 M'amur e mun cors vus otrei:
vostre drue faites de mei!'
Cil l'en mercie bonement
e la fiance de li prent,
e el le met a sairement.
120 Puis li cunta cumfaitement
sis sire ala e qu'il devint.
Tute la veie que il tint
vers la forest li enseigna;
pur sa despueille l'enveia.
125 Issi fu Bisclavret traïz
e par sa femme malbailliz.
Pur ceo qu'um le perdeit sovent,
quidouent tuit comunalment
que dunc s'en fust del tut alez.
130 Asez fu quis e demandez:
mes n'en porent mie trover,
si lur estut laissier ester.
La dame a cil dunc espusee,
que lungement aveit amee.

135 Issi remest un an entier,
tant que li reis ala chacier.
A la forest ala tut dreit
la u li Bisclavret esteit.
Quant li chien furent descuplé,
140 le Bisclavret unt encuntré.
A lui cururent tutejur
e li chien e li veneür,
tant que pur poi ne l'ourent pris
e tut deciré e malmis.
145 Des que il a le rei choisi,
vers lui curut querre merci.
Il l'aveit pris par sun estrié,

et offres de service,
alors qu'elle ne l'aimait pas
et se refusait à lui.
110 Elle lui ouvrit son cœur :
« Ami, dit-elle, réjouissez-vous !
Je vais mettre tout de suite un terme
à votre souffrance,
je ne vous opposerai plus aucun refus.
115 Je vous offre mon amour, je me donne à vous :
faites de moi votre amie ! »
Le chevalier la remercie avec effusion
et ils échangent
leurs serments.
120 Alors elle lui raconte
comment son mari la quitte, ce qu'il devient,
elle lui explique le chemin
qu'il emprunte pour gagner la forêt
et l'envoie chercher ses vêtements.
125 C'est ainsi que Bisclavret fut trahi
et condamné au malheur par sa femme.
Comme on avait l'habitude de le voir disparaître,
tout le monde le croyait
parti pour toujours.
130 On fit pourtant des recherches et des enquêtes,
sans trouver trace de lui ;
on renonça donc à le revoir.
Et le chevalier épousa la dame
qu'il aimait depuis si longtemps.

135 Il s'était écoulé un an entier
quand le roi s'en alla chasser,
galopant droit vers la forêt
où vivait le Bisclavret.
Les chiens, lâchés,
140 rencontrent le Bisclavret ;
chiens et veneurs
le poursuivent toute la journée
et manquent le prendre,
le déchirer et le mettre à mal.
145 Mais lui, dès qu'il aperçoit le roi,
court vers lui implorer sa grâce.
Il saisit son étrier,

la jambe li baise e le pié.
Li reis le vit, grant poür a ;
150 ses cumpaignuns tuz apela.
'Seignur', fet il, 'avant venez
e ceste merveille esguardez,
cum ceste beste s'umilie !
Ele a sen d'ume, merci crie.
155 Chaciez mei tuz cez chiens ariere,
si guardez que hum ne la fiere !
Ceste beste a entente e sen.
Espleitiez vus ! Alum nus en !
A la beste durrai ma pes :
160 kar jeo ne chacerai hui mes.'

Li reis s'en est turnez a tant.
Li Bisclavret le vet siwant ;
mult se tint pres, n'en volt partir,
il n'a cure de lui guerpir.
165 Li reis l'en meine en sun chastel.
Mult en fu liez, mult li est bel,
kar unkes mes tel n'ot veü ;
a grant merveille l'ot tenu
e mult le tint a grant chierté.
170 A tuz les suens a comandé
que sur s'amur le guardent bien
e ne li mesfacent de rien
ne par nul d'els ne seit feruz ;
bien seit abevrez e peüz.
175 Cil le guarderent volentiers ;
tuz jurs entre les chevaliers
e pres del rei s'alout culchier.
N'i a celui ki ne l'ait chier ;
tant esteit frans e de bon' aire,
180 unkes ne volt a rien mesfaire.
U que li reis deüst errer,
il n'out cure de desever ;
ensemble od lui tuz jurs alout :
bien s'aparceit que il l'amout.

185 Oëz aprés cument avint.
A une curt que li reis tint

lui baise la jambe et le pied.
Le roi, effrayé,
150 appelle tous ses compagnons :
« Seigneurs, venez donc
voir ce prodige,
voyez comme cette bête se prosterne !
Elle a l'intelligence d'un homme, elle implore ma grâce.
155 Faites-moi reculer tous ces chiens
et que nul ne la touche !
Cette bête est douée de raison et d'intelligence !
Dépêchez-vous ; allons-nous-en !
J'accorde ma protection à cette bête
160 et j'arrête la chasse pour aujourd'hui ! »

Ainsi le roi s'en est retourné,
suivi par le Bisclavret,
qui se tenait près de lui, ne le quittait pas,
refusait de l'abandonner.
165 Le roi l'emmène dans son château,
ravi de cette aventure
dont il n'a jamais vu la pareille.
Devant ce prodige,
il tient beaucoup à la bête
170 et recommande à tous les siens
d'en prendre soin pour l'amour de lui :
qu'ils veillent à ne pas lui faire de mal,
à ne pas le frapper,
à bien lui donner à boire et à manger !
175 Les barons l'entourent donc de prévenances :
tous les jours il allait se coucher
parmi les chevaliers, près du roi.
Tout le monde l'aimait.
tant il était gentil et doux,
180 incapable de faire du mal à quiconque.
Il suivait le roi
dans tous ses déplacements,
refusant de le quitter :
le roi pouvait bien voir combien il en était aimé.

185 Mais écoutez la suite de l'histoire.
Le roi réunit un jour à sa cour

  tuz les baruns aveit mandez,
  cels ki furent de lui chasez,
  pur aidier sa feste a tenir
190 e lui plus bel faire servir.
  Li chevaliers i est alez,
  richement e bien aturnez,
  ki la femme Bisclavret ot.
  Il ne saveit ne ne quidot
195 qu'il le deüst trover si pres.
  Si tost cum il vint al palais
  e li Bisclavret l'aperceut,
  de plein eslais vers lui curut :
  as denz le prist, vers lui le trait.
200 Ja li eüst mult grant laid fait,
  ne fust li reis ki l'apela,
  d'une verge le manaça.
  Dous feiz le volt mordre le jur.
  Mult s'esmerveillent li plusur ;
205 kar unkes tel semblant ne fist
  vers nul hume que il veïst.
  Ceo dïent tuit par la maisun
  qu'il nel fet mie senz raisun,
  mesfait li a, coment que seit,
210 kar volentiers se vengereit.
  A cele feiz remest issi,
  tant que la feste departi
  e li barun unt pris cungié ;
  a lur maisun sunt repairié.
215 Alez s'en est li chevaliers,
  mien esciënt tut as premiers,
  que li Bisclavret asailli ;
  n'est merveille s'il le haï.

  Ne fu puis guaires lungement,
220 (ceo m'est a vis, si cum j'entent,)
  qu'a la forest ala li reis,
  ki tant fu sages e curteis,
  u li Bisclavret fu trovez,
  e il i est od lui alez.
225 La nuit quant il s'en repaira,
  en la cuntree herberja.
  La femme Bisclavret le sot.

tous les barons
qui tenaient de lui un fief,
pour donner à sa fête
190 plus d'éclat et de solennité.
Le chevalier qui avait épousé la femme de Bisclavret
y est donc allé
en riche équipage.
Il ne pouvait s'imaginer
195 qu'il le trouverait si près de lui.
Mais dès qu'il approcha de la salle du palais,
et que le Bisclavret l'aperçut,
il s'élança sur lui d'un bond,
lui planta ses crocs dans le corps pour l'attirer vers lui.
200 Il lui aurait fait un fort mauvais parti
si le roi ne l'avait rappelé
en le menaçant d'un bâton.
À deux reprises, le même jour, il chercha encore à le mordre.
La plupart des assistants étaient ébahis
205 car jamais la bête n'avait manifesté
cette agressivité à quiconque.
Et tous dans le palais se mettent à dire
qu'il n'agit sûrement pas sans raison
et que le chevalier a dû lui faire un tort
210 dont il cherche à se venger.
Mais cette fois les choses en restent là :
la fête s'achève,
les barons ont pris congé du roi
et regagné leur demeure.
215 Le chevalier attaqué par le Bisclavret
s'en est allé
parmi les premiers, à mon avis :
il faut dire que la haine qu'il inspirait était justifiée.

Peu de temps s'était écoulé,
220 je pense,
quand le roi, si sage et courtois,
alla chasser,
accompagné du Bisclavret,
dans la forêt où il l'avait trouvé.
225 Le soir, sur le chemin du retour,
il se logea dans le pays.
À cette nouvelle, la femme de Bisclavret

Avenantment s'apareillot.
El demain vait al rei parler,
230 riche present li fait porter.
Quant Bisclavret la veit venir,
nuls huem nel poeit retenir :
vers li curut cum enragiez.
Oëz cum il s'est bien vengiez !
235 Le nes li esracha del vis.
Que li peüst il faire pis ?
De tutes parz l'unt manacié ;
ja l'eüssent tut depescié,
quant uns sages huem dist al rei :
240 'Sire', fet il, 'entent a mei !
Ceste beste a esté od vus ;
n'i a ore celui de nus
ki ne l'ait veü lungement
e pres de lui alé sovent.
245 Unkes mes hume ne tucha
ne felunie ne mustra,
fors a la dame qu'ici vei.
Par cele fei que jeo vus dei,
alkun curuz a il vers li
250 e vers sun seignur altresi.
Ceo est la femme al chevalier
que tant suliëz aveir chier,
ki lung tens a esté perduz,
ne seümes qu'est devenuz.
255 Kar metez la dame en destreit,
s'alcune chose vus direit,
pur quei ceste beste la het.
Faites li dire s'el le set !
Meinte merveille avum veüe
260 ki en Bretaigne est avenue.'
Li reis a sun cunseil creü.
Le chevalier a retenu ;
de l'altre part la dame a prise
e en mult grant destresce mise.
265 Tant par destresce e par poür
tut li cunta de sun seignur,
coment ele l'aveit traï
e la despueille li toli,
l'aventure qu'il li cunta,
270 e que devint e u ala ;

se pare richement,
vient rendre visite au roi dès le lendemain,
230 en lui faisant porter un somptueux cadeau.
Quand Bisclavret la voit venir,
nul ne peut le retenir.
Il se précipite sur elle, comme pris de rage.
Il s'est bien vengé, écoutez comment :
235 il lui a arraché le nez :
qu'aurait-il pu lui faire de pire ?
De tous côtés on le menace,
on s'apprête à le mettre en pièces
quand un sage chevalier dit au roi :
240 « Sire, écoutez-moi !
Cette bête a vécu près de vous ;
nous tous,
nous la voyons
et la fréquentons depuis longtemps.
245 Jamais elle n'a touché personne,
jamais elle n'a été cruelle
qu'envers cette dame.
Par la foi que je vous dois,
elle a une raison d'en vouloir à cette femme
250 ainsi qu'à son époux.
Et c'est justement la femme du chevalier
que vous aimiez tant,
du chevalier qui a disparu depuis longtemps
sans que l'on sache ce qu'il est devenu.
255 Faites donc subir un interrogatoire à la dame
pour voir si elle ne vous avouerait pas
la cause de cette haine que lui porte la bête.
Faites-le-lui dire si elle le sait !
Nous avons vu déjà bien des merveilleuses aventures
260 en Bretagne ! »
Le roi suit ce conseil :
il retient le chevalier prisonnier,
fait saisir la dame
et la soumet à la torture.
265 La torture et la peur conjuguées
lui font tout avouer :
comment elle avait trahi son époux,
dérobé ses vêtements,
comment il lui avait raconté son aventure,
270 ce qu'il devenait et où il allait.

puis que ses dras li ot toluz,
ne fu en sun païs veüz;
tresbien quidot e bien creeit
que la beste Bisclavret seit.
275 Li reis demande la despueille.
U bel li seit u pas nel vueille,
ariere la fet aporter,
al Bisclavret la fist doner.
Quant il l'orent devant lui mise,
280 ne s'en prist guarde en nule guise.
Li prozdum le rei apela,
cil ki primes le cunseilla.
'Sire, ne faites mie bien.
Cist nel fereit pur nule rien,
285 que devant vus ses dras reveste
ne mut la semblance de beste.
Ne savez mie que ceo munte.
Mult durement en a grant hunte.
En tes chambres le fai mener
290 e la despueille od lui porter;
une grant piece l'i laissuns.
S'il devient huem, bien le verruns.'
Li reis meïsmes l'en mena
e tuz les hus sur lui ferma.
295 Al chief de piece i est alez;
dous baruns a od lui menez.
En la chambre entrerent tuit trei.
Sur le demeine lit al rei
truevent dormant le chevalier.
300 Li reis le curut enbracier;
plus de cent feiz l'acole e baise.
Si tost cum il pot aveir aise,
tute sa terre li rendi;
plus li duna que jeo ne di.
305 La femme a del païs ostee
e chaciee de la cuntree.
Cil s'en ala ensemble od li,
pur qui sun seignur ot traï.
Enfanz en a asez euz,
310 puis unt esté bien cuneüz
e del semblant e del visage:
plusurs des femmes del lignage,
c'est veritez, senz nes sunt nees

Depuis qu'elle lui avait dérobé ses vêtements,
il avait disparu du pays.
Elle était donc persuadée
que la bête n'était autre que Bisclavret.
275 Le roi demande les vêtements
et la contraint
à les lui apporter.
Il les fait donner au Bisclavret.
Mais on a beau les placer devant lui,
280 il n'y prête aucune attention.
Le sage chevalier qui avait conseillé le roi
reprend alors la parole :
« Sire, vous avez tort !
Il n'accepterait pour rien au monde
285 de remettre ses vêtements
et de quitter sa forme animale sous vos yeux.
Vous ne comprenez pas
qu'il est rempli de honte !
Faites-le mener dans vos appartements
290 avec les vêtements ;
laissons-le là un bon moment.
S'il redevient homme, nous le verrons bien ! »
Alors le roi lui-même l'a accompagné
et a fermé la porte sur lui.
295 Un peu plus tard, il y est retourné,
accompagné de deux barons.
Tous trois ont pénétré dans la chambre
et découvert, sur le propre lit du roi,
le chevalier endormi.
300 Le roi court le prendre dans ses bras,
il ne se lasse pas de l'embrasser et de le serrer contre lui.
Dès qu'il en eut la possibilité,
il lui rendit tout son domaine
et lui donna encore plus que je ne saurais dire.
305 Quant à la femme, il l'a bannie
et chassée du pays.
Elle partit avec l'homme
pour qui elle avait trahi son époux.
Elle en a eu beaucoup d'enfants,
310 bien reconnaissables ensuite
à leur air et à leur visage :
car bien des femmes de leur lignage,
c'est la vérité, naquirent

e si viveient esnasees.

315 L'aventure qu'avez oïe
veraie fu, n'en dutez mie.
De Bisclavret fu fez li lais
pur remembrance a tuz dis mais.

et vécurent sans nez.

315 L'aventure que vous venez d'entendre
est vraie, n'en doutez pas.
On en a fait le lai de *Bisclavret*,
afin d'en conserver toujours le souvenir.

V

Lanval

L'aventure d'un altre lai,
cum ele avint, vus cunterai.
Faiz fu d'un mult gentil vassal;
en Bretanz l'apelent Lanval.

5 A Kardoeil surjurnot li reis,
Artur, li pruz e li curteis,
pur les Escoz e pur les Pis
ki destrueient le païs;
en la terre de Loegre entroënt
10 e mult suvent le damajoënt.
A la pentecuste en esté
i aveit li reis sujurné.
Asez i duna riches duns.
E as cuntes e as baruns,
15 a cels de la table roünde
(n'ot tant de tels en tut le munde!)
femmes e terres departi,
fors a un sul ki l'ot servi.
Ceo fu Lanval; ne l'en sovint,
20 ne nuls des soens bien ne li tint.
Pur sa valur, pur sa largesce,
pur sa bealté, pur sa pruësce
l'envioënt tuit li plusur;
tels li mustrout semblant d'amur,
25 s'al chevalier mesavenist,
ja une feiz ne l'en pleinsist.
Fiz a rei fu, de halt parage,
mes luin ert de sun heritage.
De la maisniee le rei fu.
30 Tut sun aveir a despendu;
kar li reis rien ne li dona,
ne Lanval ne li demanda.
Ore est Lanval mult entrepris,

V

Lanval

Je vais vous raconter une aventure
qui a donné naissance à un autre lai
et dont le héros, un noble chevalier,
a pour nom Lanval en breton.

5 Le roi Arthur, vaillant et courtois,
séjournait à Carlisle
pour affronter les Écossais et les Pictes
qui ravageaient le pays,
ne cessant leurs incursions
10 et leurs pillages en terre de Logres[1].
À la Pentecôte, à la belle saison,
le roi séjournait donc dans la ville.
Il a distribué de riches présents
à ses comtes, à ses barons,
15 aux chevaliers de la Table Ronde,
qui surpassent tous les chevaliers du monde.
Il a donné à tous femmes et terres,
sauf à un seul de ceux qui l'avaient servi,
Lanval : il l'a oublié
20 et personne, dans l'entourage du roi, n'a cherché à le
la plupart enviaient   [défendre :
sa valeur, sa générosité,
sa beauté, sa vaillance ;
certains, qui lui donnaient des marques d'amitié,
25 n'auraient pas songé à le plaindre
en cas de malheur.
Il était pourtant fils de roi, de noble naissance,
mais loin de ses biens héréditaires.
Appartenant à la suite du roi,
30 il a dépensé tout son bien :
le roi ne lui a rien donné
et Lanval ne lui a rien demandé.
Voilà Lanval bien embarrassé,

---

1. La terre de Logres est le royaume d'Arthur, l'Angleterre.

mult est dolenz, mult est pensis.
35 Seignur, ne vus en merveilliez :
huem estranges, descunseilliez
mult est dolenz en altre terre,
quant il ne set u sucurs querre.

Li chevaliers dunt jeo vus di,
40 ki tant aveit le rei servi,
un jur munta sur sun destrier,
si s'est alez esbaneier.
Fors de la vile en est eissuz ;
tuz suls est en un pre venuz.
45 Sur une ewe curant descent ;
mes sis chevals tremble forment :
il le descengle, si s'en vait,
enmi le pre vultrer le fait.
Le pan de sun mantel plia
50 desuz sun chief, si se culcha.
Mult est pensis pur sa mesaise,
il ne veit chose ki li plaise.
La u il gist en tel maniere,
guarda a val lez la riviere,
55 si vit venir dous dameiseles ;
unc n'en ot veües plus beles.
Vestues furent richement
e laciees estreitement
en dous blialz de purpre bis ;
60 mult par aveient bels les vis.
L'einznee portout uns bacins
d'or esmeré, bien faiz e fins :
le veir vus en dirai senz faille ;
l'altre portout une tuaille.
65 Eles en sunt alees dreit
la u li chevaliers giseit.
Lanval, ki mult fu enseigniez,
cuntre eles s'est levez en piez.

bien malheureux et bien soucieux.
35 N'en soyez pas surpris, seigneurs :
un étranger sans appui
est bien malheureux dans un autre pays,
quand il ne sait où trouver du secours.

Le chevalier dont je vous parle,
40 qui a si bien servi le roi,
monte un jour à cheval
pour se promener.
Il quitte la ville,
seul, parvient à une prairie,
45 met pied à terre au bord d'une rivière.
Mais son cheval tremble violemment ;
il le débarrasse de la bride et le laisse
se vautrer dans la prairie.
Il plie son manteau
50 qu'il place sous sa tête pour se coucher.
Affligé de son malheur,
il ne voit autour de lui nulle raison d'espérer[2].
Ainsi allongé,
il regarde en bas, vers la rivière,
55 et voit venir deux demoiselles,
les plus belles qu'il ait jamais vues.
Elles étaient somptueusement vêtues
de tuniques de pourpre sombre
qui épousaient étroitement leur corps
60 et leur visage était d'une merveilleuse beauté.
L'aînée portait deux bassins
d'or pur d'un merveilleux travail
et l'autre, je vous dis la vérité,
portait une serviette.
65 Elles viennent tout droit
au chevalier étendu sur le sol.
Lanval, en homme courtois,
se lève pour les accueillir.

2. La scène surnaturelle est introduite par une accumulation d'indices : la
solitude du héros, qui, exclu par les siens, quitte la ville ; la présence de l'eau ; le
tremblement du cheval ; l'arrivée des deux messagères de l'autre monde. Voir
J. Wathelet-Willem, « Le mystère chez Marie de France », *Revue belge de philologie
et d'histoire*, 39, 1961, pp. 661-686, et M. Koubichkine, « À propos de *Lanval* »,
Le Moyen Âge, 1972, pp. 467-488.

Celes l'unt primes salué,
70 lur message li unt cunté.
'Sire Lanval, ma dameisele,
ki mult par est curteise e bele,
ele nus enveie pur vus :
kar i venez ensemble od nus !
75 Salvement vus i cunduiruns.
Veez, pres est sis paveilluns !'
Li chevaliers od eles vait ;
de sun cheval ne tient nul plait,
ki devant lui pesseit el pre.
80 De si qu'al tref l'unt amené,
ki mult fu beals e bien asis.
La reïne Semiramis,
quant ele ot unkes plus aveir
e plus puissance e plus saveir,
85 ne l'emperere Octovian
n'eslijassent le destre pan.
Un aigle d'or ot desus mis ;
de cel ne sai dire le pris
ne des cordes ne des pessuns
90 ki del tref tienent les giruns :
suz ciel n'a rei kis eslijast
pur nul aveir qu'il i donast.
Dedenz cel tref fu la pucele.
Flur de lis e rose nuvele,
95 quant ele pert el tens d'esté,
trespassot ele de bealté.
Ele jut sur un lit mult bel
(li drap valeient un chastel)
en sa chemise senglement.
100 Mult ot le cors bien fait e gent.
Un chier mantel de blanc hermine,
covert de purpre Alexandrine,
ot pur le chalt sur li geté ;
tut ot descovert le costé,
105 le vis, le col e la peitrine :
plus ert blanche que flurs d'espine.

Elles le saluent
70 puis lui transmettent leur message :
« Seigneur Lanval, notre maîtresse,
qui est si courtoise et si belle,
nous envoie à vous :
suivez-nous donc !
75 Nous vous mènerons à elle sans encombre :
voyez, son pavillon est tout proche ! »
Le chevalier les suit
sans se soucier de son cheval
qui mange devant lui l'herbe du pré.
80 Elles l'amènent au pavillon,
merveilleusement beau.
Ni la reine Sémiramis,
au faîte de la richesse,
de la puissance et de la sagesse,
85 ni l'empereur Auguste
n'auraient pu en acheter le pan droit.
Au sommet, un aigle d'or[3]
dont je ne peux dire la valeur,
pas plus que celle des cordes et des piquets
90 qui soutiennent les pans :
nul roi au monde n'aurait pu les acheter,
à quelque prix que ce fût.
Dans ce pavillon, la jeune fille :
la fleur de lys et la rose nouvelle,
95 fraîche éclose au printemps,
pâlissaient devant sa beauté.
Étendue sur un lit superbe
dont les draps valaient le prix d'un château,
elle ne portait que sa chemise
100 sur son corps plein de grâce.
Elle avait jeté sur elle, pour avoir chaud,
un précieux manteau de pourpre d'Alexandrie,
doublé d'hermine blanche.
Mais son flanc était découvert,
105 comme son visage, son cou et sa poitrine,
plus blancs que l'aubépine.

---

3. On trouve déjà le pavillon merveilleux surmonté d'un aigle dans le *Roman de Thèbes* (éd. G. Raynaud de Lage, Champion, 1966, v. 4293) et le *Roman d'Eneas* (éd. J.-J. Salverda de Grave, Champion, rééd. 1968, v. 7321).

Li chevaliers avant ala,
e la pucele l'apela.
Il s'est devant le lit asis.
110 'Lanval', fet ele, 'bels amis,
pur vus vinc jeo fors de ma terre ;
de luinz vus sui venue querre.
Se vus estes pruz e curteis,
emperere ne quens ne reis
115 n'ot unkes tant joie ne bien ;
kar jo vus aim sur tute rien.'
Il l'esguarda, si la vit bele ;
amurs le puint de l'estencele,
ki sun quer alume e esprent.
120 Il li respunt avenantment.
'Bele', fet il, 'se vus plaiseit
e cele joie m'aveneit
que vus me volsissiez amer,
ne savrïez rien comander
125 que jeo ne face a mun poeir,
turt a folie u a saveir.
Jeo ferai voz comandemenz ;
pur vus guerpirai tutes genz.
Ja mes ne quier de vus partir :
130 ceo est la riens que plus desir.'
Quant la pucele oï parler
celui ki tant la pout amer,
s'amur e sun cuer li otreie.
Ore est Lanval en dreite veie !
135 Un dun li a duné aprés :
ja cele rien ne vuldra mes
que il nen ait a sun talent ;
doinst e despende largement,
ele li trovera asez.
140 Ore est Lanval bien assenez :
cum plus despendra richement,
e plus avra or e argent.
'Amis', fet ele, 'or vus chasti,
si vus comant e si vus pri :
145 ne vus descovrez a nul hume !
De ceo vus dirai jeo la sume :
a tuz jurs m'avrïez perdue,
se ceste amurs esteit seüe ;
mes ne me purrïez veeir

Le chevalier s'avance
jusqu'au lit
et la jeune fille lui dit :
110 « Lanval, mon ami,
c'est pour vous que j'ai quitté ma terre,
je suis venue de loin pour vous chercher.
Si vous vous montrez valeureux et courtois,
ni empereur, ni comte, ni roi
115 ne pourront prétendre à votre bonheur,
car je vous aime plus que tout. »
Il la contemple et la voit dans toute sa beauté :
l'amour le pique alors d'une étincelle
qui enflamme et embrase son cœur.
120 Il lui répond gracieusement :
« Belle, s'il vous plaisait
de m'aimer
et si je pouvais avoir cette joie,
je ferais tout ce que je pourrais
125 pour vous obéir,
sagesse ou folie.
J'obéirai à vos ordres,
j'abandonnerai tout le monde pour vous,
je ne veux plus jamais vous quitter
130 et ne désire plus rien au monde que votre présence ! »
La jeune fille, en écoutant
celui qui l'aime tant,
lui accorde son cœur et son amour.
Voilà Lanval bien heureux !
135 Puis elle lui fait un don :
il aura désormais
tout ce qu'il pourra désirer.
Qu'il donne et dépense largement,
elle lui procurera tout l'argent nécessaire.
140 Voilà Lanval bien pourvu !
Plus il se répandra en largesses,
plus il aura d'or et d'argent !
« Ami, dit-elle, je vous mets en garde
et je vous adresse à la fois un ordre et une prière :
145 ne vous confiez à personne !
Je vais vous expliquer pourquoi :
si l'on apprenait notre amour,
vous me perdriez à jamais,
vous ne pourriez plus jamais me voir

150 ne de mun cors saisine aveir.'
Il li respunt que bien tendra
ceo qu'ele li comandera.
Delez li s'est el lit culchiez :
ore est Lanval bien herbergiez
155 ensemble od li. La relevee
demura jusqu'a la vespree,
e plus i fust, se il poïst
e s'amie li cunsentist.
'Amis', fet ele, 'levez sus !
160 Vus n'i poëz demurer plus.
Alez vus en ; jeo remeindrai.
Mes une chose vus dirai :
quant vus voldrez a mei parler,
ja ne savrez cel liu penser,
165 u nuls peüst aveir s'amie
senz repruece e senz vileinie,
que jeo ne vus seie en present
a faire tut vostre talent ;
nuls huem fors vus ne me verra
170 ne ma parole nen orra.'
Quant il l'oï, mult en fu liez ;
il la baise, puis s'est dresciez.
Celes ki al tref l'amenerent
de riches dras le cunreerent.
175 Quant il fu vestuz de nuvel,
suz ciel nen ot plus bel dancel ;
n'esteit mie fols ne vileins.
L'ewe li donent a ses meins
e la tuaille a essuier ;
180 puis li aportent a mangier.
Od s'amie prist le super ;
ne faiseit mie a refuser.
Mult fu serviz curteisement,
e il a grant joie le prent.
185 Un entremés i ot plenier,
ki mult plaiseit al chevalier :
kar s'amie baisout sovent
e acolot estreitement.

150 ni me tenir dans vos bras[4] ! »
Lanval lui répond qu'il respectera
scrupuleusement ses ordres.
Il se couche auprès d'elle dans le lit :
voilà Lanval bien logé !

155 Il y est demeuré tout l'après-midi,
jusqu'au soir,
et serait bien resté plus longtemps s'il avait pu
et si son amie le lui avait permis.
« Ami, dit-elle, levez-vous !

160 Vous ne pouvez demeurer ici davantage.
Allez-vous-en et laissez-moi.
Mais je vais vous dire une chose :
quand vous voudrez me parler,
pourvu que vous ayez à l'esprit

165 un lieu où l'on peut rencontrer son amie
sans honte et sans scandale,
j'y serai aussitôt,
prête à répondre à votre désir.
Vous serez le seul à me voir

170 et à entendre mes paroles. »
Tout heureux de ces promesses,
il l'embrasse et se lève.
Les demoiselles qui l'ont amené au pavillon
l'habillent de riches vêtements.

175 Ainsi vêtu de neuf,
il n'est pas plus bel homme dans le monde entier !
Et sa conduite n'est pas celle d'un fou ni d'un rustre.
Elles lui apportent l'eau pour se laver les mains
et la serviette pour les essuyer ;

180 puis il partage avec son amie
le repas du soir, qu'elles apportent :
il n'est certes pas à dédaigner.
Le service est raffiné
et Lanval dîne de bon cœur.

185 Il y avait un divertissement de choix
que le chevalier goûtait fort :
il ne cessait d'embrasser son amie
et de la serrer dans ses bras.

4. Sur cet interdit, caractéristique des contes mélusiniens, et sa place dans les
lais de *Lanval*, *Graelent* et *Guingamor*, voir L. Harf-Lancner, *Les Fées au Moyen
Âge,* Champion, 1984, pp. 243-261.

Quant del mangier furent levé,
190 sun cheval li unt amené.
Bien li ourent la sele mise;
mult a trové riche servise.
Il prent cungié, si est muntez,
vers la cité en est alez.
195 Suvent reguarde ariere sei.
Mult est Lanval en grant esfrei;
de s'aventure vait pensant
e en sun curage dotant.
Esbaïz est, ne set que creire;
200 il ne la quide mie a veire.
Il est a sun ostel venuz;
ses humes trueve bien vestuz.
Icele nuit bon ostel tint;
mes nuls ne sot dunt ceo li vint.
205 N'ot en la vile chevalier
ki de surjur ait grant mestier,
que il ne face a lui venir
e richement e bien servir.
Lanval donout les riches duns,
210 Lanval aquitout les prisuns,
Lanval vesteit les jugleürs,
Lanval faiseit les granz honurs,
Lanval despendeit largement,
Lanval donout or e argent:
215 n'i ot estrange ne privé
a qui Lanval n'eüst doné.
Mult ot Lanval joie e deduit:
u seit par jur u seit par nuit,
s'amie puet veeir sovent,
220 tut est a sun comandement.

Ceo m'est a vis, meïsmes l'an
aprés la feste Seint Johan,
de si qu'a trente chevalier
s'erent alé esbaneier
225 en un vergier desuz la tur
u la reïne ert a surjur.
Ensemble od els esteit Walwains
e sis cusins, li beals Ywains.
Ceo dist Walwains, li frans, li pruz,
230 ki tant se fist amer a tuz:

Au lever de table,
190 on lui amène son cheval
tout sellé :
le service est toujours aussi parfait.
Il prend congé, monte à cheval
pour regagner la cité.
195 Mais il ne cesse de regarder derrière lui.
Lanval, tout troublé,
songe à son aventure :
plein de doute,
abasourdi, il ne sait que penser
200 et n'ose croire que tout cela est vrai.
Mais de retour dans son logis,
il trouve ses hommes richement vêtus.
Il tient cette nuit-là bonne table
mais nul ne sait d'où lui vient sa fortune.
205 Dans la ville, il n'est chevalier
dans le besoin
qu'il ne fasse venir chez lui
pour mettre sa richesse à son service.
Lanval distribue de riches dons,
210 Lanval paie les rançons des prisonniers,
Lanval habille les jongleurs,
Lanval prodigue les honneurs,
Lanval multiplie les largesses,
Lanval donne or et argent :
215 étrangers ou gens du pays,
tous ont reçu un don de lui.
Lanval vit dans la joie et le plaisir :
jour et nuit,
il peut voir souvent son amie,
220 prête à répondre à son appel.

La même année, je crois,
après la fête de la Saint-Jean,
une trentaine de chevaliers
se distrayaient
225 dans un jardin, au pied de la tour
où logeait la reine.
Il y avait parmi eux Gauvain
et son cousin, le bel Yvain.
Le noble et vaillant Gauvain,
230 qui avait su gagner l'estime de tous,

'Par Deu, seignur, nus faimes mal
de nostre cumpaignun Lanval,
ki tant est larges e curteis
e sis pere est si riches reis,
235 que nus ne l'avum amené.'
A tant sunt ariere turné.
A sun ostel revunt ariere,
Lanval ameinent par preiere.

A une fenestre entailliee
240 s'esteit la reïne apuiee;
treis dames ot ensemble od li.
La maisniee le rei choisi;
Lanval conut e esguarda.
Une des dames apela;
245 par li manda ses dameiseles,
les plus quointes e les plus beles,
od li s'irrunt esbaneier
la u cil erent el vergier.
Trente en mena od li e plus;
250 par les degrez descendent jus.
Li chevalier encuntre vunt,
ki pur eles grant joie funt.
Il les unt prises par les mains:
cil parlemenz n'ert pas vilains.
255 Lanval s'en vait a une part,
luin des altres. Mult li est tart
que s'amie puisse tenir,
baisier, acoler e sentir;
l'altrui joie prise petit,
260 se il ne ra le suen delit.
Quant la reïne sul le veit,
al chevalier en va tut dreit.
Lez lui s'asist, si l'apela,
tut sun curage li mustra.
265 'Lanval, muit vus ai honuré
e mult cheri e mult amé.
Tute m'amur poëz aveir:
kar me dites vostre voleir!
Ma druërie vus otrei;
270 mult devez estre liez de mei!'
'Dame', fet il, 'laissiez m'ester!
Jeo n'ai cure de vus amer.

dit alors : « Par Dieu, seigneurs, nous avons mal agi
envers notre compagnon Lanval,
qui est si généreux et courtois,
et fils d'un roi puissant,
235 en oubliant de l'amener avec nous. »
Ils retournent donc sur leurs pas,
jusqu'au logis de Lanval,
qu'ils emmènent avec eux à force de prières.

À une fenêtre sculptée
240 la reine était accoudée,
accompagnée de trois dames.
Elle aperçoit la suite du roi,
reconnaît Lanval et l'observe.
Elle envoie l'une des dames
245 chercher ses suivantes,
les plus gracieuses et les plus belles,
pour aller se distraire
dans le jardin avec les chevaliers.
Elle en amène plus de trente avec elle,
250 en bas des escaliers.
Les chevaliers viennent à leur rencontre,
tout joyeux de les voir,
et les prennent par la main :
c'est une courtoise assemblée.
255 Mais Lanval reste à l'écart,
loin des autres. Il a hâte
d'être avec son amie,
de l'embrasser, de la serrer contre lui ;
la joie des autres ne l'intéresse guère
260 puisque lui-même n'a pas l'objet de son désir.
Quand la reine le voit seul,
elle va tout droit vers lui,
s'assied à ses côtés, lui parle
pour lui révéler le secret de son cœur :
265 « Lanval, depuis longtemps je vous honore,
je vous chéris et je vous aime ;
vous pouvez avoir tout mon amour :
dites-moi donc votre sentiment !
Je me donne à vous :
270 vous devez être content de moi !
— Dame, répond Lanval, laissez-moi en paix !
Je ne songe guère à vous aimer.

Lungement ai servi le rei,
ne li vueil pas mentir ma fei.
275 Ja pur vus ne pur vostre amur
ne mesferai a mun seignur!'
La reïne se curuça,
iriee fu, si mesparla.
'Lanval', fet ele, 'bien le quit,
280 vus n'amez guaires tel deduit.
Asez le m'a hum dit sovent,
que de femme n'avez talent.
Vaslez amez bien afaitiez,
ensemble od els vus deduiez.
285 Vileins cuarz, malvais failliz,
mult est mis sire malbailliz,
ki pres de lui vus a sufert,
mun esciënt que Deu en pert!'

Quant il l'oï, mult fu dolenz.
290 Del respundre ne fu pas lenz;
tel chose dist par maltalent,
dunt il se repenti sovent.
'Dame', dist il, 'de cel mestier
ne me sai jeo niënt aidier.
295 Mes jo aim e si sui amis
cele ki deit aveir le pris
sur tutes celes que jeo sai.
E une chose vus dirai:
bien le saciez a descovert,
300 qu'une de celes ki la sert,
tute la plus povre meschine,
valt mielz de vus, dame reïne,
de cors, de vis e de bealté,
d'enseignement e de bunté.'
305 La reïne s'en part a tant;
en sa chambre s'en vait plurant.
Mult fu dolente e curuciee
de ceo qu'il l'out si avilliee.
En sun lit malade culcha;
310 ja mes, ceo dit, n'en levera,
se li reis ne li faiseit dreit
de ceo dunt ele se pleindreit.

Li reis fu de bois repairiez,

Je sers le roi depuis longtemps
et je ne veux pas lui être déloyal.
275 Ni pour vous ni pour votre amour
je ne trahirai mon seigneur ! »
Furieuse et déçue,
la reine s'emporte :
« Lanval, dit-elle, je crois bien
280 que vous ne goûtez pas ce genre de plaisir.
On m'a dit bien souvent
que vous ne vous intéressiez pas aux femmes.
Vous préférez prendre votre plaisir
avec de beaux jeunes gens !
285 Misérable lâche, chevalier indigne,
mon époux a bien tort
de vous souffrir auprès de lui :
je crois qu'il en perd son salut ! »

Ulcéré par ces paroles,
290 Lanval répond sans tarder.
Mais la colère lui fit prononcer des paroles
dont il devait souvent se repentir :
« Dame, dit-il, je ne sais rien
de ce genre de pratique.
295 Mais j'aime et je suis aimé
d'une femme qui doit l'emporter
sur toutes celles que je connais.
Bien plus,
apprenez sans détour
300 que la moindre de ses servantes,
la plus humble,
vous est supérieure, madame la reine,
pour le corps, le visage, et la beauté,
la courtoisie et la bonté ! »
305 La reine s'éloigne alors
et va pleurer dans sa chambre,
désolée et furieuse
de se voir ainsi humiliée.
Elle se met au lit, malade,
310 et déclare qu'elle ne se lèvera pas
avant d'avoir obtenu justice du roi
sur sa plainte.

Le roi revenait de la chasse

mult out esté le jur haitiez.
315 Es chambres la reïne entra.
Quant el le vit, si se clama,
as piez li chiet, merci li crie
e dit que Lanval l'a hunie :
de druërie la requist ;
320 pur ceo qu'ele l'en escundist,
mult la laidi e avilla :
de tel amie se vanta,
ki tant ert cuinte e noble e fiere
que mielz valeit sa chamberiere,
325 la plus povre ki la serveit,
que la reïne ne faiseit.
Li reis s'en curuça forment ;
juré en a sun sairement :
s'il ne s'en puet en curt defendre,
330 il le fera ardeir u pendre.
Fors de la chambre eissi li reis ;
de ses baruns apela treis,
il les enveie pur Lanval,
ki asez a dolur e mal.
335 A sun ostel fu revenuz ;
ja s'esteit bien aparceüz
qu'il aveit perdue s'amie :
descoverte ot la druërie.
En une chambre fu tuz sous,
340 pensis esteit e anguissous.
S'amie apele mult sovent,
mes ceo ne li valut nïent.
Il se pleigneit e suspirot,
d'ures en altres se pasmot ;
345 puis li crie cent feiz merci,
qu'ele parolt a sun ami.
Sun quer e sa buche maldit ;
c'est merveille qu'il ne s'ocit.
Il ne set tant criër ne braire
350 ne debatre ne sei detraire,
qu'ele en vueille merci aveir
sul tant qu'il la puisse veeir.

après une journée très joyeuse.

315 Quand la reine le voit entrer dans sa chambre,
elle lui adresse sa plainte,
se jette à ses pieds, implore sa pitié
et déclare que Lanval l'a déshonorée :
il a sollicité son amour

320 et, devant son refus,
l'a insultée et humiliée[5].
Il s'est vanté d'avoir une amie
si gracieuse, si noble et si fière
que la plus humble

325 de ses chambrières
vaut mieux que la reine.
Le roi, furieux,
prête le serment
que si Lanval ne peut se justifier devant la cour,

330 il sera brûlé ou pendu.
Puis il sort de la chambre,
appelle trois barons
et les envoie chercher Lanval,
qui a déjà bien assez de chagrin et de malheur.

335 De retour dans son logis,
il s'est déjà aperçu
qu'il a perdu son amie
pour avoir révélé leur amour.
Seul dans une chambre,

340 soucieux et angoissé,
il ne cesse d'appeler son amie,
mais en vain.
Il se plaint, il soupire,
tombe évanoui à plusieurs reprises.

345 Puis il implore sa pitié,
la supplie de parler à son ami,
maudit son cœur et sa bouche :
c'est merveille qu'il ne se tue pas !
Mais il a beau crier, pleurer,

350 se débattre et se tourmenter,
elle refuse d'avoir pitié de lui
en lui permettant ne serait-ce que de la voir.

---

5. On reconnaît là le thème de la femme de Putiphar (Genèse 39, 7) : voir F.E. Faverty, « Joseph and Potiphar's Wife in Medieval Literature », *Studies and Notes in Philology and Literature*, XIII, pp. 1-127.

A las, cument se cuntendra !

Cil que li reis i enveia
355 i sunt venu, si li unt dit
qu'a la curt vienge senz respit ;
li reis l'aveit par els mandé,
la reïne l'a encusé.
Lanval i vet a sun grant doel,
360 il l'eüssent ocis sun voel.
Il est devant le rei venuz.
Mult fu pensis, taisanz e muz ;
de grant dolur mustre semblant.
Li reis li dist par maltalant :
365 'Vassal, vus m'avez mult mesfait !
Trop començastes vilein plait
de mei hunir e avillier
e la reïne laidengier.
Vantez vus estes de folie !
370 Trop par est noble vostre amie,
quant plus est bele sa meschine
e plus vaillanz que la reïne.'

Lanval defent la deshonur
e la hunte de sun seignur
375 de mot en mot si cum il dist,
que la reïne ne requist ;
mes de ceo dunt il ot parlé
reconut il la verité,
de l'amur dunt il se vanta ;
380 dolenz en est, perdue l'a.
De ceo lur dit que il fera
quan que la curz esguardera.
Li reis fu mult vers lui iriez.
Tuz ses humes a enveiez,
385 pur dire dreit qu'il en deit faire,
qu'um ne li puisse a mal retraire.
Cil unt sun comandement fait :
u els seit bel, u els seit lait,
comunement i sunt alé,

Hélas, que va-t-il devenir?

Les envoyés du roi
355 viennent lui dire
de se présenter sans délai à la cour :
ils sont là sur l'ordre du roi
car la reine l'a accusé.
Lanval se rend donc à la cour, accablé :
360 il aurait voulu persuader ses compagnons de le mettre à
Devant le roi,   [mort.
il reste triste et silencieux,
présente tous les signes d'une profonde douleur.
Le roi lui dit avec colère :
365 « Vassal, vous m'avez fait grand tort !
Vous vous êtes lancé dans une bien vilaine affaire
en voulant me déshonorer, m'avilir
et insulter la reine !
Vous vous êtes follement vanté !
370 Elle est bien noble, votre amie,
si sa servante est plus belle
et plus estimable que la reine ! »

Lanval se défend d'avoir voulu le déshonneur
et la honte de son seigneur,
375 en reprenant mot pour mot les paroles du roi,
car il n'a pas sollicité l'amour de la reine.
Mais en ce qui concerne ses propres paroles,
il reconnaît
qu'il s'est vanté de son amour :
380 il le regrette bien car il a ainsi perdu son amie.
Sur ce point il accepte d'avance
toutes les décisions de la cour.
Le roi, furieux contre lui,
convoque tous ses hommes
385 pour qu'ils décident de la conduite à tenir :
il ne veut pas encourir de reproches.
Les vassaux obéissent,
de bon gré ou à contrecœur,
et se rendent tous à la cour[6].

---

6. Sur ce procès, voir E. Francis, « The Trial in *Lanval* », *Studies in French Language and Literature presented to M. Pope*, Manchester, 1939, pp. 115-124, et Rychner, pp. 257-261.

390 si unt jugié e esguardé
que Lanval deit aveir un jur,
mes pleges truisse a sun seignur,
qu'il atendra sun jugement
e revendra en sun present;
395 si sera la curz enforciee,
kar dunc n'i ot fors sa maisniee.
Al rei revienent li barun,
si li mustrerent la raisun.
Li reis a pleges demandez.
400 Lanval fu suls e esguarez,
n'i aveit parent ne ami.
Walwains i vait, ki l'a plevi,
e tuit si cumpaignun aprés.
Li reis lur dit : 'E jol vus les
405 sur quan que vus tenez de mei,
terres e fieus, chescuns par sei.'
Quant pleviz fu, dunc n'i ot el.
Alez s'en est a sun ostel.
Li chevalier l'unt conveié;
410 mult l'unt blasmé e chastié
qu'il ne face si grant dolur,
e maldiënt si fole amur.
Chescun jur l'aloënt veeir
pur ceo qu'il voleient saveir
415 u il beüst, u il manjast;
mult dotouent qu'il s'afolast.

Al jur que cil orent numé,
li barun furent asemblé.
Li reis e la reïne i fu,
420 e li plege unt Lanval rendu.
Mult furent tuit pur lui dolent;
jeo quid qu'il en i ot tels cent
ki feïssent tut lur poeir
pur lui senz plait delivre aveir;
425 il ert retez a mult grant tort.
Li reis demande le recort
sulunc le cleim e les respuns :
ore est trestut sur les baruns.
Il sunt al jugement alé;
430 mult sunt pensif e esguaré
del franc hume d'altre païs,

390 Ils jugent et décident
que Lanval doit être ajourné à comparaître,
pourvu qu'il laisse à son seigneur des garants
qui attesteront qu'il attendra d'être jugé
et reviendra se présenter à ses juges.
395 La cour sera alors renforcée,
car elle ne comprend pour l'instant que la maison du roi.
Puis les barons reviennent auprès du roi
et lui exposent la procédure.
Le roi demande donc des garants.
400 Mais Lanval, seul et sans ressources,
n'a ni parent ni ami.
Alors Gauvain s'avance, accepte d'être son garant,
suivi de tous ses compagnons.
Le roi leur dit : « J'accepte votre garantie
405 sur toutes les terres et les fiefs
que chacun de vous tient de moi. »
Les cautions reçues, il ne reste plus à Lanval
qu'à rentrer chez lui.
Les chevaliers l'accompagnent,
410 le blâmant fort
de s'abandonner à une telle douleur,
et maudissant son fol amour.
Chaque jour ils lui rendent visite
pour voir
415 s'il mange et s'il boit :
ils craignent qu'il ne se rende malade.

Au jour fixé,
les barons se rassemblent.
Le roi et la reine sont présents
420 et les garants remettent Lanval à ses juges.
Ils sont tous désolés pour lui
et il y en a bien cent, je crois,
qui feraient tout ce qui est en leur pouvoir
pour le libérer sans procès ;
425 car il est accusé injustement.
Le roi demande que l'on rappelle les termes
de la plainte et de la défense :
tout dépend maintenant des barons,
qui se sont rendus au jugement,
430 soucieux et troublés
par la terrible situation

ki entre els ert si entrepris.
Encumbrer le vuelent plusur
pur la volenté lur seignur.
435 Ceo dist li dus de Cornuaille :
'Ja endreit nus n'i avra faille ;
kar ki qu'en plurt ne ki qu'en chant,
le dreit estuet aler avant.
Li reis parla vers sun vassal,
440 que jo vus oi numer Lanval ;
de felunie le reta
e d'un mesdit l'achaisuna,
d'une amur dunt il se vanta,
e madame s'en curuça.
445 Nuls ne l'apele fors le rei :
par cele fei que jeo vus dei,
ki bien en vuelt dire le veir,
ja n'i deüst respuns aveir,
se pur ceo nun qu'a sun seignur
450 deit um par tut porter honur.
Un sairement l'en guagera,
e li reis le nus pardurra.
E s'il puet aveir sun guarant
e s'amie venist avant
455 e ceo fust veirs que il en dist,
dunt la reïne se marrist,
de ceo avra il bien merci,
quant pur vilté nel dist de li.
E s'il ne puet guarant aveir,
460 ceo li devum faire saveir :
tut sun servise pert del rei,
e sil deit cungeer de sei.'
Al chevalier unt enveié,
e si li unt dit e nuncié
465 que s'amie face venir
pur lui tenser e guarentir.
Il lur a dit qu'il ne porreit :
ja par li sucurs nen avreit.
Cil s'en revunt as jugeürs,
470 ki n'i atendent nul sucurs.
Li reis les hastot durement
pur la reïne kis atent.

Quant il deveient departir,

de ce noble étranger.
Beaucoup veulent sa perte
pour complaire à leur seigneur.
435 Mais le duc de Cornouaille déclare :
« Nul d'entre nous ne manquera à son devoir.
Car le droit doit l'emporter,
que cela plaise ou non.
Le roi a porté plainte contre son vassal,
440 que je vous ai entendus nommer Lanval.
Il l'a accusé de félonie
mais aussi de mensonge,
à propos de l'amour dont il s'est vanté,
encourant ainsi la colère de la reine.
445 Le roi seul l'accuse.
Par la foi que je vous dois,
il n'aurait pas dû, à dire vrai,
porter plainte,
n'était qu'un vassal doit toujours
450 honorer son seigneur.
Mais le serment de Lanval sera un gage suffisant
et le roi s'en remettra à nous sur ce point.
Puis si Lanval peut produire son garant,
c'est-à-dire présenter son amie,
455 et s'il a dit vrai en prononçant les paroles
qui ont courroucé la reine,
il obtiendra son pardon,
car il aura prouvé qu'il n'a pas voulu humilier la reine.
Mais s'il ne peut produire son garant,
460 voici ce que notre devoir nous commande de lui dire :
il ne pourra plus servir le roi,
qui devra le chasser. »
On envoie chercher Lanval,
à qui l'on demande
465 de faire venir son amie
pour le défendre et lui servir de garant.
Mais il répond qu'il ne peut pas
et n'attend d'elle aucun secours.
Les messagers reviennent dire aux juges
470 qu'ils n'ont à espérer aucun secours pour Lanval.
Le roi les presse de rendre leur jugement
car la reine les attend.

Ils allaient trancher le débat

    dous puceles virent venir
475 sur dous beals palefreiz amblanz.
    Mult par esteient avenanz;
    de cendal purpre sunt vestues
    tut senglement a lur chars nues.
    Cil les esguardent volentiers.
480 Walwains, od lui treis chevaliers,
    vait a Lanval, si li cunta;
    les dous puceles li mustra.
    Mult fu haitiez, forment li prie
    qu'il li deïst se c'ert s'amie.
485 Il li a dit : 'Ne sai ki sunt
    ne dunt vienent n'u eles vunt.'
    Celes sunt alees avant
    tut a cheval ; par tel semblant
    descendirent devant le deis,
490 la u seeit Artur li reis.
    Eles furent de grant belté,
    si unt curteisement parlé.
    'Cil Deus ki fet cler e oscur,
    il salt e guart le rei Artur !
495 Reis, faites chambres delivrer
    e de pailes encurtiner,
    u madame puisse descendre :
    ensemble od vus vuelt ostel prendre.'
    Il lur otreie volentiers,
500 si apela dous chevaliers ;
    as chambres les menerent sus.
    A cele feiz ne distrent plus.

    Li reis demande a ses baruns
    le jugement e le respuns
505 e dit que mult l'unt curucié
    de ceo que tant l'unt delaié.
    'Sire', funt il, 'nus departimes.
    Pur les dames que nus veïmes
    nen i avum nul esguart fait.
510 Or recumencerum le plait.'

quand ils voient arriver deux jeunes filles
475 montées sur deux beaux <u>palefrois</u> qui vont l'amble[7].
Elles étaient très gracieuses
et vêtues seulement d'une tunique de taffetas pourpre
qu'elles portaient sur leur peau nue.
Les juges les contemplent avec plaisir.
480 Gauvain, accompagné de trois chevaliers,
rejoint Lanval, lui conte cette arrivée
et lui montre les deux jeunes filles.
Tout heureux, il le supplie
de lui dire si c'est là son amie.
485 Mais Lanval répond : « Je ne sais pas qui elles sont,
ni d'où elles viennent, ni où elles vont. »
Elles avancent,
toujours à cheval,
avant de mettre pied à terre devant la table royale,
490 où est assis le roi Arthur.
Aussi courtoises que belles,
elles disent alors :
« Que Dieu, qui fait la lumière et la nuit,
garde et protège le roi Arthur !
495 Roi, faites préparer des chambres
tendues de soie
pour que notre maîtresse puisse y venir :
elle veut vous demander l'hospitalité. »
Le roi accepte volontiers
500 et appelle deux chevaliers
qui les font monter dans les chambres
sans qu'elles ajoutent un mot.

Le roi demande à ses barons
leur jugement et leur sentence
505 et dit qu'il est courroucé
de devoir tant attendre.
« Seigneur, répondent-ils, nous nous sommes séparés
à l'arrivée de ces dames
sans prendre aucune décision.
510 Nous allons maintenant reprendre le procès. »

---

7. Les deux premières apparitions mettent en valeur la troisième, celle de la fée.
C'est le thème du cortège de la reine, qu'on retrouve dans certaines versions de
Tristan : voir G. Schoepperle, *Tristan and Isolt, a Study of the Sources of the
Romance*, Londres, 1913.

Dunc assemblerent tuit pensif ;
asez i ot noise e estrif.

Quant il erent en cel esfrei,
dous puceles de gent cunrei
515 (vestues de dous pailes freis,
chevalchent dous muls Espaigneis)
virent venir la rue a val.
Grant joie en ourent li vassal ;
entre els dïent qu'ore est guariz
520 Lanval, li pruz e li hardiz.
Walwains en est a lui alez,
ses cumpaignuns i a menez.
'Sire', fet il, 'rehaitiez vus !
Pur amur Deu, parlez a nus !
525 Ici vienent dous dameiseles
mult acesmees e mult beles.
C'est vostre amie veirement !'
Lanval respunt hastivement
e dit qu'il pas nes avuot
530 n'il nes cunut n'il nes amot.
A tant furent celes venues ;
devant le rei sunt descendues.
Mult les loërent li plusur
de cors, de vis e de colur ;
535 n'i ot cele mielz ne valsist
qu'unkes la reïne ne fist.
L'ainznee fu curteise e sage,
avenantment dist sun message.
'Reis, kar nus fai chambres baillier
540 a oés madame herbergier ;
ele vient ci a tei parler.'
Il les cumanda a mener
od les altres ki anceis vindrent.
Unkes des muls nul plait ne tindrent :
545 il fu assez ki guarde en prist
e ki es estables les mist.
Quant il fu d'eles delivrez,
puis a tuz ses baruns mandez,
que li jugemenz seit renduz ;
550 trop a le jur esté tenuz ;
la reïne s'en curuçot,
que trop lungement jeünot.

Ils se rassemblent donc à nouveau, tout soucieux,
dans le bruit et les querelles.

Au milieu de ce tumulte,
ils voient venir le long de la rue
515 deux jeunes filles en noble équipage,
vêtues de tuniques de soie neuve
et montées sur deux mules d'Espagne.
Les vassaux, pleins de joie,
se disent que Lanval, le hardi et le preux,
520 est maintenant sauvé.
Gauvain va le trouver
avec ses compagnons :
« Seigneur, dit-il, réjouissez-vous !
Pour l'amour de Dieu, répondez-moi !
525 Voici venir deux demoiselles
pleines de grâce et de beauté :
c'est sûrement votre amie ! »
Mais Lanval répond aussitôt
qu'il ne les reconnaît pas,
530 qu'il ne les a jamais vues et n'en aime aucune.
Les demoiselles sont alors arrivées
et mettent pied à terre devant le roi.
La plupart des assistants louent la beauté de leur corps,
de leur visage et de leur teint :
535 toutes deux surpassent
de loin la reine.
L'aînée, courtoise et sage,
transmet gracieusement son message :
« Roi, fais-nous donc donner des chambres
540 pour y loger notre maîtresse :
elle vient ici pour te parler. »
Le roi donne l'ordre qu'on les mène
auprès de celles qui les ont précédées.
Elles n'ont pas à se soucier de leurs mules
545 car plus d'un s'occupe
de les mener aux écuries.
Ayant quitté les demoiselles,
le roi ordonne à tous ses barons
de rendre leur jugement :
550 on a trop tardé pendant la journée
et la reine est courroucée
de ne pouvoir manger.

Ja departissent a itant,
quant par la vile vint errant
555 tut a cheval une pucele;
en tut le siecle n'ot si bele.
Un blanc palefrei chevalchot,
ki bien e suëf la portot;
mult ot bien fet e col e teste:
560 suz ciel nen ot plus gente beste.
Riche atur ot el palefrei:
suz ciel nen a cunte ne rei
ki tut le peüst eslegier
senz terre vendre u enguagier.
565 Ele ert vestue en itel guise
de chainse blanc e de chemise,
que tuit li costé li pareient,
ki de dous parz lacié esteient.
Le cors ot gent, basse la hanche,
570 le col plus blanc que neif sur branche;
les uiz ot vairs e blanc le vis,
bele buche, nes bien asis,
les surcilz bruns e bel le frunt
e le chief cresp e alkes blunt;
575 fils d'or ne gete tel luur
cum si chevel cuntre le jur.
Sis mantels fu de purpre bis,
les pans en ot entur li mis.
Un espervier sur sun poin tint,
580 e uns levriers aprés li vint.
Uns genz dameisels l'adestrout,
un cor d'ivoire od lui portout.
Mult vindrent bel parmi la rue.
Tant granz bealtez ne fu veüe
585 en Venus, ki esteit reïne,
ne en Dido ne en Lavine.
Il n'ot el burc petit ne grant,
ne li veillard ne li enfant,
ki ne l'alassent esguarder,
590 si cum il la virent errer.
De sa bealté n'est mie gas.
Ele veneit meins que le pas.
Li jugeür, ki la veeient,
a grant merveille le teneient;
595 n'i ot un sul ki l'esguardast,

On allait donc rendre le jugement
quand par la ville on vit s'avancer
555 une jeune fille à cheval,
la plus belle du monde.
Elle montait un blanc palefroi,
à la tête et à l'encolure bien faites,
qui la portait avec douceur :
560 il n'était au monde plus noble bête.
Et son harnais était magnifique :
nul comte, nul roi
n'auraient pu l'acheter
sans vendre ou mettre en gage leurs domaines.
565 La dame était vêtue
d'une chemise blanche et d'une tunique
lacées des deux côtés
pour laisser apparaître ses flancs.
Son corps était harmonieux, ses hanches bien dessinées,
570 son cou plus blanc que la neige sur la branche ;
ses yeux brillaient dans son visage clair,
où se détachaient sa belle bouche, son nez parfait,
ses sourcils bruns, son beau front,
ses cheveux bouclés et très blonds :
575 un fil d'or a moins d'éclat
que ses cheveux à la lumière du jour.
Elle avait relevé les pans
de son manteau de pourpre sombre,
portait un épervier au poing ;
580 un lévrier la suivait.
Un bel écuyer l'accompagnait,
portant un cor d'ivoire.
Ils s'avançaient noblement le long de la rue.
On n'avait jamais vu pareille beauté,
585 ni en Vénus, pourtant reine de grâce,
ni en Didon, ni en Lavine.
Dans toute la ville, petits et grands,
enfants et vieillards,
tous viennent la contempler
590 dès qu'ils la voient passer :
je ne plaisante pas en parlant de sa beauté.
Elle s'avance lentement
et les juges, en la voyant,
s'émerveillent :
595 on ne peut la regarder

de dreite joie n'eschalfast.
N'i ot tant vieil hume en la curt,
ki volentiers sun ueil n'i turt
e volentiers ne la servist,
600 pur ceo que sufrir le volsist.
Cil ki le chevalier amoënt,
a lui vienent, si li cuntouent
de la pucele ki veneit,
se Deu plest, kil deliverreit.
605 'Sire cumpain, ci en vient une,
mes el n'est pas falve ne brune;
ceo 'st la plus bele de cest mund,
de tutes celes ki i sunt.'
Lanval l'oï, sun chief dresça;
610 bien la cunut, si suspira.
Li sans li est muntez el vis;
de parler fu alkes hastis.
'Par fei', fet il, 'ceo est m'amie!
Or ne m'est guaires ki m'ocie,
615 s'ele nen a merci de mei:
kar guariz sui, quant jeo la vei.'
La pucele entra el palais;
unkes si bele n'i vint mais.
Devant le rei est descendue,
620 si que de tuz fu bien veüe.
Sun mantel a laissié chaeir,
que mielz la peüssent veeir.
Li reis, ki mult fu enseigniez,
s'est tost encuntre li dresciez,
625 e tuit li altre l'enurerent,
de li servir mult se penerent.
Quant il l'orent bien esguardee
e sa bealté assez loëe,
ele parla en tel mesure,
630 kar de demurer nen ot cure.
'Artur', fet ele, 'entent a mei,
e cist barun que jeo ci vei!
Jeo ai amé un tuen vassal.
Veez le ci! Ceo est Lanval!
635 Achaisunez fu en ta curt
(ne vueil mie qu'a mal li turt)
de ceo qu'il dist. Ceo saces tu
que la reïne a tort eü:

sans se sentir réchauffé de joie !
Même le plus vieux des chevaliers
serait volontiers accouru
se mettre à son service
600 si elle avait bien voulu de lui !
Les amis de Lanval
viennent lui parler
de la jeune fille qui arrive
et qui, si Dieu le veut, le fera libérer.
605 « Seigneur compagnon, il en vient une
qui n'est ni rousse ni brune,
qui est la plus belle du monde,
la plus belle de toutes les femmes ! »
À ces mots, Lanval relève la tête,
610 reconnaît son amie et soupire.
Le sang lui monte au visage
et il se hâte de parler :
« Ma foi, c'est mon amie !
Peu me chaut maintenant qu'on me tue,
615 si elle n'a pas pitié de moi,
car j'ai le bonheur de la voir ! »
La jeune fille entre dans la salle du château :
on n'y a jamais vu si belle femme.
Elle met pied à terre devant le roi
620 et tous la voient bien.
Elle laisse même tomber son manteau
pour qu'on la voie mieux encore.
Le roi, très courtois,
se lève bien vite pour l'accueillir
625 et tout le monde s'empresse de lui faire honneur
et de la servir.
Quand on l'a bien contemplée
et qu'on a fait l'éloge de sa beauté,
elle déclare
630 sans vouloir s'attarder :
« Arthur, écoute-moi,
ainsi que tous les barons que je vois ici !
J'ai aimé un de tes vassaux :
le voici, c'est Lanval !
635 On l'a accusé devant ta cour
et je ne veux pas qu'il soit victime
de ses paroles. Sache bien
que le tort est du côté de la reine :

unkes nul jur ne la requist.
640 De la vantance que il fist,
se par mei puet estre aquitez,
par voz baruns seit delivrez!'
Ceo qu'il en jugerunt par dreit,
li reis otreie que si seit.
645 N'i a un sul ki n'ait jugié
que Lanval a tut desraisnié.
Delivrez est par lur esguart,
e la pucele s'en depart.
Ne la pot li reis retenir;
650 asez ot gent a li servir.
Fors de la sale aveit um mis
un grant perrun de marbre bis,
u li pesant hume muntoënt,
ki de la curt le rei aloënt.
655 Lanval esteit muntez desus.
Quant la pucele ist fors de l'us,
sur le palefrei detriers li
de plein eslais Lanval sailli.
Od li s'en vait en Avalun,
660 ceo nus recuntent li Bretun,
en un isle qui mult est beals;
la fu raviz li dameiseals.
Nuls n'en oï puis plus parler,
ne jeo n'en sai avant cunter.

jamais il n'a sollicité son amour.
640 Quant à sa vantardise,
s'il peut en être justifié par ma présence,
alors que tes barons le libèrent ! »
Le roi accepte de se soumettre
au jugement que prononceront ses barons dans les règles.
645 Tous, sans exception, jugent
que Lanval s'est bien justifié.
Ils décident donc de le libérer.
La jeune fille s'en va
sans que le roi puisse la retenir ;
650 tous s'empressent à la servir.
Au sortir de la salle, on avait placé
un grand perron de marbre gris
qui aidait les chevaliers alourdis par leurs armes
à monter à cheval en quittant la cour du roi.
655 Lanval est monté sur la pierre
et quand la jeune fille franchit la porte,
d'un bond, il saute derrière elle
sur le palefroi.
Il s'en va avec elle en Avalon,
660 comme nous le racontent les Bretons.
C'est dans cette île merveilleuse
que le jeune homme a été enlevé.
On n'en a plus jamais entendu parler
et mon conte s'arrête là.

VI

Les Dous Amanz

Jadis avint en Normendie
une aventure mult oïe
de dous enfanz ki s'entramerent,
par amur ambedui finerent.
5 Un lai en firent li Bretun:
des Dous Amanz reçut le nun.

Veritez est qu'en Neüstrie,
que nus apelum Normendie,
a un halt munt merveilles grant:
10 la sus gisent li dui enfant.
Pres de cel munt a une part
par grant cunseil e par esguart
une cité fist faire uns reis
ki esteit sire des Pistreis;
15 de ses Pistreis la fist numer
e Pistre la fist apeler.
Tuz jurs a puis duré li nuns;
uncore i a vile e maisuns.
Nus savum bien de la cuntree
20 que li vals de Pistre est nomee.
Li reis ot une fille, bele
e mult curteise dameisele.
Fiz ne fille fors li n'aveit;
forment l'amout e cherisseit.
25 De riches humes fu requise,
ki volentiers l'eüssent prise;
mes li reis ne la volt doner,
car ne s'en poeit consirer.
Li reis n'aveit altre retur:

VI

Les Deux Amants

Jadis survint en Normandie
l'aventure souvent contée
de deux enfants qui s'aimèrent
et moururent tous deux de cet amour.
5 Les Bretons en firent un lai
qu'on appela *Les Deux Amants*.

Il est bien vrai qu'en Neustrie,
que nous appelons maintenant Normandie,
se dresse une montagne d'une hauteur prodigieuse :
10 à son sommet reposent les deux enfants.
Près de cette montagne, à l'écart,
un roi qui était seigneur des Pitrois
avait fait bâtir
avec le plus grand soin
15 une cité, qu'il avait nommée Pitres,
du nom de ses sujets :
ce nom lui est resté,
la ville et les maisons existent encore
et la contrée, chacun le sait,
20 porte encore le nom de val de Pitres[1].
Ce roi avait une fille,
belle et courtoise demoiselle.
C'était son seul enfant
et il l'aimait et la chérissait tendrement.
25 De puissants seigneurs avaient demandé sa main
et l'auraient volontiers épousée.
Mais le roi ne voulait la donner à personne
car il ne pouvait s'en séparer.
Elle était son seul réconfort

---

1. Pîtres, commune de l'Eure. On y trouve aujourd'hui encore la côte des deux amants, haute de 138 mètres. Au sommet de la côte, avait été bâti au XIIᵉ siècle le prieuré des deux amants, vraisemblablement dédié à un couple ascétique. La légende étiologique rapportée par Marie, et encore vivante, justifie le nom du prieuré et de la colline. Sur ce lai, voir W. Noomen, « Le lai des deux amants », *Mélanges F. Lecoy*, Paris, 1973, pp. 469-481 et J. Wathelet-Willem, « Les Deux Amants », *Mélanges R. Lejeune*, Gembloux, 1969, pp. 1143-1157.

30 pres de li esteit nuit e jur;
   cunfortez fu par la meschine,
   puis que perdue ot la reïne.
   Plusur a mal li aturnerent;
   li suen meïsme l'en blasmerent.
35 Quant il oï qu'um en parla,
   mult fu dolenz, mult l'en pesa.
   Cumença sei a purpenser
   cument s'en purra delivrer
   que nuls sa fille ne quesist.
40 E luinz e pres manda e dist:
   ki sa fille voldreit aveir,
   une chose seüst de veir:
   sorti esteit e destiné,
   desur le munt fors la cité
45 entre ses braz la portereit,
   si que ne s'i reposereit.
   Quant la nuvele en est seüe
   e par la cuntree espandue,
   asez plusur s'i asaierent,
50 ki nule rien n'i espleitierent.
   Tels i ot ki tant s'esforçouent
   que enmi le munt la portoënt,
   ne poeient avant aler:
   iloec l'estut laissier ester.
55 Lung tens remest cele a doner,
   que nuls ne la volt demander.

   El païs ot un damisel,
   fiz a un cunte, gent e bel.
   De bien faire pur aveir pris
60 sur tuz altres s'est entremis.
   En la curt le rei conversot,
   asez sovent i surjurnot;
   la fille le rei aama,
   e meinte feiz l'araisuna
65 qu'ele s'amur li otriast
   e par druërie l'amast.
   Pur ceo que pruz fu e curteis

30 et il passait ses jours et ses nuits auprès d'elle
car elle le consolait
de la perte de la reine.
Bien des gens critiquèrent cette attitude
et même les siens la lui reprochèrent[2].
35 Apprenant qu'on en parlait,
plein de tristesse et de douleur,
il se mit à chercher
le moyen de se délivrer à la fois des blâmes
et des demandes en mariage.
40 Il fit donc une proclamation dans tout le pays :
tout prétendant
devait bien savoir
qu'il lui faudrait porter la jeune fille dans ses bras,
sans jamais s'arrêter,
45 jusqu'au sommet de la montagne qui dominait la cité :
le sort et le destin l'exigeaient.
La nouvelle se répandit
dans le pays
et beaucoup tentèrent l'épreuve
50 sans succès.
Quelques-uns réussirent
à porter la jeune fille jusqu'à mi-pente
mais ils ne purent aller plus loin
et durent s'arrêter là.
55 Elle demeura donc longtemps sans prétendant
car plus personne ne voulait demander sa main.

Dans le pays vivait un jeune homme,
noble et gracieux, fils d'un comte.
Plus que tout autre, il cherchait
60 à mériter l'estime par sa valeur.
Il fréquentait la cour du roi
où il faisait de nombreux séjours.
Il s'éprit de la fille du roi
et lui demanda plusieurs fois
65 de lui accorder son amour
et de devenir son amie.
Voyant sa vaillance et sa courtoisie,

---

2. C'est le thème de Peau d'Âne, abondamment illustré dans la littérature du
Moyen Âge : voir en particulier le roman de Philippe de Beaumanoir, *La Manekine*,
trad. C. Marchello-Nizia, Stock, 1980.

e que mult le preisot li reis,
li otria sa druërie,
70 e cil humblement l'en mercie.
Ensemble parlerent sovent
e s'entramerent leialment,
e celerent a lur poeir
qu'um nes peüst aparceveir.
75 La sufrance mult lur greva ;
mes li vaslez se purpensa,
que mielz en volt les mals sufrir
que trop haster e dunc faillir.
Mult fu pur li amer destreiz.
80 Puis avint si qu'a une feiz
qu'a s'amie vint li danzels,
ki tant esteit e pruz e bels,
sa pleinte li mustra e dist.
Anguissusement li requist
85 que s'en alast ensemble od lui,
ne poeit mes sufrir l'enui.
S'a sun pere la demandot,
il saveit bien que tant l'amot
que pas ne li voldreit doner,
90 se il ne la peüst porter
entre ses braz en sum le munt.
La damisele li respunt :
'Amis', fait ele, 'jeo sai bien,
ne m'i porteriëz pur rien ;
95 n'estes mie si vertuus.
Se jo m'en vois ensemble od vus,
mis pere avreit e doel e ire,
ne vivreit mie senz martire.
Certes, tant l'eim e si l'ai chier,
100 jeo nel voldreie curucier.
Altre cunseil vus estuet prendre,
kar cest ne vueil jeo pas entendre.
En Salerne ai une parente,
riche femme est, mult a grant rente.
105 Plus de trente anz i a esté ;
l'art de phisike a tant usé
que mult est saive de mescines.
Tant cunuist herbes e racines,

et l'estime où le tenait le roi,
la jeune fille lui accorda son amour
70 et lui l'en remercia humblement.
Ils se rencontrèrent souvent
et s'aimèrent loyalement
tout en se cachant de leur mieux
afin de ne pas être surpris.
75 Ils souffraient beaucoup de cette contrainte
mais le jeune homme préférait
cette souffrance
à une précipitation qui les aurait perdus.
L'amour le rendait donc bien malheureux.
80 Un jour le jeune amant,
si beau, si valeureux,
vient se lamenter
auprès de son amie
et la supplie anxieusement
85 de partir avec lui :
il ne peut plus supporter cette douleur.
S'il la demande à son père,
il sait bien que le roi aime trop sa fille
pour consentir à la lui donner,
90 s'il ne parvient pas à la porter
dans ses bras jusqu'au sommet de la montagne.
La demoiselle lui répond :
« Mon ami, je sais bien
que vous n'êtes pas assez fort
95 pour me porter jusque-là.
Mais si je partais avec vous,
mon père en aurait tant de douleur
que sa vie ne serait plus que tourment.
Je l'aime et je le chéris tant
100 que je ne veux pas le chagriner.
Il faut trouver une autre solution
car je ne veux pas de celle-là.
J'ai à Salerne une parente,
une femme influente et fortunée
105 qui vit là depuis plus de trente ans
et qui a tant pratiqué la médecine
qu'elle connaît tous les remèdes,
toutes les propriétés des plantes et des racines[3].

---

3. L'école de médecine de Salerne était célèbre au Moyen Âge.

se vus a li volez aler
110 e mes letres od vus porter
e mustrer li vostre aventure,
ele en prendra cunseil e cure.
Tels letuaires vus durra
e tels beivres vus baillera,
115 que tut vus recunforterunt
e bone vertu vus durrunt.
Quant en cest païs revendrez,
a mun pere me requerrez.
Il vus en tendra pur enfant,
120 si vus dira le cuvenant
qu'a nul hume ne me durra,
ja nule peine n'i metra,
s'al munt ne me peüst porter
entre ses braz senz reposer;
125 si li otriëz bonement,
que il ne puet estre altrement.'
Li vaslez oï la novele
e le cunseil a la pucele;
mult en fu liez, si l'en mercie.
130 Cungié demanda a s'amie.

En sa cuntree en est alez.
Hastivement s'est aturnez
de riches dras e de deniers,
de palefreiz e de sumiers.
135 De ses humes les plus privez
a li danzels od sei menez.
A Salerne vait surjurner,
a l'ante s'amie parler.
De sa part li duna un brief.
140 Quant el l'ot lit de chief en chief,
ensemble od li l'a retenu
tant que tut sun estre a seü.
Par mescines l'a enforcié.
Un tel beivre li a baillié,
145 ja ne sera tant travailliez
ne si ateinz ne si chargiez,
ne li refreschisse le cors,
neïs les vaines ne les os,
e qu'il nen ait tute vertu,
150 si tost cum il l'avra beü.

Si vous allez lui porter
110 une lettre de moi
et si vous lui expliquez notre aventure,
elle trouvera le moyen de nous aider.
Elle vous donnera des électuaires
et des breuvages
115 qui vous rempliront de force
et de vigueur.
À votre retour,
vous me demanderez à mon père,
qui vous prendra pour un enfant
120 et vous rappellera qu'il n'est pas question
de me donner à un homme,
quelle que soit son insistance,
s'il ne peut me porter dans ses bras en haut de la montagne
sans s'arrêter.
125 Acceptez alors de bonne grâce,
puisqu'il faut en passer par là. »
Le jeune homme, tout joyeux
de cette nouvelle et de ce conseil,
remercie son amie
130 et lui demande congé.

Il retourne dans son pays
et prépare vite
de riches vêtements et de l'argent,
des palefrois et des chevaux de somme.
135 Il n'emmène avec lui
que ses proches
et s'en va faire un séjour à Salerne
pour rencontrer la tante de son amie.
Il lui remet la lettre,
140 qu'elle lit soigneusement.
Elle garde alors le jeune homme auprès d'elle
pour tout connaître de lui.
Elle le fortifie avec ses remèdes
puis lui remet un philtre :
145 si épuisé,
si malade, si exténué soit-il,
le philtre lui rendra ses forces,
dans toutes les veines et dans tous les os de son corps,
et dès qu'il l'aura bu,
150 il retrouvera toute sa vigueur.

Puis le remeine en sun païs ;
le beivre a en un vessel mis.

Li damisels joius e liez,
quant ariere fu repairiez,
155 ne surjurna pas en sa terre.
Al rei ala sa fille querre,
qu'il li donast : il la prendreit,
en sum le munt la portereit.
Li reis ne l'en escundist mie ;
160 mes mult le tint a grant folie,
pur ceo qu'il ert de juefne eage ;
tant produme vaillant e sage
unt asaié icel afaire,
ki n'en porent a nul chief traire.
165 Terme li a numé e mis.
Ses humes mande e ses amis
e tuz cels qu'il poeit aveir ;
n'en i laissa nul remaneir.
Pur sa fille e pur le vaslet,
170 ki en aventure se met
de li porter en sum le munt,
de tutes parz venu i sunt.
La dameisele s'aturna ;
mult se destreinst, mult jeüna
175 a sun mangier pur alegier,
qu'a sun ami voleit aidier.
Al jur quant tuit furent venu,
li damisels primiers i fu ;
sun beivre n'i ublia mie.
180 Devers Seigne en la praerie
en la grant gent tute asemblee
li reis a sa fille menee.
N'ot drap vestu fors la chemise.
Entre ses braz l'aveit cil prise.
185 La fiolete od tut sun beivre
(bien set qu'el nel volt pas deceivre)
en sa mein a porter li baille ;
mes jo criem que poi ne li vaille,
kar n'ot en lui point de mesure.

Le jeune homme verse donc le philtre dans une fiole
et le rapporte dans son pays[4].

Dès son retour,
le jeune homme, tout joyeux,
155 quitte vite sa terre
pour aller demander au roi la main de sa fille
en acceptant de la prendre dans ses bras
pour la porter jusqu'en haut du mont.
Le roi ne l'éconduit pas
160 mais le tient pour un fou
car il est tout jeune :
tant de sages et de valeureux chevaliers
ont déjà tenté l'épreuve
sans le moindre succès !
165 Il lui fixe cependant une date,
convoque ses vassaux, ses amis
et tous ceux qu'il peut réunir,
sans oublier personne.
Tous sont venus
170 pour voir la fille du roi et le jeune homme
qui tente l'aventure
de la porter en haut de la montagne.
La demoiselle se prépare :
elle jeûne et se prive de manger
175 pour être plus légère
et aider ainsi son ami.
Le jour venu, tout le monde est là,
et le jeune homme le tout premier,
qui n'a pas oublié son philtre.
180 Dans la prairie qui domine la Seine,
au milieu de la foule assemblée,
le roi amène sa fille,
vêtue de sa seule chemise.
Le jeune homme la prend dans ses bras.
185 Il a le philtre dans sa petite fiole :
sûr de la loyauté de son amie,
il le lui confie.
Mais je crains que le philtre ne lui serve guère,
car il ne connaît pas la mesure.

---

4. Je suis la suggestion de A. Tobler et de J. Rychner d'intervertir les vers 151
et 152.

190 Od li s'en vait grant aleüre ;
le munt munta de si qu'en mi.
Pur la joie qu'il ot de li,
de sun beivre ne li membra ;
ele senti qu'il alassa.
195 'Amis', fet ele, 'kar bevez !
Jeo sai bien que vus alassez.
Si recuvrez vostre vertu !'
Li damisels a respundu :
'Bele, jo sent tut fort mun quer.
200 Ne m'arestereie a nul fuer
si lungement que jeo beüsse,
pur quei treis pas aler peüsse.
Ceste genz nus escrïereient,
de lur noise m'esturdireient ;
205 tost me purreient desturber.
Jo ne vueil pas ci arester.'
Quant les dous parz fu muntez sus,
pur un petit qu'il ne chiet jus.
Sovent li prie la meschine :
210 'Amis, bevez vostre mescine !'
Ja ne la volt oïr ne creire.
A grant anguisse od tut li eire.
Sur le munt vint, tant se greva,
iluec cheï, puis ne leva :
215 li quers del ventre s'en parti.
La pucele vit sun ami,
quida qu'il fust en pasmeisuns.
Lez lui se met en genuilluns,
sun beivre li voleit doner ;
220 mes il ne pout a li parler.
Issi murut cum jeo vus di.
Ele le pleint a mult halt cri.
Puis a geté e espandu
le vessel u li beivre fu.
225 Li munz en fu bien arusez ;
mult en a esté amendez
tuz li païs e la cuntree :
meinte bone herbe i unt trovee,
ki del beivre aveient racine.

230 Or vus dirai de la meschine.
Puis que sun ami ot perdu,

190 D'un pas rapide il emporte son amie
et gravit la montagne jusqu'à mi-pente.
Il est si joyeux de la tenir dans ses bras
qu'il ne pense plus au philtre ;
mais elle sent bien qu'il s'affaiblit :
195 « Ami, dit-elle, buvez donc !
Je sais bien que vous vous fatiguez :
reprenez donc des forces ! »
Mais le jeune homme lui répond :
« Belle amie, je sens mon cœur si fort
200 que pour rien au monde je ne voudrais m'arrêter,
pas même le temps de boire,
tant que je pourrai faire trois pas !
La foule se mettrait à crier
et à m'étourdir de bruit :
205 elle aurait tôt fait de me troubler.
Je ne veux pas m'arrêter ici ! »
Aux deux tiers de la pente,
il a failli tomber.
La jeune fille ne cesse de le supplier :
210 « Ami, buvez votre remède ! »
Mais jamais il ne veut l'écouter ni la croire.
Douloureusement, il avance, la jeune fille dans les bras.
Il parvient au sommet mais l'épreuve a été trop dure :
il tombe pour ne pas se relever.
215 Il a rendu l'âme.
La jeune fille, le voyant ainsi,
le croit évanoui
et s'agenouille près de lui
pour lui donner son philtre ;
220 mais il ne peut plus lui parler :
il est mort, comme je vous l'ai dit.
Elle se lamente sur lui à grands cris
et jette la fiole qui contient le philtre :
celui-ci se répand sur la montagne
225 et l'imprègne,
pour le plus grand bien
du pays et de toute la contrée.
Car on y trouve depuis bien des plantes bienfaisantes
qui ont poussé grâce au philtre.

230 Revenons à la jeune fille.
En voyant son ami perdu,

unkes si dolente ne fu.
Delez lui se culche e estent,
entre ses braz l'estreint e prent,
235 suvent li baisë uiz e buche.
Li duels de lui al quer li tuche.
Ilec murut la dameisele,
ki tant ert pruz e sage e bele.
Li reis e cil kis atendeient,
240 quant unt veü qu'il ne veneient,
vunt aprés els, sis unt trovez.
Li reis chiet a terre pasmez;
quant pot parler, grant duel demeine,
e si firent la genz foreine.
245 Treis jurs les unt tenuz sur terre.
Sarcu de marbre firent querre,
les dous enfanz unt mis dedenz.
Par le cunseil de celes genz
desur le munt les enfuïrent,
250 e puis a tant se departirent.

Pur l'aventure des enfanz
a nun li munz des Dous Amanz.
Issi avint cum dit vus ai;
li Bretun en firent un lai.

elle éprouve la plus grande souffrance de sa vie :
elle s'allonge près de lui,
le serre dans ses bras,
235 lui embrasse longuement le visage et la bouche.
Le deuil l'atteint alors au cœur :
c'est là que meurt la demoiselle,
si noble, si sage et si belle.
Le roi et tous les assistants,
240 ne les voyant pas revenir,
sont allés à leur recherche et les ont trouvés.
Le roi tombe à terre, évanoui ;
quand il revient à lui, il se lamente
et même les étrangers se joignent à son deuil.
245 On les a laissés trois jours sur la montagne
puis on a fait venir un cercueil de marbre
où l'on a couché les deux enfants.
Sur le conseil des assistants,
on les a enterrés en haut de la montagne
250 avant de se séparer.

L'aventure des deux enfants
a valu à la montagne son nom de « Mont des deux amants ».
Tout s'est passé comme je vous l'ai raconté
et les Bretons en ont fait un lai.

VII

Yonec

Puis que des lais ai comencié,
ja n'iert pur nul travail laissié;
les aventures que j'en sai,
tut par rime les cunterai.
5 En pensé ai e en talant
que d'Yonec vus die avant
dunt il fu nez, e de sun pere
cum il vint primes a sa mere.
Cil ki engendra Yonec
10 aveit a nun Muldumarec.

En Bretaigne maneit jadis
uns riches huem, vielz e antis.
De Caruënt fu avuëz
e del païs sire clamez.
15 La citez siet sur Duëlas;
jadis i ot de nes trespas.
Mult fu trespassez en eage.
Pur ceo qu'il ot bon heritage,
femme prist pur enfanz aveir,
20 ki aprés lui fussent si heir.
De halte gent fu la pucele,
sage e curteise e forment bele,
ki al riche hume fu donee;
pur sa bealté l'a mult amee.
25 Pur qu'en fereie altre parole?
Nen ot sa per desqu'a Nicole
ne tresqu'en Yrlande de la.
Grant pechié fist ki li dona.
Pur ceo que ele ert bele e gente,
30 en li guarder mist mult s'entente.
Dedenz sa tur l'a enserree
en une grant chambre pavee.
Il ot une sue serur,
vieille ert e vedve, senz seignur;
35 ensemble od la dame l'a mise
pur li tenir plus en justise.

VII

Yonec

Puisque j'ai commencé à écrire des lais,
nulle peine ne me fera renoncer :
je mettrai en vers
toutes les aventures que je connais.
5 J'ai bien envie
de vous parler tout d'abord d'Yonec,
du lieu de sa naissance
et de la rencontre de ses parents.
Celui qui engendra Yonec *— ses parents*
10 se nommait Muldumarec.

Jadis vivait en Bretagne *li y a longtemps*
un vieillard très puissant.
Il était seigneur de Caerwent
et maître reconnu de tout le pays.
15 La cité se dresse sur la Duelas
et jadis les navires y passaient.
Le seigneur était très âgé.
Comme il devait laisser un riche héritage,
il prit femme pour avoir des enfants
20 qui hériteraient de lui.
La jeune fille qu'on lui donna
était de haut rang,
sage et courtoise, et d'une grande beauté :
il s'en éprit aussitôt, pour sa beauté. *passionné de*
25 Qu'en dire de plus ?
Elle n'avait sa pareille d'ici à Lincoln
ni de Lincoln jusqu'en Irlande.
Ce fut un crime que de la lui donner.
Comme elle était belle et gracieuse,
30 il ne songeait qu'à la surveiller.
Il l'a enfermée dans son donjon,
dans une grande chambre dallée,
en compagnie de sa sœur,
âgée et veuve,
35 qu'il lui a donnée comme compagne
pour la garder de plus près.

Altres femmes i ot, ceo crei,
en une altre chambre par sei;
mes ja la dame n'i parlast,
40 se la vieille nel comandast.

Issi la tint plus de set anz
(unques entre els n'ourent enfanz),
ne fors de cele tur n'eissi
ne pur parent ne pur ami.
45 Quant li sire s'alot culchier,
n'i ot chamberlenc ne huissier,
ki en la chambre osast entrer
ne devant lui cirge alumer.
Mult ert la dame en grant tristur,
50 Od lermes, od suspir e plur
sa belté pert en tel mesure
cume cele ki n'en a cure.
De sei meïsme mielz volsist
que morz hastive la presist.

55 Ceo fu el meis d'avril entrant,
quant cil oisel meinent lur chant.
Li sire fu matin levez;
d'aler en bois s'est aturnez.
La vieille a faite lever sus
60 e aprés lui fermer les hus.
Cele a sun comandement fet.
En une altre chambre s'en vet;
en sa main portot sun psaltier,
u ele voleit verseillier.
65 La dame en plur e en esveil
choisi la clarté del soleil.
De la vieille est aparceüe
que de la chambre esteit eissue.
Mult se pleigneit e suspirot
70 e en plurant se dementot.
'Lasse', fait ele, 'mar fui nee!

Il y avait aussi d'autres femmes, je crois,
isolées dans une autre pièce ;
mais la dame n'avait pas le droit de leur adresser la parole
40 sans l'autorisation de la vieille.

Elle demeura ainsi emprisonnée plus de sept ans
sans sortir du donjon
pour aller voir un parent ou un ami ;
et le couple n'eut aucun enfant.
45 Quand le seigneur allait se coucher[1],
pas le moindre chambellan, pas le moindre portier
n'aurait osé entrer dans la chambre
pour tenir la chandelle devant lui.
La dame vivait dans la tristesse,
50 les larmes et les soupirs.
Elle perdait sa beauté,
qu'elle négligeait.
Elle ne souhaitait qu'une chose :
mourir rapidement.

55 C'était aux premiers jours d'avril,
quand les oiseaux font entendre leur chant[2].
Le seigneur s'était levé de bon matin
pour aller à la chasse.
Il ordonne à la vieille de se lever
60 et de fermer la porte derrière lui.
Elle lui obéit
puis se dirige vers une autre pièce
avec son psautier,
pour y lire ses versets.
65 La dame, éveillée et en larmes,
voit la lumière du soleil.
S'apercevant que la vieille
a quitté la chambre,
elle se répand en plaintes, en soupirs,
70 en larmes et en lamentations :
« Hélas, que je suis malheureuse !

---

1. *Sire* a les deux sens de *seigneur* et de *mari*. On trouvera donc, selon le contexte, les deux traductions. Voir sur ce lai J.-C. Payen, « Structure et sens d'*Yonec* », *Le Moyen Âge*, 1976, pp. 263-287.
2. Deux motifs lyriques se succèdent ici : celui de la mal mariée (comme dans *Guigemar*, *Le Laüstic* et *Milon*) et celui de la reverdie (retour de la belle saison), prélude traditionnel à la scène amoureuse.

Mult est dure ma destinee.
En ceste tur sui en prisun,
ja n'en istrai se par mort nun.
75 Cist vielz gelus de quei se crient,
ki en si grant prisun me tient?
Mult par est fols e esbaïz,
il crient estre tuz jurs traïz.
Jeo ne puis al mustier venir
80 ne le servise Deu oïr.
Se jo peüsse a gent parler
e en deduit od lui aler,
jo li mustrasse bel semblant,
ja n'en eüsse jeo talant.
85 Maleeit seient mi parent
e li altre comunalment,
ki a cest gelus me donerent
e a sun cors me mariërent!
A forte corde trai e tir!
90 Il ne purra ja mes murir;
quant il dut estre baptiziez,
si fu el flum d'enfern plungiez;
dur sunt li nerf, dures les veines,
ki de vif sanc sunt tutes pleines.
95 Mult ai oï sovent cunter
que l'em suleit jadis trover
aventures en cest païs,
ki rehaitouent les pensis.
Chevalier trovoënt puceles
100 a lur talent, gentes e beles,
e dames truvoënt amanz
beals e curteis, pruz e vaillanz,
si que blasmees n'en esteient
ne nul fors eles nes veeient.
105 Se ceo puet estre ne ceo fu,
se unc a nul est avenu,
Deus, ki de tut a poësté,
il en face ma volenté!'

Quant ele ot fait sa pleinte issi,
110 l'umbre d'un grant oisel choisi

Mon destin est bien triste.
Je suis prisonnière dans ce donjon
et n'en sortirai que morte.
75 Mais que craint donc ce vieillard jaloux
pour m'emprisonner si cruellement ?
Quelle folie, quelle sottise
d'avoir toujours peur d'être trahi !
Je ne peux pas aller à l'église
80 pour y écouter l'office divin.
Si seulement je pouvais rencontrer des gens,
sortir me distraire avec lui,
je lui ferais meilleur visage,
même en me forçant un peu !
85 Maudits soient mes parents
et tous ceux
qui m'ont donnée
en mariage à ce jaloux !
Elle est solide, la corde sur laquelle je tire[3] !
90 Il ne mourra donc jamais !
On a dû le plonger dans le fleuve d'Enfer
au moment de son baptême ;
ses nerfs sont solides, comme ses veines
toutes pleines de sang vigoureux !
95 J'ai souvent entendu conter
que jadis dans ce pays
des aventures merveilleuses
rendaient la joie aux malheureux !
Les chevaliers trouvaient les femmes
100 de leurs rêves, nobles et belles,
et les dames trouvaient des amants,
beaux et courtois, preux et vaillants,
sans encourir le moindre blâme,
car elles étaient les seules à les voir.
105 Si c'est possible et si quelqu'un
a déjà connu pareille aventure,
Dieu tout-puissant,
exauce mon désir ! »

Elle vient d'achever sa plainte
110 quand elle aperçoit l'ombre d'un grand oiseau

---

3. Sur ce proverbe, *cf.* J. Morawski, *Proverbes français antérieurs au XVᵉ siècle*, Champion, 1925, nᵒ 68.

parmi une estreite fenestre.
Ele ne set que ceo puet estre.
En la chambre volant entra.
Giez ot es piez, ostur sembla ;
115 de cinc mues fu u de sis.
Il s'est devant la dame asis.
Quant il i ot un poi esté
e ele l'ot bien esguardé,
chevaliers bels e genz devint.
120 La dame a merveille le tint ;
li sans li remut e fremi,
grant poür ot, sun chief covri.
Mult fu curteis li chevaliers,
il l'en araisuna primiers.
125 'Dame', fet il, 'n'aiez poür,
gentil oisel a en ostur,
se li segrei vus sunt oscur.
Guardez que seiez a seür,
si faites de mei vostre ami !
130 Pur ceo', fet il, 'vinc jeo ici.
Jeo vus ai lungement amee
e en mun quer mult desiree ;
unkes femme fors vus n'amai
ne ja mes altre n'amerai.
135 Mes ne poeie a vus venir
ne fors de mun païs eissir,
se vus ne m'eüssiez requis.
Or puis bien estre vostre amis !'
La dame se raseüra ;
140 sun chief descovri, si parla.
Le chevalier a respundu
e dit qu'ele en fera sun dru,
s'en Deu creïst e issi fust
que lur amurs estre peüst.
145 Kar mult esteit de grant bealté ;
unkes nul jur de sun eé
si bel chevalier n'esguarda
ne ja mes si bel ne verra.
'Dame', fet il, 'vus dites bien.
150 Ne voldreie pur nule rien
que de mei i ait achaisun,

à une fenêtre étroite :
elle ne sait ce que c'est.
L'oiseau pénètre dans la chambre en volant :
il a des lanières aux pattes et ressemble à un autour
115 de cinq ou six mues.
Il se pose devant la dame :
après quelque temps,
quand elle l'a longtemps contemplé,
il devient un beau et gracieux chevalier.
120 La dame assiste à ce prodige :
son sang ne fait qu'un tour ;
de peur, elle se couvre la tête de son voile.
Mais le chevalier lui adresse
courtoisement la parole :
125 « Dame, n'ayez pas peur,
c'est un noble oiseau que l'autour !
Même si ce mystère vous reste obscur,
rassurez-vous
et faites de moi votre ami[4] !
130 C'est dans ce but que je suis venu.
Je vous aime
et vous désire depuis bien longtemps ;
je n'ai jamais aimé d'autre femme
et n'en aimerai jamais d'autre que vous.
135 Mais je ne pouvais pas vous rejoindre
ni sortir de mon pays
si vous ne m'appeliez d'abord.
Maintenant je puis être votre ami ! »
Rassurée, la dame
140 se découvre la tête
et répond au chevalier
qu'elle ferait volontiers de lui son amant
s'il croyait en Dieu
et si leur amour était ainsi possible.
145 Car il est si beau
qu'elle n'a jamais vu de sa vie
et ne verra jamais
si beau chevalier.
« Dame, répond-il, vous avez raison.
150 Pour rien au monde je ne voudrais
qu'on m'accuse

4. J'adopte la ponctuation de l'édition Rychner, qui relie le vers 127 au vers 128.

mescreance ne suspesçun.
Jeo crei mult bien al creatur,
ki nus geta de la tristur
155 u Adam nus mist, nostre pere,
par le mors de la pume amere ;
il est e iert e fu tuz jurs
vie e lumiere as pecheürs.
Se vus de ceo ne me creez,
160 vostre chapelain demandez !
Dites que mals vus a suzprise,
si volez aveir le servise
que Deus a el mund establi,
dunt li pecheür sunt guari.
165 La semblance de vus prendrai :
le cors Damedeu recevrai,
ma creance vus dirai tute.
Ja de ceo ne serez en dute !'
El li respunt que bien a dit.
170 Delez li s'est culchiez el lit ;
mes il ne volt a li tuchier
ne d'acoler ne de baisier.
A tant la vieille est repairiee.
La dame trova esveilliee,
175 dist li que tens est de lever,
ses dras li voleit aporter.
La dame dist qu'ele est malade ;
del chapelain se prenge guarde,
sil face tost a li venir,
180 kar grant poür a de murir.
La vieille dist : 'Or suferrez !
Mis sire en est el bois alez ;
nuls n'enterra ça enz fors mei.'
Mult fu la dame en grant esfrei ;
185 semblant fist qu'ele se pasma.
Cele le vit, mult s'esmaia.
L'us de la chambre a desfermé,
si a le prestre demandé ;
e cil i vint cum plus tost pot,

et qu'on me soupçonne.
Je crois profondément en notre Créateur,
qui nous a délivrés du malheur
155 où nous avait plongés notre père Adam
en mordant dans la pomme d'amertume.
Il est, sera et fut toujours
vie et lumière pour les pécheurs[5].
Si cette profession de foi est insuffisante,
160 appelez votre chapelain !
Dites que vous vous sentez malade
et que vous voulez recevoir le sacrement
que Dieu a établi dans le monde
pour le salut des pécheurs.
165 Je vais prendre votre forme,
recevoir le corps de Notre Seigneur
et dire mon Credo.
Vous n'aurez plus la moindre crainte ! »
Et elle approuve ses paroles.
170 Il se couche auprès d'elle dans le lit ;
mais il ne veut pas la toucher,
ni la serrer contre lui, ni l'embrasser.
Voici que revient la vieille,
qui trouve la dame éveillée :
175 elle lui dit qu'il est temps de se lever
et veut lui apporter ses vêtements.
Mais la dame dit qu'elle est malade :
il faut vite
lui quérir le chapelain,
180 car elle a grand-peur de mourir.
La vieille répond : « Vous attendrez !
Mon seigneur est à la chasse
et personne n'entrera ici que moi ! »
La dame, éperdue,
185 feint de s'évanouir.
La vieille, effrayée,
déverrouille la porte de la chambre
et appelle le prêtre
qui arrive en toute hâte

---

5. Le merveilleux païen des contes populaires est souvent christianisé dans la
littérature médiévale. Comme Muldumarec, la fée Mélusine (dans le roman que lui
consacre Jean d'Arras vers 1390) récite son Credo à Raimondin pour le rassurer :
cf. L. Harf, *Les Fées au Moyen Âge*, pp. 381-390.

190 corpus domini aportot.
Li chevaliers l'a receü,
le vin del chalice a beü.
Li chapeleins s'en est alez,
e la vieille a les us fermez.

195 La dame gist lez sun ami:
unkes si bel cuple ne vi.
Quant unt asez ris e jué
e de lur priveté parlé,
li chevaliers a cungié pris;
200 raler s'en vuelt en sun païs.
Ele le prie dulcement
que il la reveie sovent.
'Dame', fet il, 'quant vus plaira,
ja l'ure ne trespassera.
205 Mes tel mesure en esguardez,
que nus ne seium encumbrez.
Ceste vieille nus traïra
e nuit e jur nus guaitera.
Ele parcevra nostre amur,
210 sil cuntera a sun seignur.
S'issi avient cum jeo vus di
e nus sumes issi traï,
ne m'en puis mie departir
que mei n'en estuece murir.'

215 Li chevaliers a tant s'en vait;
a grant joie s'amie lait.
El demain lieve tute seine;
mult fu haitiee la semeine.
Sun cors teneit en grant chierté:
220 tute recuevre sa bealté.
Or li plest plus a surjurner
qu'en nul altre deduit aler.
Sun ami vuelt suvent veeir
e sa joie de lui aveir;
225 des que sis sire s'en depart,
e nuit e jur e tost e tart
ele l'a tut a sun plaisir.
Or l'en duinst Deus lunges joïr!
Pur la grant joie u ele fu,
230 que sovent puet veeir sun dru,

190 avec l'hostie.
Le chevalier la reçoit
et boit le vin du calice.
Puis le chapelain repart
et la vieille referme la porte.

195 La dame est étendue près de son ami :
je n'ai jamais vu si beau couple !
Ils ont bien ri et joué,
parlé de leur amour,
puis le chevalier a pris congé : *partait*
200 il veut regagner son pays.
Elle le prie doucement
de revenir souvent la voir.
« Dame, dit-il, dès que vous le voudrez,
je serai là en moins d'une heure.
205 Mais veillez bien à observer la mesure
afin que nous ne soyons pas surpris.
Cette vieille nous trahira
et nous guettera nuit et jour.
Elle découvrira notre amour
210 et dira tout à son seigneur.
Si tout se passe comme je vous le prédis,
si nous sommes ainsi trahis,
je ne pourrai pas échapper
à la mort. »

215 Alors le chevalier s'en va,
laissant son amie toute joyeuse.
Le lendemain, elle se lève en bonne santé,
reste gaie toute la semaine ; *attention*
elle prend grand soin de sa personne
220 et retrouve toute sa beauté.
Elle dédaigne maintenant toutes les distractions
et préfère rester dans sa chambre.
Elle veut souvent voir son ami *→ il revient à son*
et prendre son plaisir avec lui : *désire dès que*
225 dès que son mari s'en va, *son mari part*
de nuit, de jour, tôt ou tard,
il répond à son désir.
Que Dieu lui permette d'en jouir longtemps !
La grande joie que lui donnent
230 les visites de son amant

esteit tuz sis semblanz changiez.
Sis sire esteit mult veziëz;
en sun curage s'aparceit
qu'altrement ert qu'il ne suleit.
235 Mescreance a vers sa serur.
Il la met a raisun un jur
e dit que mult a grant merveille
que la dame si s'apareille;
demanda li que ceo deveit.
240 La vieille dist qu'el ne saveit
(kar nuls ne pot parler a li
ne ele n'ot dru ne ami)
fors tant que sule remaneit
plus volentiers qu'el ne suleit;
245 de ceo s'esteit aparceüe.
Dunc l'a li sire respundue.
'Par fei', fet il, 'ceo quit jeo bien.
Or vus estuet faire une rien!
Al matin quant jeo ierc levez
250 e vus avrez les hus fermez,
faites semblant de fors eissir,
si la laissiez sule gisir.
En un segrei liu vus estez
e si veez e esguardez,
255 que ceo puet estre e dunt ceo vient
ki en si grant joie la tient.'
De cel cunseil sunt departi.
A las! cum ierent malbailli
cil que l'um vuelt si aguaitier
260 pur els traïr e engignier!

Tierz jur aprés, ceo oi cunter,
fet li sire semblant d'errer.
A sa femme a dit e cunté
que li reis l'a par brief mandé,
265 mes hastivement revendra.
De la chambre ist e l'us ferma.
Dunc s'esteit la vieille levee,
triers une cortine est alee;
bien purra oïr e veeir
270 ceo qu'ele cuveite a saveir.
La dame jut, pas ne dormi,
kar mult desire sun ami.

l'a complètement transformée.
Mais son mari, rusé, *intelligent*
s'aperçoit bien
qu'elle a changé.
235 Soupçonnant sa sœur,
il l'interpelle un jour,
lui dit qu'il s'émerveille
de voir la dame faire tant de toilette
et lui demande ce qui se passe.
240 La vieille répond qu'elle n'en sait rien :
nul ne peut parler à la dame,
et elle n'a ni amant ni ami.
Mais elle reste seule
plus volontiers qu'auparavant ;
245 c'est la seule chose que la vieille ait remarquée.
Le seigneur répond alors :
« Ma foi, je vous crois.
Voici ce que vous allez faire.
Le matin, quand je serai levé
250 et que vous aurez refermé la porte,
faites semblant de sortir
et laissez-la seule dans son lit.
Puis cachez-vous
pour l'observer et découvrez
255 les causes de cette grande joie ! »

Ils s'arrêtent à cette décision et se quittent.
Hélas ! qu'ils sont infortunés,
ceux que l'on veut ainsi épier
260 pour les trahir et leur tendre un piège !

Deux jours après, à ce qu'on m'a raconté,
le seigneur fait semblant de partir en voyage.
Il explique à sa femme
que le roi l'a convoqué
265 mais qu'il reviendra bien vite.
Il sort de la chambre en fermant la porte.
Alors la vieille, qui s'était levée,
s'est cachée derrière une tenture
d'où elle pourra voir et entendre
270 tout ce qu'elle a envie de savoir.
La dame, étendue, ne dort pas
et appelle son ami de tous ses vœux.

Venuz i est, pas ne demure,
ne trespasse terme ne hure.
275 Ensemble funt joie mult grant
e par parole e par semblant,
de si que tens fu de lever,
kar dunc l'en estuveit aler.
Cele le vit, si l'esguarda,
280 coment il vint e il ala.
De ceo ot ele grant poür
qu'ume le vit e puis ostur.
Quant li sire fu repairiez,
ki n'esteit guaires esluigniez,
285 cele li a dit e mustré
del chevalier la verité,
e il en est forment pensis.
Des engins faire fu hastis
a ocire le chevalier.
290 Broches de fer fist granz furgier
e acerer les chiés devant :
suz ciel n'a rasur plus trenchant.
Quant il les ot apareilliees
e de tutes parz enfurchiees,
295 sur la fenestre les a mises,
bien serrees e bien asises,
par unt li chevaliers passot,
quant a la dame repairot.
Deus, qu'il ne set la traïsun
300 que apareillent li felun !

El demain a la matinee
li sire lieve a l'ajurnee
e dit qu'il vuelt aler chacier.
La vieille le vait cunveier ;
305 puis se reculche pur dormir,
kar ne poeit le jur choisir.
La dame veille, si atent
celui qu'ele eime leialment,
e dit qu'or purreit bien venir
310 e estre od li tut a leisir.
Si tost cum el l'ot demandé,
n'i a puis guaires demuré.

Il arrive sans tarder,
sans dépasser le délai ni l'heure.
275 Ils sont tout aux joies de l'amour,
dans leurs paroles et dans leurs gestes.
Mais arrive l'heure où il doit se lever
et partir.
La vieille l'observe et voit
280 comment il est arrivé, comment il est parti.
Elle est épouvantée
de le voir sous la forme d'un homme puis sous celle d'un
Alors au retour du seigneur,   [autour.
qui n'était pas allé bien loin,
285 elle lui découvre
le secret du chevalier,
qui le plonge dans le tourment.
Il se hâte de faire fabriquer des pièges
pour tuer le chevalier :
290 il fait forger de grandes broches de fer
aux pointes acérées :
on ne pourrait trouver rasoir plus tranchant.
Quand elles sont toutes prêtes,
et garnies de pointes disposées comme les barbes d'un épi[6],
295 il les place sur la fenêtre,
bien fixées et bien serrées,
là où le chevalier passe
quand il rejoint la dame.
Dieu, quel malheur que celui-ci ignore quelle trahison
300 machinent ces félons !

Le lendemain, de bon matin,
le seigneur, levé avec le jour,
déclare qu'il veut aller chasser.
La vieille l'accompagne
305 puis se recouche pour dormir,
car il n'y avait pas encore de lumière.
La dame, éveillée, attend
celui qu'elle aime d'amour loyal
et se dit qu'il pourrait maintenant venir
310 et demeurer avec elle tout à loisir.
Dès qu'elle en a émis le vœu,
il vole sans tarder

6. Cette traduction est de J. Rychner (p. 266).

En la fenestre vint volant ;
mes les broches furent devant.
315 L'une le fiert parmi le cors,
li sans vermeilz en sailli fors.
Quant il se sent a mort nafrez,
desferre sei, enz est entrez.
Devant la dame el lit descent,
320 que tuit li drap furent sanglent.
Ele veit le sanc e la plaie,
mult anguissusement s'esmaie.
Il li a dit : 'Ma dulce amie,
pur vostre amur pert jeo la vie !
325 Bien le vus dis qu'en avendreit,
vostre semblanz nus ocireit.'
Quant el l'oï, dunc chiet pasmee ;
tute fu morte une loëe.
Il la cunforte dulcement
330 e dit que duels n'i valt niënt.
De lui est enceinte d'enfant,
un fiz avra pruz e vaillant :
icil la recunfortera.
Yonec numer le fera.
335 Il vengera e lui e li,
il oscira sun enemi.
Il n'i puet dunc demurer mes,
kar sa plaie seignot adés.
A grant dolur s'en est partiz.
340 Ele le siut a mult halz criz.
Par une fenestre s'en ist ;
c'est merveille qu'el ne s'ocist,
kar bien aveit vint piez de halt
iloec u ele prist le salt.
345 Ele esteit nue en sa chemise.
A la trace del sanc s'est mise,
ki del chevalier decureit
sur le chemin u ele esteit.
Icel sentier erra e tint,
350 de si qu'a une hoge vint.
En cele hoge ot une entree,
de cel sanc fu tute arusee ;
ne pot niënt avant veeir.
Dunc quidot ele bien saveir
355 que sis amis entrez i seit.

jusqu'à la fenêtre :
mais les broches sont sur son passage
315 et l'une d'elles lui transperce le corps,
faisant jaillir son sang vermeil.
Quand il se sent blessé à mort,
il se dégage du piège, pénètre dans la chambre,
se pose sur le lit devant la dame :
320 les draps sont couverts de sang.
Elle voit le sang et la plaie
qui la remplissent de désespoir et d'épouvante.
« Ma douce amie, lui dit-il,
je perds la vie pour vous avoir aimée. *(la religion)*
325 Je vous avais prédit ce qui arriverait,
et que votre attitude causerait notre mort. »
À ces mots, elle tombe évanouie
et demeure longtemps comme morte.
Il la console doucement
330 en lui disant que sa douleur est inutile.
Elle porte un enfant de lui,
un fils qui sera preux et vaillant :
c'est lui qui la réconfortera.
Elle lui donnera le nom d'Yonec *le fils de la dame et son ami.*
335 et il les vengera tous les deux
en tuant son ennemi.
Mais il ne peut demeurer plus longtemps
car sa plaie ne cesse de saigner.
Péniblement il est parti.
340 Et elle le suit en criant sa douleur.
Elle s'échappe par une fenêtre :
c'est un prodige qu'elle ne se tue pas,
car elle saute
d'une hauteur de vingt pieds.
345 Vêtue de sa seule chemise,
elle suit les traces du sang
que le chevalier perd
le long du chemin.
Elle marche sans s'arrêter
350 et voici qu'elle arrive à une colline
dans laquelle il y avait une ouverture
tout arrosée de sang.
Elle ne peut rien voir au-delà de cette entrée.
Persuadée
355 que son ami est entré dans la colline,

Dedenz se met a grant espleit.
El n'i trova nule clarté.
Tant a le dreit chemin erré,
que fors de la hoge est eissue
360 e en un mult bel pre venue.
Del sanc trova l'erbe moilliee,
dunc s'est ele mult esmaiee.
La trace en siut parmi le pre.
Asez pres vit une cité.
365 De mur fu close tut en tur.
N'i ot maisun, sale ne tur
ki ne parust tute d'argent;
mult sunt riche li mandement.
Devers le burc sunt li mareis
370 e les forez e li defeis.
De l'altre part vers le dunjun
curt une ewe tut envirun;
iloec arivoënt les nes,
plus i aveit de treis cenz tres.
375 La porte a val fu desfermee,
la dame est en la vile entree
tuz jurs aprés le sanc novel
parmi le burc desqu'al chastel.
Unkes nuls a li ne parla,
380 n'ume ne femme n'i trova.
El palais vient al paviment,
de sanc le trueve tut sanglent.
En une bele chambre entra;
un chevalier dormant trova.
385 Nel cunut pas, si vet avant
en une altre chambre plus grant.
Un lit i trueve e niënt plus,
un chevalier dormant desus;
ele s'en est ultre passee.
390 En la tierce chambre est entree;
le lit sun ami a trové.
Li pecol sunt d'or esmeré;
ne sai mie les dras preisier;
li cirgë e li chandelier,
395 ki nuit e jur sunt alumé,
valent tut l'or d'une cité.

elle a vite fait d'y pénétrer.
Malgré l'obscurité,
elle poursuit tout droit son chemin
et finit par sortir
360 et se trouver dans une très belle prairie.
Épouvantée de voir
l'herbe toute mouillée de sang,
elle suit les traces à travers la prairie.
Bientôt elle découvre une cité,
365 entièrement close de remparts.
Maisons, salles, tours,
tout semble fait d'argent.
Les bâtiments sont superbes.
Du côté du bourg on voit les marais,
370 les forêts et les terres en défens[7];
de l'autre côté, une rivière coule
autour du donjon :
c'est là qu'abordent les navires,
ils sont plus de trois cents.
375 Du côté de la vallée, la porte était ouverte
et la dame entre dans la ville,
suivant toujours les traces de sang frais
à travers le bourg et jusqu'au château.
Personne ne lui adresse la parole,
380 elle ne trouve ni homme ni femme.
Elle parvient au palais, dans la salle pavée
qu'elle trouve ensanglantée.
Elle entre dans une belle chambre
où dort un chevalier ;
385 mais elle ne le reconnaît pas et poursuit plus avant
jusqu'à une autre chambre, plus grande,
meublée seulement d'un lit
où dort un chevalier ;
elle la traverse encore.
390 Dans la troisième chambre enfin,
elle a trouvé le lit de son ami :
les montants en sont d'or pur ;
les draps, je ne saurais les évaluer ;
les chandeliers, où des cierges
395 brûlent nuit et jour,
valent tout l'or d'une cité.

---

7. *Defeis* désigne, vers 1200, une terre clôturée dont l'entrée est interdite.

Si tost cum ele l'a veü,
le chevalier a cuneü.
Avant ala tute esfreee ;
400 par desus lui cheï pasmee.
Cil la receit ki forment l'aime,
maleürus sovent se claime.
Quant del pasmer fu respassee,
il l'a dulcement cunfortee.
405 'Bele amie, pur Deu vus pri,
alez vus en ! Fuiez de ci !
Sempres murrai enmi le jur ;
ça enz avra si grant dolur,
se vus i esteiez trovee,
410 mult en seriëz turmentee ;
bien iert entre ma gent seü
qu'il m'unt pur vostre amur perdu.
Pur vus sui dolenz e pensis !'
La dame li a dit : 'Amis,
415 mielz vueil ensemble od vus murir
qu'od mun seignur peine sufrir !
S'a lui revois, il m'ocira.'
Li chevaliers l'aseüra.
Un anelet li a baillié,
420 si li a dit e enseignié,
ja, tant cum el le guardera,
a sun seignur n'en memberra
de nule rien ki faite seit,
ne ne l'en tendra en destreit.
425 S'espee li cumande e rent ;
puis la cunjurë e defent
que ja nuls huem n'en seit saisiz,
mes bien la guart a oés sun fiz.
Quant il sera creüz e granz
430 e chevaliers pruz e vaillanz,
a une feste u ele irra
sun seignur e lui amerra.
En une abeïe vendrunt ;
par une tumbe qu'il verrunt
435 orrunt renoveler sa mort
e cum il fu ocis a tort.
Iluec li baillera l'espee.
L'aventure li seit cuntee
cum il fu nez, ki l'engendra ;

Au premier regard,
elle reconnaît le chevalier,
s'avance vers lui toute bouleversée
400 et tombe sur lui évanouie.
Et lui, qui l'aime tant, la reçoit dans ses bras,
déplorant longuement son infortune.
Quand elle revient à elle,
il la réconforte tendrement.
405 « Douce amie, je vous en conjure au nom de Dieu,
allez-vous-en, fuyez d'ici !
Je vais bientôt mourir, au milieu du jour.
Et le deuil sera tel
que si l'on vous trouvait ici,
410 on vous ferait un mauvais parti.
Les miens auront tôt fait d'apprendre
que je suis mort pour l'amour de vous.
Je suis très inquiet pour vous !
— Ami, lui répond la dame,
415 j'aime mieux mourir avec vous
que continuer à souffrir avec mon mari.
Si je retourne à lui, il me tuera ! »
Mais le chevalier la rassure
et lui donne un petit anneau
420 en lui expliquant
qu'aussi longtemps qu'elle l'aura au doigt,
son mari n'aura aucun souvenir
de l'aventure
et ne la tourmentera pas.
425 Il lui confie et lui remet son épée
en la conjurant
de ne la donner à personne
mais de la garder pour son fils.
Quand il aura grandi
430 et sera devenu un chevalier preux et vaillant,
elle l'amènera, avec son mari,
à une fête où elle se rendra.
Ils parviendront dans une abbaye
et, devant une tombe qu'ils verront,
435 on leur rappellera l'histoire de sa mort
et du crime perpétré contre lui.
Alors elle remettra l'épée à son fils
et lui racontera l'aventure :
comment il est né, qui l'a engendré.

440 asez verrunt qu'il en fera.
Quant tut li a dit e mustré,
un chier blialt li a doné;
si li cumandë a vestir.
Puis l'a faite de lui partir.
445 Ele s'en vet; l'anel en porte
e l'espee ki la cunforte.
A l'eissue de la cité
n'ot pas demie liwe alé,
quant ele oï les seins suner
450 e le doel el chastel lever
pur lur seignur ki se moreit.
Ele set bien que morz esteit;
de la dolur que ele en a
quatre fiëes se pasma.
455 E quant de pasmeisuns revint,
vers la hoge sa veie tint.
Dedenz entra, ultre est passee,
si s'en revait en sa cuntree.
Ensemblement od sun seignur
460 demura meint di e meint jur,
ki de cel fet ne la reta
ne ne mesdist ne ne gaba.

Sis fiz fu nez e bien nurriz
e bien guardez e bien cheriz.
465 Yonec le firent numer.
El regne ne pot um trover
si bel, si pruz ne si vaillant,
si large ne si despendant.
Quant il fu venuz en eé,
470 a chevalier l'unt adubé.
En l'an meïsmes que ceo fu,
oëz cument est avenu!

A la feste seint Aaron,
qu'on celebrot a Karlion
475 e en plusurs altres citez,
li sire aveit esté mandez,
qu'il i alast od ses amis
a la custume del païs;

440 On verra bien comment il réagira.
Après ces recommandations,
il lui donne une robe précieuse
qu'il lui ordonne de revêtir
et l'oblige à le quitter.
445 Elle s'en va avec l'anneau
et l'épée qui la réconfortent.
Mais à la sortie de la ville,
elle n'a pas parcouru une demi-lieue
quand elle entend les cloches sonner
450 et le deuil s'élever dans le château
pour la mort du seigneur.
Elle comprend qu'il est mort
et de douleur
s'évanouit à quatre reprises.
455 Revenant à elle,
elle poursuit son chemin vers la colline.
Elle y pénètre, la traverse
et regagne son pays.
Auprès de son mari
460 elle vécut ensuite bien des jours
sans jamais entendre le moindre reproche,
la moindre accusation ni la moindre raillerie.

Son fils est né, il a grandi,
entouré de soins et d'affection.
465 On l'a nommé Yonec.
Dans le royaume, il n'était pas de chevalier
si beau, si preux ni si vaillant,
si prodigue en largesses ni si généreux.
Quand il en a eu l'âge,
470 on l'a armé chevalier
et la même année,
écoutez ce qui est arrivé !   *Marie*

À la fête de saint Aaron,
qu'on célèbre à Caerleon[8]
475 et dans bien d'autres cités,
le seigneur avait été invité
avec ses amis,
selon la coutume du pays :

8. Caerleon, dans le pays de Galles.

    sa femme e sun fiz i menast
480 e richement s'apareillast.
    Issi avint, alé i sunt.
    Mes il ne sevent u il vunt;
    ensemble od els ot un meschin,
    kis a menez le dreit chemin,
485 tant qu'il vindrent a un chastel;
    en tut le siecle n'ot plus bel.
    Une abeïe aveit dedenz
    de mult religiüses genz.
    Li vaslez les i herberja,
490 ki a la feste les mena.
    En la chambre ki fu l'abé
    bien sunt servi e honuré.
    El demain vunt la messe oïr;
    puis s'en voleient departir.
495 Li abes vet a els parler;
    mult les prie de surjurner,
    si lur musterra sun dortur,
    sun chapitre e sun refeitur.
    Si cum il sunt bien herbergié,
500 li sire lur a otrié.

    Le jur quant il orent digné,
    as officines sunt alé.
    El chapitre vindrent avant.
    Une tumbe troverent grant,
505 coverte d'un paile roé,
    d'un chier orfreis par mi bendé.
    Al chief, as piez e as costez
    aveit vint cirges alumez.
    D'or fin erent li chandelier,
510 d'ametiste li encensier,
    dunt il encensouent le jur
    cele tumbe par grant honur.
    Il unt demandé e enquis
    a cels ki erent del païs
515 de la tumbe qui ele esteit
    e quels huem fu ki la giseit.
    Cil comencierent a plurer
    e en plurant a recunter,
    que c'ert li mieldre chevaliers
520 e li plus forz e li plus fiers,

il devait amener sa femme et son fils,
480 en riche équipage.
Ils sont donc partis
mais ils ne savent pas où les conduit le destin.
Ils ont avec eux un serviteur
qui les a guidés tout droit
485 jusqu'à un château,
le plus beau du monde.
Il s'y trouvait une abbaye
peuplée de très pieuses personnes.
Le jeune homme qui les conduit à la fête
490 les fait ici loger.
On les sert dans la chambre de l'abbé,
avec beaucoup d'honneurs.
Ils vont le lendemain entendre la messe
avant de partir.
495 Mais l'abbé vient
les prier de rester :
il veut leur montrer son dortoir, —chambre
son chapitre et son réfectoire.
Par reconnaissance pour son hospitalité,
500 le seigneur accède à son vœu.

Le jour même, après le repas,
ils visitent donc les bâtiments de l'abbaye.
En entrant dans le chapitre,
ils découvrent une grande tombe,
505 couverte d'une soierie ornée de rosaces
et coupée par une broderie d'or.
À la tête, aux pieds et aux côtés du mort,
vingt cierges allumés,
dans des chandeliers d'or fin ;
510 des encensoirs d'améthyste
répandent toute la journée de l'encens
pour mieux honorer cette tombe.
Les visiteurs demandent
aux gens du pays
515 qui repose
dans cette tombe.
Les autres se mettent alors à pleurer
et à leur expliquer
que c'était le meilleur,
520 le plus fort et le plus fier,

li plus beals e li plus amez
ki ja mes seit el siecle nez.
'De ceste terre ot esté reis;
unques ne fu nuls si curteis.
525 A Caruënt fu entrepris,
pur l'amur d'une dame ocis.
Unques puis n'eümes seignur,
ainz avum atendu meint jur
un fiz qu'en la dame engendra,
530 si cum il dist e cumanda.'
Quant la dame oï la novele,
a halte voiz sun fiz apele.
'Beals fiz', fet ele, 'avez oï
cum Deus nus a amenez ci!
535 C'est vostre pere ki ci gist,
que cist villarz a tort ocist.
Or vus comant e rent s'espee;
jeo l'ai asez lung tens guardee.'
Oiant tuz li a coneü
540 qu'il l'engendra e sis fiz fu,
cum il suleit venir a li,
e cum sis sire le traï;
l'aventure li a cuntee.
Sur la tumbe cheï pasmee;
545 en la pasmeisun devia:
unc puis a hume ne parla.
Quant sis fiz veit que morte fu,
sun parastre a le chief tolu.
De l'espee ki fu sun pere
550 a dunc vengié lui e sa mere.
Puis que si fu dunc avenu
e par la cité fu seü,
a grant honur la dame unt prise
e el sarcu posee e mise
555 delez le cors de sun ami;
Deus lur face bone merci!
Lur seignur firent d'Yonec,
ainz que il partissent d'ilec.

Cil ki ceste aventure oïrent
560 lunc tens aprés un lai en firent,
de la peine e de la dolur
que cil sufrirent pur amur.

le plus beau et le plus aimé
de tous les chevaliers du monde.
Il avait été le roi de ce pays
et jamais on n'en avait connu de plus courtois.
525 Mais à Caerwent il avait été pris dans un piège
et tué pour l'amour d'une dame :
« Depuis nous n'avons plus de seigneur,
mais nous attendons depuis longtemps,
selon ses ordres,
530 le fils qu'il a eu de cette dame. »
À cette révélation,
la dame appelle son fils d'une voix forte :
« Mon fils, dit-elle, vous avez entendu,
c'est Dieu qui nous a conduits ici !
535 C'est votre père qui repose dans cette tombe,
votre père que ce vieillard a tué injustement !
Maintenant je vous confie et je vous remets son épée,
que je garde depuis bien longtemps ! »
Devant tous, elle lui révèle
540 qu'il est le fils de ce chevalier,
lui explique comment son amant lui rendait visite
et comment il a été tué traîtreusement par son mari :
elle lui raconte toute l'aventure.
Puis elle tombe évanouie sur la tombe
545 et meurt
sans prononcer d'autre parole.
Quand son fils la voit morte,
il coupe la tête de son beau-père :
avec l'épée de son père,
550 il a ainsi vengé et son père et sa mère.
Quand les habitants de la cité
apprirent ce qui était arrivé,
ils vinrent solennellement prendre le corps de la dame
pour la déposer dans le tombeau,
555 près du corps de son ami :
que Dieu leur soit miséricordieux !
Puis avant de quitter les lieux,
ils firent d'Yonec leur seigneur.

Ceux qui entendirent raconter cette aventure,
560 bien plus tard en tirèrent un lai,
pour rappeler la peine et la douleur
qu'endurèrent ces deux amants.

VIII

Aüstic

Une aventure vus dirai,
dunt li Bretun firent un lai.
L'Aüstic a nun, ceo m'est vis,
si l'apelent en lur païs;
5 ceo est russignol en Franceis
e *nihtegale* en dreit Engleis.

En Seint Malo en la cuntree
ot une vile renumee.
Dui chevalier ilec maneient
10 e dous forz maisuns i aveient.
Pur la bunté des dous baruns
fu de la vile bons li nuns.
Li uns aveit femme espusee,
sage, curteise e acesmee;
15 a merveille se teneit chiere
sulunc l'usage e la maniere.
Li altre fu uns bachelers,
bien coneüz entre ses pers,
de pruësce, de grant valur
20 e volentiers faiseit honur.
Mult turneiot e despendeit
e bien donot ceo qu'il aveit.
La femme sun veisin ama.
Tant la requist, tant la preia
25 e tant par ot en lui grant bien
qu'ele l'ama sur tute rien,
tant pur le bien qu'ele en oï,
tant pur ceo qu'il ert pres de li.
Sagement e bien s'entramerent.
30 Mult se covrirent e guarderent

VIII

Le Rossignol

Je vais vous raconter une aventure
dont les Bretons ont tiré un lai
qu'ils nomment *Le laüstic*, je crois[1],
dans leur pays,
5 c'est-à-dire *Le rossignol* en français
et *The nightingale* en bon anglais.

Dans la région de Saint-Malo,
il y avait une ville réputée,
où vivaient deux chevaliers,
10 dans deux demeures fortifiées.
La valeur de ces deux seigneurs
contribuait beaucoup au renom de la ville.
L'un avait pour femme
une dame pleine de sagesse, de courtoisie et de grâce,
15 dont la parfaite conduite
répondait aux usages et aux bonnes manières.
Le second, jeune et célibataire,
renommé parmi ses pairs
pour sa prouesse et sa valeur,
20 menait une vie fastueuse :
il participait à de nombreux tournois, dépensait sans [compter
et multipliait les largesses.
Il s'éprit de la femme de son voisin.
Toutes ses requêtes et ses prières,
25 mais aussi ses grands mérites
finirent par lui valoir l'amour passionné de la dame :
c'est qu'elle n'entendait dire de lui que du bien,
et aussi qu'il habitait tout près d'elle.
Ils s'aimèrent donc avec prudence,
30 prenant soin de se cacher

---

1. Dans le manuscrit H (le seul à donner ce lai), le nom du rossignol est *le laustic* (en deux ou trois syllabes), de l'ancien breton *aostic*, rossignol. K. Warnke a corrigé en *l'aüstic*, sans agglutination. Sur ce lai, voir J. Ribard, « Le lai du *Laüstic*, Structure et signification », *Le Moyen Âge*, 76, 1970, pp. 263-274.

qu'il ne fussent aparceü
ne desturbé ne mescreü.
E il le poeient bien faire,
kar pres esteient lur repaire,
35 preceines furent lur maisuns
e lur sales e lur dunjuns;
n'i aveit barre ne devise
fors un halt mur de piere bise.
Des chambres u la dame jut,
40 quant a la fenestre s'estut,
poeit parler a sun ami,
de l'altre part e il a li,
e lur aveirs entrechangier
e par geter e par lancier.
45 N'unt guaires rien ki lur desplaise
(mult esteient amdui a aise)
fors tant qu'il ne poeent venir
del tut ensemble a lur plaisir;
kar la dame ert estreit guardee,
50 quant cil esteit en la cuntree.
Mes de tant aveient retur,
u fust par nuit, u fust par jur,
qu'ensemble poeient parler;
nuls nes poeit de ceo guarder
55 qu'a la fenestre n'i venissent
e iloec ne s'entreveïssent.
Lungement se sunt entramé,
tant que ceo vint a un esté,
que bruil e pre sunt reverdi
60 e li vergier erent fluri.
Cil oiselet par grant dulçur
mainent lur joie en sum la flur.
Ki amur a a sun talent,
n'est merveille s'il i entent.
65 Del chevalier vus dirai veir:
il i entent a sun poeir
e la dame de l'altre part
e de parler e de reguart.
Les nuiz quant la lune luiseit
70 e sis sire culchiez esteit,
de juste lui sovent levot
e de sun mantel s'afublot.
A la fenestre ester veneit

et de n'être pas surpris
ni soupçonnés :
ce qui leur était facile,
car leurs demeures étaient toutes proches,
35 leurs maisons voisines,
ainsi que les grandes salles de leurs donjons.
Nulle barrière, nulle autre séparation
qu'un grand mur de pierre grise.
De la fenêtre de sa chambre,
40 la dame, debout à sa fenêtre,
pouvait parler à son ami,
de l'autre côté, et il lui répondait.
Ils pouvaient échanger des cadeaux
qu'ils se lançaient d'une fenêtre à l'autre.
45 Rien ne troublait donc
leur bonheur
que l'impossibilité de se rejoindre
à leur guise ;
car la dame était surveillée de près
50 quand son ami était dans le pays.
Mais ils se consolaient
en se parlant,
de nuit et de jour :
personne ne pouvait les empêcher
55 de venir à la fenêtre
et de se voir de loin.
Ils se sont donc longtemps aimés,
jusqu'à un printemps :
bois et prés avaient reverdi
60 et les jardins étaient fleuris.
Les oiseaux chantaient doucement
leur joie dans les fleurs.
Quand on aime,
on ne peut alors penser qu'à l'amour.
65 Le chevalier, en vérité,
s'y abandonne de tout son cœur,
tout comme la dame, de l'autre côté du mur,
qui échange avec lui paroles et regards.
La nuit, au clair de lune,
70 quand son mari était couché,
elle se levait de son lit,
prenait son manteau
et venait à la fenêtre,

pur sun ami qu'el i saveit,
75 ki altel vie demenot;
le plus de la nuit en veillot.
Delit aveient al veeir,
quant plus ne poeient aveir.
Tant i estut, tant i leva
80 que sis sire s'en curuça
e meinte feiz li demanda
pur quei levot e u ala.
'Sire', la dame li respunt,
'il nen a joie en icest mund,
85 ki nen ot l'aüstic chanter;
pur ceo me vois ici ester.
Tant dulcement l'i oi la nuit
que mult me semble grant deduit;
tant me delite e tant le vueil
90 que jeo ne puis dormir de l'ueil.'
Quant li sire ot que ele dist,
d'ire e de maltalent en rist.
D'une chose se purpensa,
que l'aüstic enginera.
95 Il n'ot vaslet en sa maisun
ne face engin, reiz u laçun;
puis les metent par le vergier.
N'i ot coldre ne chastaignier
u il ne metent laz u glu,
100 tant que pris l'unt e retenu.
Quant si l'aüstic orent pris,
al seignur fu renduz tuz vis.
Mult en fu liez, quant il le tint.
As chambres a la dame vint.
105 'Dame', fet il, 'u estes vus?
Venez avant! Parlez a nus!
Jeo ai l'aüstic engignié,
pur quei vus avez tant veillié.
Des or poëz gisir en pais;
110 il ne vus esveillera mais!'
Quant la dame l'a entendu,
dolente e cureçuse fu.
A sun seignur l'a demandé,
e il l'ocist par engresté.
115 Le col li runt a ses dous meins:
de ceo fist il que trop vileins.

pour voir son ami, dont elle savait
75 qu'il en faisait tout autant :
elle restait éveillée la plus grande partie de la nuit.
Ils goûtaient le plaisir de se voir,
puisqu'ils ne pouvaient avoir plus.
Mais la dame, à force de se lever pour venir à la fenêtre,
80 suscita la colère de son mari
qui lui demanda à plusieurs reprises
pourquoi elle se levait et où elle allait.
« Seigneur, lui répond la dame,
il ne connaît pas la joie en ce monde,
85 celui qui n'entend pas le rossignol chanter :
voilà pourquoi je vais à ma fenêtre.
La nuit, son chant si doux
me remplit d'un tel bonheur,
je désire tant l'écouter
90 que je ne peux pas fermer l'œil. »
À ces mots, le mari,
furieux, a un sourire moqueur :
il décide
de prendre le rossignol au piège.
95 Tous les serviteurs de la maison
se mettent à fabriquer pièges, filets et lacets
qu'ils disposent dans le jardin.
Dans tous les noisetiers, dans tous les châtaigniers
ils mettent des lacets ou de la glu,
100 si bien qu'ils ont capturé le rossignol
qu'ils ont remis vivant à leur maître.
Celui-ci, tout heureux
de le tenir,
entre dans la chambre de la dame.
105 « Dame, dit-il, où êtes-vous donc ?
Venez me voir !
J'ai capturé le rossignol
qui vous a tant fait veiller !
Désormais vous pouvez dormir tranquille,
110 il ne vous réveillera plus ! »
Triste et peinée,
la dame, à ces mots,
demande l'oiseau à son mari
qui le tue par pure méchanceté,
115 en lui tordant le cou :
il avait bien l'âme d'un vilain !

Sur la dame le cors geta,
si que sun chainse ensanglenta
un poi desur le piz devant.
120 De la chambre s'en ist a tant.
La dame prent le cors petit.
Durement plure e si maldit
tuz cels ki l'aüstic traïrent,
les engins e les laçuns firent,
125 kar mult li unt toleit grant hait.
'Lasse', fet ele, 'mal m'estait !
Ne purrai mes la nuit lever
n'aler a la fenestre ester,
u jeo sueil mun ami veeir.
130 Une chose sai jeo de veir,
il quidera que jeo me feigne.
De ceo m'estuet que cunseil preigne :
l'aüstic or li trametrai,
l'aventure li manderai !'
135 En une piece de samit,
a or brusdé e tut escrit,
a l'oiselet envolupé.
Un suen vaslet a apelé.
Sun message li a chargié,
140 a sun ami l'a enveié.
Cil est al chevalier venuz.
De sa dame li dist saluz,
tut sun message li cunta
e l'aüstic li presenta.
145 Quant tut li a dit e mustré
e il l'aveit bien esculté,
de l'aventure esteit dolenz ;
mes ne fu pas vileins ne lenz.
Un vaisselet a fet forgier.
150 Unkes n'i ot fer ne acier :
tuz fu d'or fin od bones pieres,
mult preciüses e mult chieres ;
covercle i ot tresbien asis.
L'aüstic aveit dedenz mis ;
155 puis fist la chasse enseeler,
tuz jurs l'a faite od lui porter.

Il jette sur la dame le cadavre,
qui tache de sang sa robe,
sur le devant, juste à l'endroit du cœur.
120 Puis il quitte la chambre.
Alors la dame prend le petit cadavre,
pleure tendrement et maudit
tous ceux qui ont trahi le rossignol
en fabriquant pièges et lacets :
125 ils l'ont privée de sa joie.
« Hélas, dit-elle, je suis bien malheureuse !
Je ne pourrai plus me lever la nuit
pour me tenir à la fenêtre
et continuer à voir mon ami.
130 Je sais bien qu'il va croire
que je le délaisse. *abandonner*
Il faut trouver une solution.
Je vais lui envoyer le rossignol
et lui faire savoir l'aventure. »
135 Dans une étoffe de soie
sur laquelle elle a brodé leur histoire en lettres d'or,
elle a enveloppé l'oiseau.
Elle a appelé un serviteur,
lui a confié son message
140 et l'a envoyé à son ami.
Celui-ci arrive chez le chevalier,
lui transmet le salut de sa dame
et lui délivre son message
en lui présentant le rossignol.
145 Il a tout raconté
et le chevalier l'a bien écouté.
L'aventure le remplit de chagrin.
Mais il a vite fait d'agir en homme courtois.
Il a fait forger un coffret, *une boîte*
150 qu'il n'a pas voulu de fer ni d'acier,
mais d'or fin serti des pierres
les plus précieuses,
avec un couvercle bien fixé :
il y a placé le rossignol *enfermer*
155 puis il a fait sceller cette châsse
que désormais il a toujours gardée près de lui.

Cele aventure fu cuntee,
ne pot estre lunges celee.
Un lai en firent li Bretun
160 e l'Aüstic l'apelë hum.

On raconta cette aventure
qui ne put rester longtemps cachée.
Les Bretons en firent un lai
160 que l'on appelle *Le rossignol*.

Milun

Ki divers cuntes vuelt traitier,
diversement deit comencier
e parler si raisnablement
que il seit plaisible a la gent.
5 Ici comencerai Milun
e musterrai par brief sermun
pur quei e coment fu trovez
li lais ki issi est numez.

Milun fu de Suhtwales nez.
10 Puis le jur qu'il fu adubez
ne trova un sul chevalier
ki l'abatist de sun destrier.
Mult par esteit bons chevaliers,
frans e hardiz, curteis e fiers.
15 Mult fu coneüz en Irlande
e en Norweie e en Guhtlande;
en Loegres e en Albanie
ourent plusur de lui envie.
Pur sa pruësce ert mult amez
20 e de mulz princes honurez.
En sa cuntree ot un barun,
mes jeo ne sai numer sun nun.
Il aveit une fille, bele
e mult curteise dameisele.
25 Ele ot oï Milun nomer;
mult le cumença a amer.
Par sun message li manda
que, se li plaist, el l'amera.
Milun fu liez de la novele,
30 si'n mercia la dameisele;
volentiers otria l'amur,
n'en partira ja mes nul jur.
Asez li fait curteis respuns.

IX

Milon

Qui veut composer des contes variés
doit varier le début de ses récits
et veiller par son art
à plaire au public.
5 Je vais donc commencer *Milon*
et vous expliquer brièvement
pourquoi et comment fut composé
le lai qui porte ce nom.

Milon était né dans le sud du pays de Galles.
10 Depuis le jour de son adoubement,
pas un seul chevalier
n'avait réussi à le désarçonner.
C'était un excellent chevalier,
noble et hardi, courtois et fier.
15 Il était fort réputé en Irlande,
en Norvège, dans le Jutland[1];
dans le pays de Logres et en Écosse,
il faisait bien des envieux.
Sa prouesse lui valait bien des amitiés
20 ainsi que des marques d'honneur de la part des princes.
Dans son pays vivait un baron
dont je ne sais pas le nom.
Il avait pour fille
une belle et courtoise demoiselle
25 qui entendit parler de Milon
et se mit à l'aimer.
Par un messager,
elle lui fit offrir son amour.
Milon, heureux de cette nouvelle,
30 remercia la demoiselle
et lui accorda volontiers son amour,
en jurant de lui rester toujours fidèle.
Sa réponse est pleine de courtoisie.

---

1. *Guhtlande* peut désigner le Jutland ou l'île de Gotland dans la Baltique.

Al message dona granz duns
35 e grant amistié li premet.
'Amis', fet il, 'or t'entremet
qu'a m'amie puisse parler
e de nostre cunseil celer.
Mun anel d'or li porterez
40 e de meie part li durrez.
Quant li plaira, si vien pur mei,
e jeo irai ensemble od tei.'
Cil prent cungié, a tant le lait.
A sa dameisele revait.
45 L'anel li dune, si li dist
que bien a fet ceo que il quist.
Mult fu la dameisele liee
de l'amur issi otriëe.
Delez sa chambre en un vergier
50 u ele alout esbaneier,
la justouent lur parlement
Milun e ele bien suvent.
Tant i vint Milun, tant l'ama
que la dameisele enceinta.
55 Quant aparçut qu'ele est enceinte,
Milun manda, si fist sa pleinte.
Dist li cument est avenu,
s'onur e sun bien a perdu,
quant de tel fet s'est entremise ;
60 de li iert faite granz justise :
a glaive sera turmentee
u vendue en altre cuntree.
Ceo fu custume as anciëns
e s'i teneient en cel tens.
65 Milun respunt que il fera
quan que ele cunseillera.
'Quant li enfes,' fait ele, 'iert nez,
a ma serur l'en porterez,
ki en Norhumbre est mariëe,
70 riche dame, pruz e senee,
si li manderez par escrit
e par paroles e par dit
que c'est li enfes sa serur,
si'n a sufert meinte dolur.
75 Or guart que il seit bien nurriz,
quels que ço seit, u fille u fiz.

Il comble le messager de cadeaux
35 et promet de lui manifester son amitié.
« Ami, dit-il, fais en sorte
que je puisse parler à mon amie
en secret.
Tu lui porteras mon anneau d'or
40 que tu lui offriras de ma part.
Quand elle voudra me voir, viens me chercher,
et je te suivrai. »
Le messager prend congé, quitte Milon
et rejoint sa maîtresse.
45 Il lui remet l'anneau en lui disant
qu'il a mené à bien sa mission.
La demoiselle est tout heureuse
d'avoir ainsi obtenu l'amour de Milon.
Près de sa chambre, il y avait un jardin
50 où souvent elle allait se promener :
c'est là que Milon, souvent,
venait la rejoindre.
Ils se rencontrèrent et s'aimèrent si bien
que la demoiselle devint enceinte.
55 Quand elle s'en aperçoit,
elle appelle Milon et se lamente.
Elle lui dit ce qui est arrivé :
une telle situation
la prive de son honneur et de son repos.
60 Elle sera cruellement châtiée,
suppliciée par l'épée
ou vendue comme esclave dans un pays étranger.
C'était en effet la coutume ancienne
qu'on observait alors.
65 Milon répond qu'il fera
tout ce qu'elle décidera.
« Quand l'enfant sera né, dit-elle,
vous le porterez à ma sœur,
qui est mariée et vit en Northumberland :
70 c'est une dame puissante, pleine de valeur et de sagesse.
Vous lui remettrez une lettre de moi
et lui expliquerez de vive voix
que vous lui confiez l'enfant de sa sœur,
qui lui a valu bien des souffrances.
75 Qu'elle veille à bien l'élever,
que ce soit une fille ou un garçon !

Vostre anel al col li pendrai
e un brief li enveierai ;
escriz i iert li nuns sun pere
80 e l'aventure de sa mere.
Quant il sera granz e creüz
e en tel eage venuz
que il sace raisun entendre,
le brief e l'anel li deit rendre,
85 si li cumant tant a guarder
que sun pere puisse trover.'

A cel cunseil se sunt tenuz,
tant que li termes est venuz
que la dameisele enfanta.
90 Une vieille ki la guarda,
a qui tut sun estre geï,
tant la cela, tant la covri,
unques n'en fu aparcevance
en parole ne en semblance.
95 La meschine ot un fiz mult bel.
Al col li pendirent l'anel
e une almosniere de seie
avuec le brief que nuls nel veie.
Puis le culchent en un berçuel,
100 envolupé d'un blanc linçuel.
Dedesuz la teste a l'enfant
mistrent un oreillier vaillant
e desus lui un covertur,
urlé de martre tut en tur.
105 La vieille l'a Milun baillié,
ki l'a atendue el vergier.
Il le comanda a tel gent
ki l'en porterent leialment.
Par les viles u il errouent
110 set feiz le jur se reposoënt ;
l'enfant faiseient alaitier,
culchier de nuvel e baignier.
Tant unt le dreit chemin erré
qu'a la dame l'unt comandé.
115 El le receut, si l'en fu bel.
Le brief receut e le seel ;
quant ele sot ki il esteit,

J'attacherai votre anneau au cou de l'enfant
et enverrai à ma sœur une lettre
avec le nom de son père
80 et l'aventure de sa mère.
Quand il aura grandi
et qu'il aura l'âge
de comprendre,
elle devra lui remettre la lettre et l'anneau,
85 en lui ordonnant de les garder
jusqu'à ce qu'il ait retrouvé son père. »

Ils s'en sont tenus à cette décision
jusqu'au moment
de l'accouchement.
90 Une vieille femme qui veillait sur la demoiselle
et à qui elle avait révélé son secret,
la cacha et la protégea si bien
que personne ne découvrit la vérité
ni dans ses paroles ni dans son apparence.
95 La jeune femme accouche d'un très beau fils :
à son cou on attache l'anneau
ainsi qu'une aumônière de soie
qui contient la lettre, bien cachée.
On le couche dans un berceau
100 enveloppé d'un drap de lin blanc,
avec sous sa tête
un oreiller précieux
et sur lui une couverture
toute bordée de martre.
105 La vieille femme le donne à Milon,
qui attendait dans le jardin.
Et lui le confie à des serviteurs loyaux
qui l'emportent :
sept fois par jour,
110 ils s'arrêtent dans les villes qu'ils traversent
pour faire allaiter l'enfant,
changer ses couches et le baigner.
Ils sont allés tout droit
jusqu'au château de la dame, à qui ils ont remis l'enfant.
115 Elle l'accueille avec joie,
et apprenant qui il était
par le message scellé,

a merveille le cherisseit.
Cil ki l'enfant orent porté
120 en lur païs sunt returné.

Milun eissi fors de sa terre
en soldees pur sun pris querre.
S'amie remest a maisun.
Sis pere li duna barun,
125 un mult riche hume del païs,
mult esforcible e de grant pris.
Quant ele sot cele aventure,
mult est dolente a desmesure
e suvent regrete Milun.
130 Car mult dute la mesprisun
de ceo qu'ele ot eü enfant;
il le savra demeintenant.
'Lasse', fet ele, 'que ferai?
Avrai seignur? Cum le prendrai?
135 Ja ne sui jeo mie pucele;
a tuz jurs mes serai ancele!
Jeo ne soi pas que fust issi,
ainz quidoue aveir mun ami;
entre nus celissum l'afaire,
140 ja ne l'oïsse aillurs retraire.
Mielz me vendreit murir que vivre;
mes jeo ne sui mie a delivre,
ainz ai asez sur mei guardeins
vielz e juefnes, mes chamberleins,
145 ki tuz jurs heent bone amur
e se delitent en tristur.
Or m'estuvra issi sufrir,
lasse, quant jeo ne puis murir.'
Al terme qu'ele fu donee,
150 sis sire l'en a amenee.

Milun revint en sun païs.
Mult fu dolenz, mult fu pensis,
grant doel fist, grant doel demena;
mes de ceo se recunforta
155 que pres esteit de sa cuntree
cele qu'il tant aveit amee.

se met à le chérir tendrement.
Quant aux serviteurs qui l'avaient amené,
120 ils retournent dans leur pays.

Milon avait quitté son pays
pour louer ses services et gagner la gloire.
Mais son amie est restée chez elle :
son père l'a promise en mariage
125 à un grand seigneur du pays,
puissant et renommé.
L'annonce de cette mésaventure
la désespère :
elle ne cesse de pleurer Milon
130 car elle redoute d'être châtiée
pour avoir eu un enfant :
son mari le saura tout de suite.
« Hélas, dit-elle, que faire ?
Prendre un époux ? Mais comment ?
135 Je ne suis plus vierge ;
je deviendrai servante toute ma vie !
Je ne savais pas qu'il en irait ainsi,
je pensais épouser mon ami
et cacher avec lui cette affaire
140 sans jamais plus en entendre parler.
Mieux vaudrait mourir que vivre ainsi !
Mais je ne suis pas libre,
je suis entourée de gardiens :
mes domestiques, les jeunes comme les vieux,
145 qui détestent les loyaux amants
et prennent plaisir à leur malheur.
Il me faudra donc endurer mon sort,
malheureuse que je suis, puisque je ne peux pas mourir ! »
Et le jour fixé pour le mariage,
150 son époux l'a emmenée.

Milon revient dans son pays :
plein de chagrin et de tristesse,
il est tout à sa douleur.
Son seul réconfort est dans l'idée
155 qu'il est tout près de la contrée
où vit celle qu'il a tant aimée.

Milun se prist a purpenser
coment il li purra mander,
si qu'il ne seit aparceüz,
160 qu'il est el païs revenuz.
Ses letres fist, sis seela.
Un cisne aveit qu'il mult ama ;
le brief li a al col lié
e dedenz la plume muscié.
165 Un suen esquiër apela,
sun message li encharja.
'Va tost', fet il, 'change tes dras !
Al chastel m'amie en irras.
Mun cisne porteras od tei.
170 Guarde que en prenges cunrei,
u par servant u par meschine,
que presentez li seit li cisne.'
Cil a fet sun comandement.
A tant s'en vet ; le cigne prent.
175 Tut le dreit chemin que il sot
al chastel vint, si cum il pot.
Parmi la vile est trespassez,
a la mestre porte est alez.
Le portier apela a sei.
180 'Amis', fet il, 'entent a mei !
Jeo sui uns huem de tel mestier,
d'oisels prendre me sai aidier.
En un pre desuz Karliün
un cisne pris od mun laçun.
185 Pur force e pur meintenement
la dame en vueil faire present,
que jeo ne seie desturbez
en cest païs, achaisunez.'
Li bachelers li respundi :
190 'Amis, nuls ne parole a li ;
mes nepurec j'irai saveir.
Se jeo poeie liu veeir
que jeo t'i peüsse mener,
jeo te fereie a li parler.'
195 En la sale vint li portiers,
n'i trova fors dous chevaliers ;

Il cherche alors un moyen
pour lui faire savoir
secrètement
160 qu'il est revenu dans le pays.
Il écrit sa lettre et la scelle.
Il l'attache au cou
d'un cygne qu'il aimait beaucoup
et la cache dans les plumes.
165 Puis il appelle un écuyer
et le charge de son message :
« Change vite tes vêtements
et va au château de mon amie,
avec mon cygne ;
170 et là, arrange-toi
pour que le cygne lui soit offert,
par l'intermédiaire d'un valet ou d'une servante ! »
L'écuyer, obéissant,
s'en va avec le cygne,
175 le plus vite possible,
tout droit vers le château.
Il traverse la ville,
gagne la porte principale du château
et interpelle le portier :
180 « Ami, écoute-moi !
je suis oiseleur
de mon état.
Dans une prairie, au pied de Caerleon,
j'ai capturé un cygne au lacet.
185 Je veux l'offrir à la dame
pour obtenir son appui et sa protection[2]
et pour éviter d'être inquiété
ou accusé dans ce pays. »
Le jeune homme lui répond :
190 « Ami, personne ne peut lui parler ;
mais je vais tout de même m'informer.
Si je pouvais parvenir à la voir,
je te conduirais à elle
et tu pourrais lui parler. »
195 Le portier entre dans la grande salle,
où il ne trouve que deux chevaliers

---

2. La traduction de ce vers est de J. Rychner, qui le retrouve dans deux passages
de l'*Eneas* (vv. 3133 et 4732).

sur une grant table seeient,
od uns eschés se deduieient.
Hastivement returne ariere.
200 Celui ameine en tel maniere
que de nului ne fu seüz,
desturbez ne aparceüz.
A la chambre vient, si apele ;
l'us lur ovri une pucele.
205 Cil sunt devant la dame alé,
si unt le cigne presenté.
Ele apela un suen vaslet.
Puis si li dit : 'Or t'entremet
que mis cignes seit bien guardez
210 e que il ait viande asez !'
'Dame', fet cil ki l'aporta,
'ja nuls fors vus nel recevra.
E ja est ceo presenz reials ;
veez cum il est bons e beals !'
215 Entre ses mains li baille e rent.
El le receit mult bonement.
Le col li manie e le chief,
desuz la plume sent le brief
Li sans li remut e fremi :
220 bien sot qu'il vint de sun ami.
Celui a fet del suen doner,
si l'en cumanda a aler.

Quant la chambre fu delivree,
une meschine a apelee.
225 Le brief aveient deslïe ;
ele en a le seel bruisié.
Al primier chief trova 'Milun'.
De sun ami cunut le nun ;
cent feiz le baisë en plurant,
230 ainz qu'ele puisse lire avant.
Al chief de piece veit l'escrit,
ceo qu'il ot cumandé e dit,
les granz peines e la dolur
que Milun suefre nuit e jur.
235 Ore est del tut en sun plaisir
de lui ocire u de guarir.
S'ele seüst engin trover

assis à une grande table
et occupés à jouer aux échecs.
Il retourne vite sur ses pas
200 et entraîne le messager
sans être aperçu
de personne.
À la chambre de la dame, il appelle
et une jeune fille vient leur ouvrir la porte.
205 Ils s'approchent alors de la dame
et lui offrent le cygne.
Elle appelle un de ses serviteurs
et lui dit : « Veille à ce que
mon cygne soit bien traité
210 et bien nourri !
— Dame, dit le messager,
vous êtes la seule à pouvoir le recevoir
et c'est bien un présent royal :
voyez comme il est noble et beau ! »
215 Il le lui donne en le plaçant entre ses mains
et la dame le reçoit avec plaisir,
lui caressant la tête et le cou.
Sous les plumes elle sent la lettre :
son sang ne fait qu'un tour
220 car elle a bien compris que le cygne venait de son ami.
Elle fait remettre un don au messager
puis le congédie.

Quand la chambre est vide,
elle appelle une servante
225 qui l'aide à détacher la lettre.
Elle brise le sceau
et reconnaît en tête de la lettre
le nom de son ami : « Milon »,
qu'elle embrasse cent fois en pleurant
230 avant de pouvoir continuer sa lecture.
Un peu plus tard, elle lit
tout le contenu de la lettre,
qui lui apprend toutes les souffrances
que Milon endure jour et nuit.
235 Il s'en remet maintenant entièrement à elle
pour décider de sa vie ou de sa mort.
Si elle pouvait trouver un stratagème

  cum il peüst a li parler,
  par ses letres li remandast
240 e le cisne li renveiast.
  Primes le face bien guarder,
  puis si le laist tant jeüner
  treis jurs que il ne seit peüz;
  li briés li seit al col penduz;
245 laist l'en aler: il volera
  la u il primes conversa.
  Quant ele ot tut l'escrit veü
  e ceo qu'ele[3] i ot entendu,
  le cigne fet bien surjurner
250 e forment pestre e abevrer.
  Dedenz sa chambre un meis le tint.
  Mes ore oëz cum l'en avint!
  Tant quist par art e par engin
  que ele ot enke e parchemin.
255 Un brief escrist tel cum li plot,
  od un anel l'enseelot.
  Le cigne ot laissié jeüner;
  al col li pent, sil lait aler.
  Li oisels esteit fameillus
260 e de viande coveitus;
  hastivement est revenuz
  la dunt il primes fu meüz.
  En la vile e en la maisun
  descent devant les piez Milun.
265 Quant il le vit, mult en fu liez;
  par les eles le prent haitiez.
  Il apela sun despensier,
  si li fet doner a mangier.
  Del col li a le brief osté.
270 De chief en chief l'a esguardé,
  les enseignes qu'il i trova,
  e des saluz se rehaita:
  'ne puet senz lui nul bien aveir;
  or li remant tut sun voleir
275 par le cigne sifaitement!'
  Si fera il hastivement.

---

3. Il faut corriger, au v. 248, *ele* en *il*.

pour le rencontrer,
elle n'avait qu'à le lui faire savoir par une lettre
240 en lui renvoyant le cygne.
Il suffisait de prendre d'abord bien soin de l'oiseau
puis de le laisser jeûner
trois jours sans la moindre nourriture,
avant de lui attacher la lettre au cou
245 et de le laisser partir : il s'envolerait
jusqu'à sa première demeure.
Quand la dame a terminé la lecture de la lettre
et bien compris les directives,
elle laisse le cygne se reposer,
250 lui fait donner à manger et à boire en abondance.
Elle le garde un mois dans sa chambre.
Mais écoutez maintenant la suite de l'histoire !
À force d'habileté et de ruse,
la dame se procure encre et parchemin :
255 elle écrit le message qu'elle souhaite transmettre à Milon
et le scelle de son anneau.
Elle laisse jeûner le cygne,
lui attache la lettre au cou et le laisse partir.
L'oiseau, affamé
260 et avide de nourriture,
revient en toute hâte
à son point de départ,
dans la ville puis dans la maison,
où il s'abat aux pieds de Milon.
265 Celui-ci, tout heureux de le voir,
le prend joyeusement par les ailes,
appelle son intendant
et lui ordonne de nourrir l'oiseau.
Il lui détache la lettre du cou,
270 la parcourt de bout en bout,
examine les signes de reconnaissance qu'elle contient
et se réjouit des salutations que la dame lui envoie :
elle lui dit qu'elle ne peut sans lui connaître le bonheur ;
qu'il lui fasse donc savoir ses intentions
275 de la même manière, par l'intermédiaire du cygne !
C'est ce que Milon va s'empresser de faire.

Vint anz menerent cele vie
Milun entre lui e s'amie.
Del cigne firent messagier,
280 n'i aveient altre enparlier,
e sil faiseient jeüner
ainz qu'il le laissassent voler;
cil a qui li oisels veneit,
ceo saciez, que il le paisseit.
285 Ensemble vindrent plusurs feiz.
Nuls ne puet estre si destreiz
ne si tenuz estreitement
que il ne truisse liu sovent.

La dame ki lur fiz nurri,
290 (tant ot esté ensemble od li
qu'il esteit venuz en eé),
a chevalier l'a adubé.
Mult i aveit gent dameisel.
Le brief li rendi e l'anel.
295 Puis li a dit ki est sa mere,
e l'aventure de sun pere,
e cum il est bons chevaliers,
tant pruz, tant hardiz e tant fiers,
n'ot en la terre nul meillur
300 de sun pris ne de sa valur.
Quant la dame li ot mustré
e il l'aveit bien esculté,
del bien sun pere s'esjoï;
liez fu de ceo qu'il ot oï.
305 A sei meïsmes pense e dit:
'Mult se deit huem preisier petit,
quant il issi fu engendrez
e sis pere est si alosez,
s'il ne se met en greignur pris
310 fors de la terre e del païs.'
Asez aveit sun estuveir.
Il ne demure fors le seir;
el demain aveit pris cungié.
La dame l'a mult chastïé
315 e de bien faire amonesté;
asez li a aveir doné.

Vingt ans durant, Milon et son amie
ont mené cette vie,
faisant du cygne leur messager,
280 car ils n'avaient pas d'autre intermédiaire.
Ils le faisaient jeûner
avant de le laisser s'envoler ;
et celui que l'oiseau rejoignait,
sachez-le, se chargeait de le nourrir.
285 Ils se sont rencontrés plusieurs fois
car même le prisonnier
le plus étroitement surveillé
trouve souvent une occasion favorable.

La dame qui élevait leur fils
290 l'a fait armer chevalier ;
car le temps avait si bien passé
qu'il en avait maintenant l'âge.
C'était le plus noble des jeunes gens !
Elle lui a remis la lettre et l'anneau
295 puis lui a révélé le nom de sa mère
et l'aventure de son père :
comme Milon est bon chevalier,
si vaillant, si hardi et si fier
que nul dans le pays ne peut le surpasser
300 en réputation et en valeur.
Le jeune homme a bien écouté
les révélations de la dame
et, tout heureux de ce qu'il vient d'entendre,
se réjouit de la bravoure de son père.
305 Il se dit
qu'un homme engendré
par un père si renommé
serait bien méprisable
de ne pas rechercher plus de gloire encore
310 loin de sa terre et de son pays.
Ayant largement tout ce qu'il lui faut,
il ne reste au château que le soir
et dès le lendemain prend congé
de la dame qui, avec bien des recommandations
315 et des encouragements,
lui donne beaucoup d'argent.

A Suhttamptune vait passer;
cum il ainz pot, se mist en mer.
A Barbefluet est arivez;
320 dreit en Bretaigne en est alez.
La despendi e turneia;
as riches humes s'acuinta.
Unques ne vint en nul estur
que l'en nel tenist al meillur.
325 Les povres chevaliers amot;
ceo que des riches guaaignot
lur donout e sis reteneit,
e mult largement despendeit.
Unques sun voel ne surjurna.
330 De tutes les terres de la
porta le pris e la valur;
mult fu curteis, mult sot d'onur.
De sa bunté e de sun pris
vait la novele en sun païs
335 que uns damisels de la terre,
ki passa mer pur sun pris querre,
puis a tant fet par sa pruësce,
par sa bunté, par sa largesce,
que cil ki nel sevent numer
340 l'apelouent partut Senz Per.
Milun oï celui loër
e les biens de lui recunter.
Mult ert dolenz, mult se pleigneit
del chevalier ki tant valeit,
345 que, tant cum il peüst errer
ne turneier n'armes porter,
ne deüst nuls del païs nez
estre preisiez ne alosez.
D'une chose se purpensa:
350 hastivement mer passera,
si justera al chevalier
pur lui laidir e empeirier.
Par ire se voldra cumbatre;
s'il le puet del cheval abatre,
355 dunc sera il en fin honiz.
Aprés irra querre sun fiz
ki fors del païs est eissuz,
mes ne saveit qu'ert devenuz.

Il va traverser la mer à Southampton,
s'embarque le plus tôt possible
et débarque à Barfleur
320 puis se dirige droit vers la Bretagne.
Là il multiplie les largesses, participe aux tournois
et se lie avec de puissants seigneurs.
Il ne pouvait figurer dans une joute
sans être tenu pour le meilleur.
325 Compatissant pour les chevaliers pauvres,
il leur donnait ce qu'il gagnait sur les riches
et les gardait auprès de lui,
dépensant son bien à profusion.
Il ne se reposait que malgré lui.
330 De ce côté de la mer,
il était reconnu comme le plus vaillant;
il était courtois, menait une vie pleine d'honneur.
Sa valeur et sa renommée
se répandent jusque dans son pays:
335 on racontait qu'un jeune chevalier du pays
avait traversé la mer pour conquérir la gloire
et qu'il avait si bien prouvé sa bravoure,
sa valeur et sa générosité
que ceux qui ne connaissaient pas son nom
340 l'appelaient partout « le chevalier sans pair ».
Milon, entendant ces louanges
et le récit des mérites du chevalier,
en souffrait et se plaignait:
ce chevalier était si valeureux
345 qu'aussi longtemps qu'il pourrait voyager,
participer aux tournois et porter les armes,
aucun autre chevalier du pays
n'aurait plus ni estime ni réputation.
Il prend alors une décision:
350 il va vite traverser la mer
et affronter le chevalier
pour lui faire honte et dommage.
Il veut le combattre furieusement
et, s'il le peut, le renverser de son cheval
355 afin de le couvrir d'opprobre.
Puis il s'en ira à la recherche de son fils,
qui a quitté le pays
et dont il ignore le sort.

A s'amie le fet saveir,
360 cungié voleit de li aveir.
Tut sun curage li manda,
brief e seel li enveia
par le cigne mun esciënt :
or li remandast sun talent !
365 Quant ele oï sa volenté,
mercie l'en, si li sot gre,
quant pur lur fiz trover e querre
voleit eissir fors de la terre
e pur le bien de lui mustrer ;
370 nel voleit mie desturber.
Milun oï le mandement.
Il s'apareille richement.
En Normendie en est passez ;
puis est desqu'en Bretaigne alez.
375 Mult s'aquointa a plusurs genz,
mult cercha les turneiemenz ;
riches ostels teneit sovent
e si dunot curteisement.

Tut un yver, ceo m'est a vis,
380 conversa Milun el païs.
Plusurs bons chevaliers retint,
de si qu'aprés la paske vint,
qu'il recumencent les turneiz
e les guerres e les desreiz.
385 Al Munt Seint Michiel s'asemblerent ;
Norman e Bretun i alerent
e li Flamenc e li Franceis ;
mes n'i ot guaires des Engleis.
Milun i est alez primiers,
390 ki mult esteit hardiz e fiers.
Le bon chevalier demanda.
Asez i ot ki li mustra
de quel part il esteit venuz
e ses armes e ses escuz.
395 Tuit l'orent a Milun mustré,
e il l'aveit bien esguardé.
Li turneiemenz s'asembla.
Ki juste quist, tost la trova ;
ki alkes volt les rens cerchier,

Il communique son projet à son amie
360 et lui demande son congé,
en lui révélant ses intentions
par une lettre scellée
envoyée, je pense, par l'intermédiaire du cygne.
Il lui demande en retour de lui faire savoir sa volonté.
365 La dame, apprenant ce projet,
le remercie et lui est reconnaissante
de vouloir quitter le pays
pour rechercher leur fils
et prouver sa propre valeur :
370 ce n'est pas elle qui le détournera de cette entreprise.
Muni de cette réponse,
Milon, en riche équipage,
traverse la mer jusqu'en Normandie
puis atteint la Bretagne.
375 Il se lie à de nombreux chevaliers,
participe à bien des tournois.
Il prodigue une hospitalité fastueuse
et distribue les dons avec courtoisie.

Tout un hiver, je crois,
380 Milon a séjourné dans le pays,
gardant auprès de lui un grand nombre de bons chevaliers
jusqu'au retour de Pâques,
quand recommencent les tournois,
les guerres et les affrontements.
385 À une assemblée au Mont-Saint-Michel
se rendent Normands et Bretons,
Flamands et Français ;
mais il n'y avait guère d'Anglais.
Milon s'y rend le premier,
390 car il était hardi et fier.
Il demande le bon chevalier
et plus d'un lui montre
de quel côté il est allé,
lui désigne ses armes et ses boucliers.
395 Tous l'ont montré à Milon,
qui l'examine attentivement.
Les chevaliers se rassemblent pour le tournoi :
qui cherche la joute, a tôt fait de la trouver ;
qui veut parcourir les pistes,

400 tost i pout perdre u guaaignier
en encuntrer un cumpaignun.
Tant vus vueil dire de Milun :
mult le fist bien en cel estur
e mult i fu preisiez le jur.
405 Mes li vaslez dunt jeo vus di
sur tuz les altres ot le cri,
ne s'i pot nuls acumparer
de turneier ne de juster.
Milun le vit si cuntenir,
410 si bien puindre e si bien ferir :
parmi tut ceo qu'il l'enviot,
mult li fu bel e mult li plot.
El renc se met encuntre lui,
ensemble justerent amdui.
415 Milun le fiert si durement,
l'anste depiece veirement,
mes ne l'aveit mie abatu.
Cil raveit si Milun feru
que jus del cheval l'abati.
420 Desuz la ventaille choisi
la barbe e les chevels chanuz :
mult li pesa qu'il fu cheüz.
Par la resne le cheval prent,
devant lui le tient en present.
425 Puis li a dit : 'Sire, muntez !
Mult sui dolenz e trespensez
que nul hume de vostre eage
deüsse faire tel ultrage.'
Milun salt sus, mult li fu bel :
430 el dei celui cunuist l'anel,
quant il li rendi sun cheval.
Il araisune le vassal.
'Amis', fet il, 'a mei entent !
Pur amur Deu omnipotent,
435 di mei cument a nun tis pere !
Cum as tu nun ? Ki est ta mere ?
Saveir en vueil la verité.
Mult ai veü, mult ai erré,
mult ai cerchiees altres terres
440 par turneiemenz e par guerres :
unques par colp de chevalier

400 peut aussi vite perdre que gagner
en rencontrant un adversaire.
De Milon je vous dirai seulement
qu'il s'est fort bien comporté dans cet assaut
et qu'il a reçu ce jour-là bien des compliments.
405 Mais le jeune homme dont je vous parle
l'a emporté sur tous les autres
et nul ne peut se comparer à lui
en matière de tournoi et de joute.
En le voyant ainsi se comporter,
410 s'élancer, frapper avec tant d'adresse,
Milon, tout en l'enviant,
ne pouvait s'empêcher de le regarder avec plaisir.
Il se présente au bout de la piste pour le rencontrer
et tous deux engagent le combat.
415 Milon le frappe si violemment
qu'il lui met en pièces la hampe de sa lance,
sans toutefois réussir à le désarçonner.
Mais l'autre, de son côté, l'a frappé si fort
qu'il l'a renversé de son cheval.
420 Sous la ventaille du casque, il aperçoit
la barbe et les cheveux blancs
et regrette d'avoir fait tomber son adversaire.
Il prend le cheval par les rênes
et le lui présente :
425 « Seigneur, dit-il, montez à cheval !
Je suis bien désolé
d'avoir dû infliger cette honte
à un homme de votre âge ! »
Milon saute à cheval avec joie :
430 au doigt du jeune homme, quand celui-ci lui a rendu son
il a reconnu l'anneau.   [cheval,
Il se met à l'interroger.
« Ami, dit-il, écoute-moi !
Pour l'amour de Dieu tout-puissant,
435 dis-moi le nom de ton père !
Quel est ton nom ? qui est ta mère ?
Je veux savoir la vérité.
J'ai beaucoup vu, beaucoup voyagé,
j'ai parcouru bien des terres étrangères
440 pour des tournois ou des guerres :
jamais un chevalier

ne chaï mes de mun destrier !
Tu m'as abatu al juster :
a merveille te puis amer !'
445 Cil li respunt : 'Jo vus dirai
de mun pere tant cum jeo'n sai.
Jeo quid qu'il est de Guales nez
e si est Milun apelez.
Fille a un riche hume aama ;
450 celeement m'i engendra.
En Norhumbre fui enveiez ;
la fui nurriz e enseigniez.
Une meie ante me nurri.
Tant me guarda ensemble od li,
455 cheval e armes me dona,
en ceste terre m'enveia.
Ci ai lungement conversé.
En talent ai e en pensé,
hastivement mer passerai,
460 en ma cuntree m'en irrai.
Saveir vueil l'estre de mun pere
cum il se cuntient vers ma mere.
Tel anel d'or li musterrai
e tels enseignes li dirai,
465 ja ne me voldra reneier,
ainz m'amera e tendra chier.'
Quant Milun l'ot issi parler,
il ne poeit plus esculter :
avant sailli hastivement,
470 par le pan del halberc le prent.
'E Deus !' fait il, 'cum sui guariz !
Par fei, amis, tu iés mis fiz.
Pur tei trover e pur tei querre,
eissi uan fors de ma terre.'
475 Quant cil l'oï, a pié descent,
sun pere baise dulcement.
Mult bel semblant entre els faiseient
e itels paroles diseient,
que li altre kis esguardouent
480 de joie e de pitié plurouent.
Quant li turneiemenz depart,
Milun s'en vet ; mult li est tart
qu'a sun fiz parolt a leisir
e qu'il li die sun plaisir.

n'avait pu me faire tomber de mon cheval.
Tu m'as mis à terre dans cette joute :
tu mérites toute mon amitié ! »
445 Le jeune homme répond : « Je vous dirai
de mon père tout ce que j'en sais.
Je crois qu'il est du pays de Galles
et se nomme Milon.
Il s'est épris de la fille d'un puissant seigneur
450 et m'a engendré en secret.
Envoyé en Northumberland,
j'ai été élevé et instruit
par une de mes tantes,
qui m'a gardé auprès d'elle,
455 puis m'a donné un cheval et des armes
et m'a envoyé dans ce pays.
J'y vis depuis longtemps.
Mais j'ai l'intention
de traverser bientôt la mer
460 et de retourner chez moi.
Je veux tout savoir sur mon père,
et comment il se conduit envers ma mère.
Je lui montrerai un anneau d'or
et lui donnerai des preuves telles
465 qu'il ne pourra pas me renier :
il aura pour moi tendresse et amour ! »
À ces mots,
Milon ne peut plus en entendre davantage ;
il bondit en avant
470 et le saisit par le pan de son haubert :
« Dieu, dit-il, quelle joie !
Par ma foi, mon ami, tu es mon fils !
C'est pour me mettre à ta recherche
que j'ai quitté ma terre ! »
475 L'entendant, le jeune homme met pied à terre
et embrasse tendrement son père.
Leur attitude et leurs paroles
sont si touchantes
que les assistants
480 pleurent de joie et d'attendrissement.
À la fin du tournoi,
Milon s'en va : il a hâte
de pouvoir parler tranquillement à son fils
et de lui ouvrir son cœur.

485 En un ostel furent la nuit.
  Asez ourent joie e deduit ;
  de chevaliers a grant plenté.
  Milun a a sun fiz cunté
  de sa mere cum il l'ama,
490 e cum sis pere la duna
  a un barun de sa cuntree,
  e cument il l'a puis amee
  e ele lui de bon curage,
  e cum del cigne fist message,
495 ses letres li faiseit porter,
  ne s'osot en nului fïer.
  Li fiz respunt : 'Par feï, bels pere,
  assemblerai vus e ma mere.
  Sun seignur qu'ele a ocirai
500 e espuser la vus ferai.'

  Cele parole dunc laissierent
  e el demain s'apareillierent.
  Cungié pernent de lur amis,
  si s'en revunt en lur païs.
505 Mer passerent hastivement,
  bon oré orent e fort vent.
  Si cum il eirent le chemin,
  si encuntrerent un meschin.
  De l'amie Milun veneit,
510 en Bretaigne passer voleit ;
  ele l'i aveit enveié.
  Ore a sun travail acurcié.
  Un brief li baille enseelé.
  Par parole li a cunté
515 que s'en venist, ne demurast ;
  morz est sis sire, or s'en hastast !
  Quant Milun oï la novele,
  a merveille li sembla bele.
  A sun fiz l'a mustré e dit.
520 N'i ot essuigne ne respit ;
  tant eirent que il sunt venu
  al chastel u la dame fu.
  Mult par fu liee de sun fiz
  ki tant esteit pruz e gentiz.
525 Unc ne demanderent parent :

485 Ils ont partagé cette nuit-là le même logis,
    dans la joie et l'allégresse,
    entourés de nombreux chevaliers.
    Milon a raconté
    comment il s'est épris de la mère du jeune homme,
490 comment le père de la jeune femme
    l'a donnée en mariage à un seigneur de son pays,
    comment ils ont ensuite continué de s'aimer
    loyalement,
    en utilisant le cygne comme messager
495 pour transporter les lettres,
    n'osant se fier à personne.
    Le fils répond : « Par ma foi, mon père,
    je vous réunirai, vous et ma mère.
    Je tuerai son mari
500 et je vous la ferai épouser ! »

    Laissant là ce propos,
    ils font leurs préparatifs dès le lendemain,
    prennent congé de leurs amis
    et regagnent leur pays.
505 La traversée de la mer est rapide
    car le temps est beau et le vent souffle fort.
    Sur leur chemin,
    voici qu'ils rencontrent un serviteur,
    envoyé par l'amie de Milon :
510 il voulait aller en Bretagne,
    sur l'ordre de sa maîtresse.
    Sa peine est donc abrégée !
    Il remet à Milon une lettre scellée
    et, de vive voix, lui dit
515 de venir sans tarder :
    le mari de la dame est mort, qu'il se hâte donc !
    La nouvelle
    comble Milon de joie.
    Il la transmet à son fils.
520 Sans délai ni répit,
    ils continuent donc leur chemin
    jusqu'au château de la dame :
    elle est tout heureuse de voir son fils,
    si vaillant et si noble.
525 Sans appeler leurs parents,

senz cunseil de tute altre gent
lur fiz amdous les assembla,
la mere a sun pere dona.
En grant bien e en grant dulçur
530 vesquirent puis e nuit e jur.

De lur amur e de lur bien
firent un lai li anciën;
e jeo ki l'ai mis en escrit
el recunter mult me delit.

sans demander conseil à quiconque,
ils furent tous deux unis par leur fils,
qui donna en mariage sa mère à son père.
Puis ils passèrent leurs jours et leurs nuits
530 dans le bonheur et la tendresse.

De leur amour et de leur bonheur,
les anciens ont fait un lai ;
et moi, qui l'ai mis par écrit,
j'ai grand plaisir à le raconter.

X

Chaitivel

Talenz me prist de remembrer
un lai dunt jo oï parler.
L'aventure vus en dirai
e la cité vus numerai
5 u il fu nez, e cum ot nun.
'Le Chaitivel' l'apelë hum,
e si i a plusurs de cels
ki l'apelent 'Les Quatre Doels'.

En Bretaigne a Nantes maneit
10 une dame ki mult valeit
de bealté e d'enseignement
e de tut bon afaitement.
N'ot en la terre chevalier
ki alkes feïst a preisier,
15 pur ceo qu'une feiz la veïst,
que ne l'amast e requeïst.
El nes pot mie tuz amer
ne el nes volt mie tuër.
Tutes les dames d'une terre
20 vendreit mult mielz d'amer requerre
que un fol de lur pan tolir,
kar cil vuelt en eire ferir.
Se dame fait a tuz lur gre,
de tuz a bone volunté ;
25 purquant, s'ele nes vuelt oïr,
nes deit de paroles laidir,
mes tenir chiers e enurer,
a gre servir e merciër.
La dame, dunt jo vueil cunter,
30 ki tant fu requise d'amer

Le Malheureux

L'envie m'a prise de rappeler
un lai que j'ai entendu raconter.
Je vais vous dire l'aventure
et la cité qui lui ont donné naissance,
5 et son nom :
on l'appelle *Le malheureux*
mais beaucoup
le nomment aussi *Les quatre deuils*.

En Bretagne, à Nantes, vivait
10 une dame pleine de beauté,
de sagesse
et de grâce.
Dans le pays, tous les chevaliers
de quelque valeur
15 ne pouvaient la voir une fois
sans s'éprendre d'elle et solliciter son amour.
Elle ne pouvait pas tous les aimer ;
mais elle ne voulait pas non plus leur mort.
Il vaudrait mieux solliciter l'amour
20 de toutes les dames d'un pays
que d'arracher un fou à ses pensées ;
car celui-ci veut aussitôt vous frapper[1].
Si la dame exauce les vœux de tous,
tous lui en seront reconnaissants[2] !
25 Quoi qu'il en soit, même si elle ne veut pas les écouter,
elle ne doit pas les repousser durement
mais les estimer et les honorer,
s'empresser auprès d'eux et les remercier.
La dame dont je vous parle,
30 à qui sa beauté et sa valeur

---

1. Les vers 19-22 posent problème, en particulier le mot *pan*, qui a été traduit par *pain* ou *pensée*. De toute façon, Marie plaisante sur le fait qu'on ne risque rien à courtiser toutes les femmes du pays (qui sont compatissantes), alors que le fou ne se laisse pas arracher à ses pensées ou prendre son morceau de pain.

2. Si l'on conserve le texte de Warnke, les vers 23-24 sont la suite de la plaisanterie des vers 19-20 sur le bon cœur des dames.

pur sa bealté, pur sa valur,
s'en entremist e nuit e jur.

En Bretaigne ot quatre baruns,
mes jeo ne sai numer lur nuns.
35 Il n'aveient guaires d'eé,
mes mult erent de grant bealté
e chevalier pruz e vaillant,
large, curteis e despendant;
mult par esteient de grant pris
40 e gentil hume del païs.
Icil quatre la dame amoënt
e de bien faire se penoënt;
pur li e pur s'amur aveir
i meteit chescuns sun poeir.
45 Chescuns par sei la requereit
e tute sa peine i meteit;
n'i ot celui ki ne quidast
que mielz d'altre n'i espleitast.
La dame fu de mult grant sens.
50 En respit mist e en purpens
pur saveir e pur demander
li quels sereit mielz a amer.
Tant furent tuit de grant valur,
ne pot eslire le meillur.
55 Ne volt les treis perdre pur l'un:
bel semblant faiseit a chescun,
ses druëries lur donout,
ses messages lur enveiout;
li uns de l'altre ne saveit.
60 Mes departir nuls ne poeit;
par bel servir e par preier
quidot chescuns mielz espleitier.
A l'assembler des chevaliers
voleit chescuns estre primiers
65 de bien faire, se il peüst,
pur ceo qu'a la dame pleüst.
Tuit la teneient pur amie,
tuit portouent sa druërie,
anel u manche u gumfanun,

valaient tant de déclarations d'amour,
passait ses nuits et ses jours à cette occupation.

En Bretagne il y avait quatre barons
dont je ne connais pas les noms.
35 C'étaient de jeunes chevaliers,
mais déjà pleins de beauté
et de vaillance,
de générosité et de courtoisie.
Ils faisaient partie de la noblesse du pays,
40 où leur renommée était grande.
Tous les quatre aimaient la dame
et s'appliquaient à se mettre en valeur,
pour conquérir son amour et sa personne,
chacun faisait de son mieux.
45 Chacun la sollicitait
avec toute son ardeur
et s'imaginait
mieux réussir que les autres.
Mais la dame, avec sagesse,
50 se laissait le temps de la réflexion
pour chercher à savoir
lequel il vaudrait mieux aimer.
Ils étaient tous quatre de si grande valeur
qu'elle ne parvenait pas à trouver le meilleur.
55 Elle refusait d'en perdre trois pour l'amour d'un seul
et faisait donc bon visage à chacun,
distribuant des gages d'amour,
envoyant des messages.
Ils savaient ce qu'il en était à propos des autres[3]
60 mais aucun n'avait le courage de rompre.
Chacun s'imaginait mieux réussir que les autres
en la servant et en la priant.
Aux tournois,
chacun voulait être le premier
65 et plaire à la dame
par ses exploits, s'il le pouvait.
Tous les quatre la tenaient pour amie,
arboraient le gage d'amour qu'elle leur avait donné,
anneau, manche ou banderole

---

3. À la suite de E. Brugger et J. Rychner, il faut corriger, au v. 59, *ne* en *le* : en effet, les quatre chevaliers se savent rivaux.

70 e chescuns escriot sun nun.
   Tuz quatre les ama e tint,
   tant qu'aprés une paske vint,
   que devant Nantes la cité
   ot un turneiement crié.
75 Pur aquointier les quatre druz,
   i sunt d'altre païs venuz :
   e li Franceis e li Norman
   e li Flemenc e li Breban,
   li Buluigneis, li Angevin
80 e cil ki pres furent veisin,
   tuit i sunt volentiers alé.
   Lunc tens aveient surjurné.
   Al vespre del turneiement
   s'entreferirent durement.
85 Li quatre dru furent armé
   e eissirent de la cité ;
   lur chevalier vindrent aprés,
   mes sur els quatre fu li fes.
   Cil de fors les unt coneüz
90 as enseignes e as escuz.
   Cuntre els enveient chevaliers,
   dous Flamens e dous Henoiers,
   apareilliez cume de puindre ;
   n'i a celui ne vueille juindre.
95 Cil les virent vers els venir,
   n'aveient talent de fuïr.
   Lance baissiee, a esperun
   choisi chescuns sun cumpaignun.
   Par tel aïr s'entreferirent
100 que li quatre de fors cheïrent.
   Il n'ourent cure des destriers,
   ainz les laissierent estraiers ;
   sur les abatuz se resturent.
   Lur chevalier les sucururent.
105 A la rescusse ot grant medlee,
   meint colp i ot feru d'espee.
   La dame fu sur une tur,

70 et prenaient son nom comme cri de ralliement.
   C'est ainsi qu'elle conserva l'amour de ses quatre chevaliers
   jusqu'à une année où, après Pâques,
   on annonça un tournoi
   devant la cité de Nantes.
75 Pour rencontrer les quatre amants,
   on a vu venir des chevaliers d'autres régions :
   Français, Normands,
   Flamands, Brabançons,
   Boulonnais, Angevins,
80 ainsi que les proches voisins :
   tous sont venus avec plaisir
   car ils attendaient depuis longtemps.
   La veille du tournoi, pendant les engagements
   les coups pleuvent dru.   [préliminaires[4],
85 Les quatre amants, en armes,
   sortent de la cité,
   suivis de leurs chevaliers ;
   mais ils portent à eux quatre tout le poids du combat.
   Les chevaliers du camp de dehors les ont reconnus
90 à leurs bannières et à leurs boucliers[5].
   Ils envoient contre eux quatre chevaliers,
   deux Flamands et deux Hennuyers,
   qui se préparent à charger
   avec ardeur.
95 Les quatre amants les voient venir vers eux,
   ils n'ont pas envie de fuir.
   Lance baissée, éperonnant sa monture,
   chacun repère son adversaire.
   Le choc est d'une telle violence
100 que les quatre chevaliers du dehors tombent de cheval.
    Mais les vainqueurs ne se soucient pas des chevaux,
    qu'ils abandonnent
    pour rester auprès de leurs maîtres,
    dont les chevaliers viennent à la rescousse.
105 Dans la mêlée,
    les coups d'épée se mettent à pleuvoir.
    La dame, en haut d'une tour,

---

4. Sur le vers 83, voir P. Ménard, « Les vespres del tournoiement », *Miscellanea di Studi Romanzi offerta a Giuliano Gasca Queirazza*, Rome, Éd. Dell'Orso, 1989, pp. 651-662.

5. Aux XIIe et XIIIe siècles, le tournoi est un sport d'équipe qui oppose deux camps : cf. G. Duby, *Le Dimanche de Bouvines*, Paris, 1973, pp. 110-128.

bien choisi les suens e les lur.
Ses druz i vit mult bien aidier :
110 ne set le quel deit plus preisier.

Li turneiemenz cumença,
li reng crurent, mult espessa.
Devant la porte meinte feiz
fu le jur meslez li turneiz.
115 Si quatre dru bien le faiseient,
si que de tuz le pris aveient,
tant que ceo vint a l'avesprer
que il deveient desevrer.
Trop folement s'abandonerent
120 luinz de lur gent, sil cumparerent :
kar li trei i furent ocis
e li quarz nafrez e malmis
par mi la quisse e enz el cors
si que la lance parut fors.
125 A traverse furent feru
e tuit quatre furent cheü.
Cil ki a mort les unt nafrez,
lur escuz unt es chans getez ;
mult esteient pur els dolent,
130 nel firent pas a esciënt.
La noise leva e li criz,
unques tels doels ne fu oïz.
Cil de la cité i alerent,
unques les altres ne duterent ;
135 pur la dolur des chevaliers
i aveit itels dous milliers
ki lur ventaille deslacierent,
chevels e barbes esrachierent.
Entre els esteit li doels comuns.
140 Sur un escu fu mis chescuns ;
en la cité les unt portez
a la dame kis ot amez.
Des qu'ele sot cele aventure,
pasmee chiet a terre dure.
145 Quant ele vient de pasmeisun,
chescun regrete par sun nun.

voit bien ceux de son camp et leurs adversaires.
Elle assiste aux exploits de ses amants
110 et ne sait qui estimer davantage.

Alors le tournoi commence,
les rangs des chevaliers s'allongent, la foule épaissit.
Devant la porte, ce jour-là,
les combats se multiplient.
115 Les exploits des quatre amants
leur valent d'être reconnus pour les meilleurs.
Mais à la tombée du jour,
alors qu'on allait se séparer,
ils s'exposent au danger, loin des leurs,
120 avec trop d'imprudence et le paient bien cher :
trois d'entre eux trouvent la mort
et le quatrième est grièvement blessé
à la cuisse et au corps :
la lance le transperce.
125 Ils sont atteints au cours d'une attaque par le flanc[6]
et tous quatre désarçonnés.
Les responsables, bien involontaires,
de leur mort
jettent leurs boucliers sur le terrain,
130 en signe de deuil :
de telles clameurs s'élèvent alors
qu'on n'avait jamais entendu manifester pareil deuil.
Les chevaliers de la cité sortent
sans crainte des combattants de l'autre camp ;
135 dans la douleur qu'ils éprouvent de ces morts,
ils sont deux mille
à délacer leur casque,
à s'arracher barbe et cheveux.
Le deuil est le même dans les deux camps.
140 On transporte chacun des morts
dans la cité, sur un bouclier,
jusqu'à la dame qui les avait aimés.
Dès qu'elle apprend la triste aventure,
elle tombe évanouie à terre
145 et quand elle revient à elle, prononce
la plainte funèbre de chacun en l'appelant par son nom :

6. *À traverse* « définissait un type d'attaque classique », de flanc (Rychner, p. 274).

'Lasse', fet ele, 'que ferai?
Ja mes haitiee ne serai!
Cez quatre chevaliers amoue
150 e chescun par sei cuveitoue;
mult par aveit en els grant bien.
Il m'amoënt sur tute rien.
Pur lur bealté, pur lur pruësce,
pur lur valur, pur lur largesce
155 les fis d'amer a mei entendre;
nes voil tuz perdre pur l'un prendre.
Ne sai le quel jeo dei plus pleindre;
mes ne m'en puis covrir ne feindre.
L'un vei nafré, li trei sunt mort:
160 n'ai rien el mund ki me confort!
Les morz ferai ensevelir,
e se li nafrez puet guarir,
volentiers m'en entremetrai
e bons mires li baillerai.'
165 En ses chambres le fet porter.
Puis fist les altres cunreer;
a grant amur e noblement
les aturna e richement.
En une mult riche abeïe
170 fist grant offrendre e grant partie
la u il furent enfuï:
Deus lur face bone merci!
Sages mires aveit mandez,
sis a al chevalier livrez,
175 ki en sa chambre jut nafrez,
tant qu'a guarisun est turnez.
Ele l'alot veeir sovent
e cunfortout mult bonement;
mes les altres treis regretot
180 e grant dolur pur els menot.

Un jur d'esté aprés mangier
parlot la dame al chevalier.
De sun grant doel li remembrot:
sun chief e sun vis en baissot;
185 forment comença a penser.
E il la prist a reguarder;
bien aparceit qu'ele pensot.

« Hélas, que vais-je devenir ?
C'en est fait pour moi du bonheur !
J'aimais ces quatre chevaliers
150 et désirais l'amour de chacun d'entre eux ;
ils avaient tant de valeur !
Ils m'aimaient plus que tout.
Et devant leur beauté, leur prouesse,
leur valeur et leur générosité,
155 je les ai poussés à m'aimer :
je ne voulais pas les perdre tous pour l'amour d'un seul !
Je ne sais maintenant lequel regretter le plus.
Mais à quoi bon dissimuler ?
J'en vois un blessé quand les trois autres sont morts.
160 Ma perte est irréparable !
Je vais donner une sépulture aux morts
et prendre soin du blessé,
s'il peut guérir,
en le confiant à de bons médecins ! »
165 Elle fait transporter chez elle le survivant
puis veille à la toilette funèbre des autres :
elle leur prodigue les soins
que lui dictent l'amour et la générosité.
Elle fait de grandes offrandes et de grandes donations
170 à une riche abbaye
dans laquelle ils sont ensevelis :
que Dieu leur soit miséricordieux !
La dame convoque alors d'habiles médecins
pour leur confier le chevalier blessé
175 qui repose dans sa chambre
et guérit peu à peu.
Elle lui rendait souvent visite
pour le réconforter avec bonté ;
mais elle regrettait les trois autres
180 et souffrait toujours de leur mort.

Un jour d'été, après le repas,
la dame et le chevalier étaient ensemble :
la dame, toute à sa grande douleur,
gardait la tête et les yeux baissés,
185 perdue dans ses pensées.
Le chevalier la contemple
et la voyant songeuse,

Avenantment l'araisunot :
'Dame, vus estes en esfrei !
190 Que pensez vus ? Dites le mei !
Laissiez vostre dolur ester,
bien vus devriëz conforter !'
'Amis', fet ele, 'jeo pensoue
e voz cumpaignuns remembroue.
195 Ja mes dame de mun parage
tant nen iert bele, pruz ne sage,
tels quatre ensemble n'amera
ne en un jur si nes perdra,
fors vus tut sul ki nafrez fustes,
200 grant poür de mort en eüstes.
Pur ceo que tant vus ai amez,
vueil que mis doels seit remembrez.
De vus quatre ferai un lai
e Quatre Doels le numerai.'
205 Li chevaliers li respundi
hastivement, quant il l'oï :
'Dame, faites le lai novel,
si l'apelez Le Chaitivel !
E jeo vus vueil mustrer raisun
210 que il deit issi aveir nun.
Li altre sunt pieç'a finé
e trestut le siecle unt usé
en la grant peine qu'il sufreient
de l'amur qu'il vers vus aveient.
215 Mes jo ki sui eschapez vis,
tuz esguarez e tuz chaitis,
ceo qu'el siecle puis plus amer
vei sovent venir e aler,
parler od mei matin e seir,
220 si n'en puis nule joie aveir
ne de baisier ne d'acoler
ne d'altre bien fors de parler.
Tels cent mals me faites sufrir,
mielz me valdreit la mort tenir.
225 Pur c'iert li lais de mei nomez :

lui demande doucement :
« Dame, vous êtes toute troublée !
190 À quoi pensez-vous ? dites-le-moi !
Laissez là votre chagrin
et remettez-vous !
— Ami, dit-elle, je rêvais
et je pensais à vos compagnons.
195 Jamais dame de ma naissance,
si belle, si noble et si sage qu'elle soit,
n'aimera à la fois quatre chevaliers tels que vous
pour les perdre le même jour,
hormis vous, bien sûr, qui avez été blessé
200 et avez bien failli mourir !
Je vous ai tant aimés
que je veux que l'on garde le souvenir de mon deuil.
Je vais faire composer un lai sur vous quatre
et je l'appellerai *Les quatre deuils*. »
205 À ces mots,
le chevalier lui répond aussitôt :
« Dame, faites composer ce nouveau lai,
mais appelez-le *Le malheureux* !
Et je vais vous donner la raison
210 de ce titre.
Les trois autres sont morts maintenant
et durant toute leur vie, ils ont épuisé
la grande peine qu'ils enduraient
pour l'amour de vous[7].
215 Mais moi j'ai survécu
et me voici pourtant éperdu et malheureux
car je vois aller et venir
celle que j'aime plus que tout au monde,
je lui parle matin et soir,
220 mais je ne peux pas avoir la joie
de l'embrasser et de la prendre dans mes bras,
le seul plaisir qui me reste est celui de sa conversation[8].
Vous me faites ainsi tellement souffrir
que je préférerais mourir.
225 Voilà pourquoi il faut donner au lai mon nom

7. Il faut ici reprendre la leçon du manuscrit H *(La grant peine kil en sufreient)* et traduire avec J. Rychner : « Durant toute leur vie, ils ont épuisé leur grande peine. »

8. La blessure *par mi la quisse* qui frappe d'impuissance le héros, est la même que celle de Guigemar et celle du roi Mehaigné dans les romans du Graal.

'Le Chaitivel' iert apelez.
Ki 'Quatre Doels' le numera,
sun propre nun li changera.'
'Par fei', fet ele, 'ceo m'est bel.
230 Or l'apelum 'Le Chaitivel'.'

Issi fu li lais comenciez
e puis parfaiz e anunciez.
Icil kil porterent avant,
'Quatre Doels' l'apelent alquant.
235 Chescuns des nuns bien i afiert,
kar la matire le requiert;
Le Chaitivel a nun en us.
Ici finist, il n'i a plus:
plus n'en oï ne plus n'en sai
240 ne plus ne vus en cunterai.

et l'appeler *Le malheureux*.
Ce serait le priver de son vrai nom
que le nommer *Les quatre deuils*.
— Ma foi, dit-elle, je le veux bien.
230 Appelons-le donc *Le malheureux* ! »

Le lai fut donc commencé
puis, une fois achevé, partout répandu.
Certains de ceux qui le récitent
l'appellent *Les quatre deuils*.
235 Les deux titres conviennent bien
à cette histoire.
Mais son nom habituel est *Le malheureux*.
C'est ainsi qu'il se termine, sans rien de plus :
je n'ai rien entendu de plus, je ne sais rien de plus
240 et je ne vous raconterai rien de plus.

Chievrefueil

Asez me plest e bien le vueil
del lai qu'um nume Chievrefueil
que la verité vus en cunt
coment fu fez, de quei e dunt.
5 Plusur le m'unt cunté e dit
e jeo l'ai trové en escrit
de Tristram e de la reïne,
de lur amur ki tant fu fine,
dunt il ourent meinte dolur;
10 puis en mururent en un jur.

Li reis Mars esteit curuciez,
vers Tristram, sun nevu, iriez;
de sa terre le cungea
pur la reïne qu'il ama.
15 En sa cuntree en est alez.
En Suhtwales u il fu nez
un an demura tut entier,
ne pot ariere repairier;
mes puis se mist en abandun
20 de mort e de destructiün.
Ne vus en merveilliez niënt:
kar cil ki eime leialment
mult est dolenz e trespensez,
quant il nen a ses volentez.
25 Tristram est dolenz e pensis:
pur ceo s'esmut de sun païs.
En Cornuaille vait tut dreit
la u la reïne maneit.
En la forest tuz suls se mist,
30 ne voleit pas qu'um le veïst.
En la vespree s'en eisseit,
quant tens de herbergier esteit.
Od païsanz, od povre gent
perneit la nuit herbergement.
35 Les noveles lur enquereit

XI
Le Chèvrefeuille

J'ai bien envie de vous raconter
la véritable histoire
du lai qu'on appelle *Le chèvrefeuille*
et de vous dire comment il fut composé et quelle fut son
5 On m'a souvent relaté   [origine.
l'histoire de Tristan et de la reine,
et je l'ai aussi trouvée dans un livre,
l'histoire de leur amour si parfait,
qui leur valut tant de souffrances
10 puis les fit mourir le même jour.

Le roi Marc, furieux
contre son neveu Tristan,
l'avait chassé de sa cour
à cause de son amour pour la reine.
15 Tristan a regagné son pays natal,
le sud du pays de Galles,
pour y demeurer une année entière
sans pouvoir revenir.
Il s'est pourtant ensuite exposé sans hésiter
20 au tourment et à la mort.
N'en soyez pas surpris :
l'amant loyal
est triste et affligé
loin de l'objet de son désir.
25 Tristan, désespéré,
a donc quitté son pays
pour aller tout droit en Cornouaille,
là où vit la reine.
Il se réfugie, seul, dans la forêt,
30 pour ne pas être vu.
Il en sort le soir
pour chercher un abri
et se fait héberger pour la nuit
chez des paysans, de pauvres gens.
35 Il leur demande

del rei cum il se cunteneit.
Cil li dïent qu'il unt oï
que li barun erent bani,
a Tintagel deivent venir,
40 li reis i vuelt feste tenir,
a pentecuste i serunt tuit ;
mult i avra joie e deduit,
e la reïne od lui sera.

Tristram l'oï, mult s'en haita.
45 Ele n'i purra mie aler
qu'il ne la veie trespasser.
Le jur que li reis fu meüz
est Tristram el bois revenuz
sur le chemin que il saveit
50 que la rute passer deveit.
Une coldre trencha par mi,
tute quarree la fendi.
Quant il a paré le bastun,
de sun cultel escrit sun nun.
55 Se la reïne s'aparceit,
ki mult grant guarde s'en perneit,
de sun ami bien conuistra
le bastun quant el le verra ;
altre feiz li fu avenu
60 que si l'aveit aparceü.
Ceo fu la sume de l'escrit
qu'il li aveit mandé e dit,
que lunges ot ilec esté
e atendu e surjurné
65 pur espïer e pur saveir
coment il la peüst veeir
kar ne poeit vivre senz li.
D'els dous fu il tut altresi
cume del chievrefueil esteit
70 ki a la coldre se perneit :
quant il s'i est laciez e pris
e tut entur le fust s'est mis,
ensemble poeent bien durer ;
mes ki puis les vuelt desevrer,
75 la coldre muert hastivement
e li chievrefueilz ensement.

des nouvelles du roi
et ils répondent
que les barons, dit-on,
sont convoqués à Tintagel.
40 Ils y seront tous pour la Pentecôte
car le roi veut y célébrer une fête :
il y aura de grandes réjouissances
et la reine accompagnera le roi.

Cette nouvelle remplit Tristan de joie :
45 elle ne pourra pas se rendre à Tintagel
sans qu'il la voie passer !
Le jour du départ du roi,
il revient dans la forêt,
sur le chemin que le cortège
50 doit emprunter, il le sait.
Il coupe par le milieu une baguette de noisetier
qu'il taille pour l'équarrir.
Sur le bâton ainsi préparé,
il grave son nom avec son couteau.
55 La reine est très attentive à ce genre de signal :
si elle aperçoit le bâton,
elle y reconnaîtra bien
aussitôt un message de son ami.
Elle l'a déjà reconnu,
60 un jour, de cette manière.
Ce que disait le message
écrit par Tristan,
c'était qu'il attendait
depuis longtemps dans la forêt
65 à épier et à guetter
le moyen de la voir
car il ne pouvait pas vivre sans elle.
Ils étaient tous deux
comme le chèvrefeuille
70 qui s'enroule autour du noisetier :
quand il s'y est enlacé
et qu'il entoure la tige,
ils peuvent ainsi continuer à vivre longtemps.
Mais si l'on veut ensuite les séparer,
75 le noisetier a tôt fait de mourir,
tout comme le chèvrefeuille.

'Bele amie, si est de nus :
ne vus senz mei ne jeo senz vus !'

La reïne vint chevalchant.
80 Ele esguarda un poi avant,
le bastun vit, bien l'aparceut,
tutes les letres i conut.
Les chevaliers, ki la menoënt
e ki ensemble od li erroënt,
85 cumanda tost a arester :
descendre vuelt e reposer.
Cil unt fait sun comandement.
Ele s'en vet luinz de sa gent ;
sa meschine apela a sei,
90 Brenguein, ki mult ot bone fei.
Del chemin un poi s'esluigna.
Dedenz le bois celui trova
que plus amot que rien vivant.
Entre els meinent joie mult grant.
95 A li parla tut a leisir,
e ele li dist sun plaisir ;
puis li mustra cumfaitement
del rei avra acordement
e que mult li aveit pesé
100 de ceo qu'il l'ot si cungeé,
par encusement l'aveit fait.
A tant s'en part, sun ami lait ;
mes quant ceo vint al desevrer,
dunc comencierent a plurer.
105 Tristram en Wales s'en rala,
tant que sis uncles le manda.

Pur la joie qu'il ot eüe
de s'amie qu'il ot veüe
e pur ceo qu'il aveit escrit,
110 si cum la reïne l'ot dit,

« Belle amie, ainsi en va-t-il de nous :
ni vous sans moi, ni moi sans vous[1] ! »

La reine s'avance à cheval,
80 regardant devant elle.
Elle aperçoit le bâton
et en reconnaît toutes les lettres.
Elle donne l'ordre de s'arrêter
aux chevaliers de son escorte,
85 qui font route avec elle :
elle veut descendre de cheval et se reposer.
On lui obéit
et elle s'éloigne de sa suite,
appelant près d'elle
90 Brangien, sa loyale suivante.
S'écartant un peu du chemin,
elle découvre dans la forêt
l'être qu'elle aime le plus au monde.
Ils ont enfin la joie de se retrouver !
95 Il peut lui parler à son aise
et elle, lui dire tout ce qu'elle veut.
Puis elle lui explique
comment se réconcilier avec le roi :
elle a bien souffert
100 de le voir ainsi congédié,
mais c'est qu'on l'avait accusé auprès du roi.
Puis il lui faut partir, laisser son ami :
au moment de se séparer,
ils se mettent à pleurer.
105 Tristan regagne le pays de Galles
en attendant d'être rappelé par son oncle.

Pour la joie qu'il avait eue
de retrouver son amie,
et pour préserver le souvenir du message qu'il avait écrit
110 et des paroles échangées,

---

1. On a beaucoup écrit sur la nature et la longueur du message écrit par Tristan (voir Rychner, pp. 276-279). Marie laisse bien entendre que tout le message est gravé sur le bâton de noisetier. Sur l'ensemble du lai, voir C. Martineau-Genieys, « Du *Chievrefoil* encore et toujours », *Le Moyen Âge*, 78, 1972, pp. 207-216.

pur les paroles remembrer,
Tristram ki bien saveit harper,
en aveit fet un nuvel lai.
Asez briefment le numerai :
115 '*Gotelef*' l'apelent Engleis,
'Chievrefueil' le nument Franceis.
Dit vus en ai la verité,
del lai que j'ai ici cunté.

Tristan, qui était bon joueur de harpe,
composa, à la demande de la reine,
un nouveau lai[2].
D'un seul mot je vous le nommerai :
115 les Anglais l'appellent *Goatleaf*
et les Français *Chèvrefeuille*.
Vous venez d'entendre la véritable histoire
du lai que je vous ai raconté.

2. Sur les autres interprétations de ces vers, voir Rychner, pp. 279-280.

XII

Eliduc

D'un mult anciën lai Bretun
le cunte e tute la raisun
vus dirai, si cum jeo entent
la verité mun esciënt.

5 En Bretaigne ot un chevalier
pruz e curteis, hardi e fier.
Eliduc ot nun, ceo m'est vis,
n'ot si vaillant hume el païs.
Femme ot espuse, noble e sage,
10 de halte gent, de grant parage.
Ensemble furent lungement,
mult s'entramerent leialment ;
mes puis avint par une guerre
que il ala soldees querre :
15 iluec ama une meschine,
fille ert a rei e a reïne.
Guilliadun ot nun la pucele,
el reialme nen ot plus bele.
La femme resteit apelee
20 Guildeluëc en sa cuntree.
D'eles dous a li lais a nun
Guildeluëc ha Guilliadun.
'Eliduc' fu primes nomez,
mes ore est li nuns remuëz,
25 kar des dames est avenu
l'aventure dunt li lais fu.
Si cum avint, vus cunterai,
la verité vus en dirrai.

Elidus aveit un seignur,
30 rei de Bretaigne la Menur,
ki mult l'amot e cherisseit,
e il leialment le serveit.
U que li reis deüst errer,
il aveit la terre a guarder ;
35 pur sa pruësce le retint.

XII

Eliduc

Je vais vous faire le récit
d'un très ancien lai breton
et je vous en dirai l'histoire
et toute la vérité, comme je crois la savoir.

5 En Bretagne vivait un chevalier,
brave et courtois, hardi et fier.
Il se nommait Eliduc, je crois,
et dans tout le pays il n'y avait pas chevalier de sa valeur.
Il avait pour épouse une femme noble et sage,
10 de très haut lignage.
Ils vécurent ensemble longtemps,
s'aimant d'un amour réciproque et loyal.
Mais un jour, au cours d'une guerre,
Eliduc partit louer ses services.
15 Là, il s'éprit d'une jeune fille,
fille de roi et de reine :
elle avait nom Guilliadon
et il n'en était pas de plus belle dans tout le royaume.
Quant à l'épouse,
20 on l'appelait Guildeluec dans sa contrée.
Le lai tire son nom de celui des deux femmes :
Guildeluec et Guilliadon.
On l'a d'abord nommé *Eliduc,*
mais son nom a maintenant changé,
25 car les dames sont bien les héroïnes
de l'aventure qui a donné naissance au lai.
Je vais vous raconter
la vérité sur cette histoire.

Eliduc avait pour seigneur
30 le roi de Petite Bretagne,
qui l'aimait et l'estimait :
Eliduc, quant à lui, le servait loyalement.
Quand le roi devait voyager,
Eliduc était chargé de veiller sur le royaume.
35 Le roi le gardait près de lui pour sa valeur,

Pur tant de mielz mult li avint.
Par les forez poeit chacier ;
n'i ot si hardi forestier
ki cuntredire li osast
40 ne ja une feiz en grusçast.
Pur l'envie del bien de lui,
si cum avient sovent d'altrui,
esteit a sun seignur medlez
e empeiriez e encusez,
45 que de la curt le cungea
senz ceo qu'il ne l'araisuna.
Elidus ne saveit pur quei.
Soventes feiz requist le rei
qu'il escundit de lui preïst
50 e que losenge ne creïst,
mult l'aveit volentiers servi ;
mes li reis ne li respundi.
Quant il nel volt de rien oïr,
si l'en covint idunc partir.
55 A sa maisun en est alez,
si a tuz ses amis mandez.
'Del rei, sun seignur, lur mustra
e de l'ire que vers lui a.
Mult le servi a sun poeir,
60 ja ne deüst mal gre aveir.
Li vileins dit par repruvier,
quant tencë a sun charuier,
qu'amurs de seignur n'est pas fiez.
Cil est sages e veziëz,
65 ki leialté tient sun seignur,
envers ses bons veisins amur.
Ne vuelt el païs arester,
ainz passera, ceo dit, la mer ;
el reialme de Loegre ira
70 e une piece deduira.
Sa femme en la terre larra ;
a ses humes cumandera
que il la guardent leialment
e tuit si ami ensement.'

ce qui lui donnait de grands avantages :
il pouvait chasser dans les forêts,
sans qu'un forestier fût assez hardi
pour oser l'en empêcher
40 ni même protester.
Mais l'envie que suscitait son bonheur
lui valut, comme cela arrive souvent à d'autres,
d'être calomnié
et accusé auprès de son seigneur,
45 qui le chassa de sa cour
sans explications.
Eliduc ne savait pourquoi :
plusieurs fois il supplia le roi
de le laisser se défendre
50 et de ne pas croire les calomnies
contre un homme qui l'avait servi de bon cœur ;
mais le roi refusa de lui répondre.
Puisqu'il ne voulait rien entendre,
Eliduc n'avait plus qu'à partir.
55 Il retourne donc dans sa maison,
où il convoque tous ses amis.
Il leur expose le ressentiment
que lui voue le roi son seigneur.
Il l'a pourtant servi de son mieux,
60 le roi ne devrait pas si mal le récompenser.
Le vilain dit bien dans son proverbe,
quand il gronde son valet,
qu'« amour de seigneur n'est pas fief[1] ».
Il est cependant sage et avisé,
65 celui qui se conduit loyalement envers son seigneur,
et amicalement envers ses bons voisins.
Eliduc ne veut plus rester dans le pays :
il traversera la mer
pour séjourner quelque temps
70 dans le royaume de Logres.
Il laissera sa femme sur sa terre
et recommande à ses vassaux
ainsi qu'à ses amis
de veiller sur elle loyalement.

---

1. Le proverbe *Amour de seigneur n'est pas fief* est bien attesté. Il oppose l'amour du seigneur, peu sûr, au fief qui, une fois donné, ne peut être repris. Les *Proverbes au vilain* sont une collection de proverbes très souvent mentionnée.

75 A cel cunseil s'est arestez,
si s'est richement aturnez.
Mult furent dolent si ami
pur ceo que d'els se departi.
Dis chevaliers od sei mena,
80 e sa femme le cunveia.
Forment demeine grant dolur
al departir de sun seignur;
mes il l'aseüra de sei
qu'il li portera bone fei.
85 De lui se departi a tant.
Il tient sun chemin tut avant,
a la mer vient, si est passez;
en Toteneis est arivez.

Plusurs reis i ot en la terre,
90 entre els ourent estrif e guerre.
Vers Excestre en icel païs
maneit uns huem mult poëstis.
Vielz huem e anciëns esteit.
Charnel heir madle nen aveit;
95 une fille ot a mariër.
Pur ceo qu'il ne la volt doner
a sun per, cil le guerreiot,
tute sa terre si guastot.
En un chastel l'aveit enclos.
100 N'ot el chastel hume si os
ki cuntre lui osast eissir,
estur ne meslee tenir.
Elidus en oï parler.
Ne voleit mes avant aler,
105 quant iluec a guerre trovee;
remaneir volt en la cuntree.
Le rei ki plus esteit grevez
e damagiez e encumbrez
voldra aidier a sun poeir
110 e en soldees remaneir.
Ses messages i enveia
e par ses letres li manda
que de sun païs ert eissuz
e en s'aïe esteit venuz;
115 mes li remandast sun plaisir,
e s'il nel voleit retenir,

75 Sa décision prise,
   il s'équipe richement.
   Ses amis sont désolés
   de le voir ainsi les quitter.
   Il emmène avec lui dix chevaliers.
80 Sa femme l'accompagne à son départ,
   manifestant sa douleur
   devant cette séparation ;
   mais Eliduc lui prête le serment
   de lui garder sa foi.
85 Puis il la quitte.
   Il va droit devant lui,
   jusqu'à la mer, qu'il traverse :
   il débarque à Totness.

   Dans cette terre il y avait plusieurs rois
90 qui se faisaient la guerre.
   Dans le pays, près d'Exeter,
   vivait un seigneur très puissant :
   il était très âgé,
   sans héritier mâle
95 et avait une fille à marier.
   Comme il refusait de la donner
   à l'un de ses pairs, celui-ci lui faisait la guerre
   et ravageait toute sa terre.
   Il l'assiégeait dans l'un de ses châteaux,
100 et nul, dans le château,
   n'avait l'audace de sortir se mesurer à lui
   dans un combat singulier ou une bataille.
   Eliduc apprend cette nouvelle
   et décide de ne pas aller plus loin,
105 puisqu'il a ici trouvé une guerre :
   il veut rester dans ce pays.
   Il décide d'aider de tout son pouvoir
   le roi qui est dans la situation la plus difficile
   et la plus tragique
110 et de se mettre à son service.
   Il lui envoie donc des messagers
   et lui fait savoir par lettre
   qu'il a quitté son pays
   pour venir à son aide :
115 qu'il lui fasse connaître en retour sa volonté ;
   et s'il ne veut pas le garder à son service,

cunduit li donast par sa terre,
qu'avant ireit soldees querre.
Quant li reis vit les messagiers,
120 mult les ama, mult les ot chiers.
Sun cunestable a apelé
e hastivement comandé
que cunduit li apareillast
e que le barun amenast,
125 si face ostels apareillier
u il peüssent herbergier ;
tant lur face livrer e rendre
cum il voldrunt le meis despendre.
Li cunduiz fu apareilliez
130 e pur Eliduc enveiez.
A grant honur fu receüz :
mult par fu bien al rei venuz.
Sis ostels fu chiés un burgeis,
ki mult fu sages e curteis ;
135 sa bele chambre encurtinee
li a li ostes delivree.
Elidus se fist bien servir.
A sun mangier faiseit venir
les chevaliers mesaaisiez
140 ki el burc erent herbergiez.
A tuz ses humes defendi
que n'i eüst nul si hardi
ki des quarante jurs primiers
preïst livreisun ne deniers.

145 Al tierz jur qu'il ot surjurné
li criz leva en la cité
que lur enemi sunt venu
e par la cuntree espandu :
ja voldrunt la vile asaillir
150 e de si qu'as portes venir.
Elidus a la noise oïe
de la gent ki est esturdie.
Il s'est armez, plus n'i atent,
e si cumpaignun ensement.
155 Quatorze chevaliers muntanz
ot en la vile surjurnanz
(plusurs en i aveit nafrez
e des prisuns i ot asez).

qu'il lui donne une escorte pour traverser ses terres
et aller plus loin proposer ses services.
En voyant les messagers,
120 le roi les accueille avec honneur et amitié.
Il appelle son connétable
et lui ordonne
de réunir en toute hâte une escorte
et de lui amener le chevalier.
125 Qu'il fasse préparer des logements
où ils puissent s'installer ;
et qu'il leur fasse remettre
tout ce qu'ils souhaiteront pour leurs dépenses du mois.
On réunit donc l'escorte
130 et on l'envoie à Eliduc,
qui est reçu avec honneur :
le roi apprécie fort sa venue.
On l'a logé chez un bourgeois
plein de sagesse et de courtoisie :
135 son hôte lui a laissé
sa belle chambre garnie de tentures.
Eliduc se fait richement servir.
Il invite à son repas
les chevaliers pauvres
140 qui logent dans la ville.
À tous ses hommes il a fait cette interdiction :
que nul d'entre eux n'ait l'audace
de recevoir la moindre rémunération en nature ou en argent
pendant les quarante premiers jours.

145 Il n'était là que depuis deux jours
quand on proclame dans la cité
que les ennemis sont là
et qu'ils se répandent dans la campagne :
ils vont bientôt attaquer la ville
150 et venir jusqu'aux portes.
Eliduc entend le tumulte
du peuple épouvanté.
Il s'arme sans attendre,
ainsi que ses compagnons.
155 Il y avait dans la ville
quatorze chevaliers pourvus d'un cheval et valides :
car nombreux étaient les blessés
et les prisonniers.

Cil virent Eliduc munter.
160 Par les ostels se vunt armer;
fors de la porte od lui eissirent,
que sumunse n'i atendirent.
'Sire', funt il, 'od vus irum
e ceo que vus ferez ferum!'
165 Il lur respunt: 'Vostre merci!
Avreit il nul de vus ici
ki malpas u destreit seüst,
u l'um encumbrer les peüst?
Se nus ici les atenduns,
170 puet cel estre, nus justeruns;
mes ceo n'ateint a nul espleit.
Ki altre cunseil en savreit?'
Cil li dïent: 'Sire, par fei,
pres de cel bois en cel riflei
175 la a une estreite charriere,
par unt il repairent ariere.
Quant il avrunt fet lur eschec,
si returnerunt par ilec;
desarmé sur lur palefreiz
180 s'en revunt il soventes feiz,
si se metent en aventure
cume de murir a dreiture.
Bien tost les purreit damagier
e els laidir e empeirier.'
185 Elidus lur a dit: 'Amis,
la meie fei vus en plevis:
ki en tel liu ne va suvent
u quide perdre a escïent,
ja guaires ne guaaignera
190 ne en grant pris ne muntera.
Vus estes tuit hume le rei,
si li devez porter grant fei.
Venez od mei la u j'irai,
si faites ceo que jeo ferai!
195 Jo vus asseür leialment,
ja n'i avrez encumbrement,
pur tant cume jo puis aidier.
Se nus poüm rien guaaignier,

Voyant Eliduc monter à cheval,
160 ils vont s'armer dans leurs logis
et sortent avec lui par la porte de la ville,
sans attendre l'ordre du roi.
« Seigneur, disent-ils, nous viendrons avec vous
et ferons ce que vous ferez !
165 — Grand merci, leur répond-il.
L'un de vous connaîtrait-il
un passage ou un défilé
par où nous pourrions les surprendre ?
Si nous les attendons ici,
170 nous pourrons bien combattre,
mais sans résultat.
Quelqu'un aurait-il une autre idée ?
— Seigneur, disent-ils, par notre foi,
il y a près de ce bois, dans ce taillis,
175 un chemin étroit
par où ils reviennent sur leurs pas.
Quand ils auront pris leur butin,
ils reviendront par là :
ils y passent bien souvent,
180 sans leurs armes, sur des palefrois.
Si l'on acceptait le risque
de se mettre en danger de mort,
on pourrait bien vite leur causer
honte et dommage[2].
185 — Mes amis, répond Eliduc,
je vous en fais le serment :
qui ne se risque pas souvent
là où il se croit sûr de perdre,
ne gagnera jamais grand profit
190 ni grande renommée.
Vous êtes tous les vassaux du roi
et lui devez fidélité.
Suivez-moi là où j'irai
et faites ce que je ferai !
195 Je vous donne loyalement ma parole
que vous ne subirez aucun dommage
tant que je pourrai l'éviter.
Si nous pouvons remporter un succès,

---

2. Le vers 183 n'ayant pas de sujet, je corrige, selon la proposition de
E. Hoepffner, le vers 181 en *Ki se metreit en aventure.*

ceo nus iert turné a grant pris
200 de damagier noz enemis.'
Icil unt pris la seürté,
si l'unt de si qu'al bois mené.
Pres del chemin sunt enbuschié,
tant que cil se sunt repairié.
205 Elidus lur a tut mustré
e enseignié e devisé,
de quel maniere a els puindrunt
e cum il les escriërunt.
Quant el destreit furent entrez,
210 Elidus les a escriëz.
Tuz apela ses cumpaignuns,
de bien faire les a sumuns.
Il i ferirent durement
ne nes espargnierent niënt.
215 Cil esteient tuit esbaï :
tost furent rut e departi,
en poi d'ure furent vencu.
Lur cunestable unt retenu
e tant des altres chevaliers
220 (tuit en chargent lur esquiërs) :
vint e cinc furent cil de ça,
trente en pristrent de cels de la.
Del harneis pristrent grant atrait :
merveillus guaain i unt fait.
225 Ariere s'en revunt tuit lié :
mult aveient bien espleitié.
Li reis esteit sur une tur.
De ses humes a grant poür ;
d'Eliduc forment se pleigneit,
230 kar il quidout e si cremeit
que il ait mis en abandun
ses chevaliers par traïsun.
Cil s'en vienent tuit aruté
e tuit chargié e tuit trussé.
235 Mult furent plus al revenir
qu'il n'esteient al fors eissir ;
pur ceo les descunut li reis,
si fu en dute e en suspeis.
Les portes cumande a fermer
240 e les genz sur les murs munter
pur traire a els e pur lancier ;

nous aurons la gloire
200 d'avoir causé des pertes à nos ennemis. »
Les chevaliers acceptent son engagement
et le mènent jusqu'au bois.
Ils se postent en embuscade près du chemin,
jusqu'au retour des ennemis.
205 Eliduc leur a bien montré
et expliqué
comment les charger
en criant leur défi.
Dès que les autres entrent dans le défilé,
210 Eliduc crie son défi.
Il appelle tous ses compagnons
et les exhorte à bien se battre.
Tous frappent de grands coups
sans épargner personne.
215 Leurs adversaires, épouvantés,
rompent aussitôt les rangs et se dispersent ;
ils sont bientôt vaincus.
Les vainqueurs ont fait prisonnier le connétable
et bien d'autres chevaliers
220 qu'ils confient à leurs écuyers :
alors qu'ils n'étaient que vingt-cinq,
ils ont capturé trente chevaliers de l'autre camp.
Ils s'emparent d'une grosse quantité de matériel :
ils ont fait un joli butin.
225 Puis ils reviennent, tout joyeux
de leur beau succès.
Le roi, monté sur une tour,
avait très peur pour ses hommes
et se plaignait amèrement d'Eliduc,
230 s'imaginant
qu'il avait trahi ses chevaliers
et les avait livrés à l'ennemi.
Mais les voici venir tous ensemble
et lourdement chargés.
235 Il y avait beaucoup plus de chevaliers au retour
qu'au départ :
le roi ne les reconnaît donc pas
et, dans sa crainte et sa défiance,
fait fermer les portes
240 et ordonne à ses hommes de monter sur les remparts
pour leur lancer des traits.

mes il n'en avrunt nul mestier.
Cil ourent enveié avant
un esquïer esperunant,
245 ki l'aventure li mustra
e del soldeier li cunta,
cum il ot cels de la vencuz
e cum il s'esteit cuntenuz;
unkes tels chevaliers ne fu:
250 lur cunestable a retenu
e vint e noef des altres pris
e mulz nafrez e mulz ocis.
Li reis quant la novele oï,
a merveille s'en esjoï.
255 Jus de la tur est descenduz
e encuntre Eliduc venuz.
De sun bienfait le mercia,
e il les prisuns li livra.
As altres depart le harneis;
260 a sun ués ne retient que treis
chevals ki li erent loé;
tut a departi e duné,
la sue part comunement,
as prisuns e a l'altre gent.

265 Aprés cel fet que jeo vus di,
mult l'ama li reis e cheri.
Un an entier l'a retenu
e cels ki sunt od lui venu,
la fiance de lui en prist;
270 de sa terre guardein en fist.

Elidus fu curteis e sages,
beals chevaliers e pruz e larges.
La fille al rei l'oï numer
e les biens de lui recunter.
275 Par un suen chamberlenc privé
l'a requis, preié e mandé
qu'a li venist esbaneier
e parler e bien acuintier;
mult durement s'esmerveillot
280 que il a li ne repairot.
Elidus respunt qu'il irra,
volentiers s'i acuintera.

Mais ils n'auront pas à aller jusque-là.
Les vainqueurs ont envoyé en avant
un écuyer qui arrive en éperonnant son cheval,
245 leur raconte l'aventure,
la conduite
du nouveau chevalier
et sa victoire sur les ennemis :
on n'a jamais vu pareil chevalier !
250 Il a capturé le connétable
et vingt-neuf autres combattants,
sans compter ceux qu'il a blessés ou tués.
Le roi se réjouit fort
de cette nouvelle :
255 il descend de la tour
à la rencontre d'Eliduc
et le remercie de cette action d'éclat.
Eliduc lui remet les prisonniers
et répartit les équipements entre les autres,
260 ne gardant pour lui
que trois chevaux qui lui avaient été attribués.
Pour le reste de sa part,
il l'a partagé et distribué
aux prisonniers et aux autres combattants.

265 Après l'exploit que je vous ai conté,
le roi s'est pris pour lui d'estime et d'affection.
Il l'a gardé près de lui un an entier,
ainsi que ses compagnons,
en lui faisant prêter serment de fidélité.
270 Il a fait de lui le gardien de son royaume.

Eliduc, courtois et sage,
était un beau chevalier vaillant et généreux.
La fille du roi a entendu parler de lui
et raconter ses exploits.
275 Elle envoie un de ses chambellans
le prier de venir lui parler
et la distraire :
ils feront ainsi connaissance.
Elle s'étonnait fort
280 de ne pas recevoir sa visite.
Eliduc répond qu'il se rendra auprès d'elle
et fera volontiers sa connaissance.

Il est muntez sur sun destrier,
od lui mena un chevalier;
285 a la pucele vait parler.
Quant en la chambre dut entrer,
le chamberlenc enveie avant,
e il s'ala alkes tarjant,
de ci que cil revint ariere.
290 Od dulz semblant, od simple chiere,
od mult noble cuntenement
parla mult afaitieement
e mercia la dameisele,
Guilliadun, ki mult fu bele,
295 de ceo que li plot a mander
que il venist a li parler.
Cele l'aveit par la mein pris,
desur un lit erent asis.
De plusurs choses unt parlé.
300 Icele l'a mult esguardé,
sun vis, sun cors e sun semblant;
dit : en lui n'a mes avenant.
Forment le prise en sun curage.
Amurs i lance sun message
305 ki la somunt de lui amer;
palir la fist e suspirer.
Mes el nel volt metre a raisun,
qu'il ne li turt a mesprisun.
Une grant piece i demura;
310 puis prist cungié, si s'en ala.
El li duna mult a enviz;
mes nepurquant s'en est partiz.
A sun ostel s'en est alez.
Tuz est murnes e trespensez;
315 pur la bele est en grant esfrei,
la fille sun seignur le rei,
ki tant dulcement l'apela,
e de ceo qu'ele suspira.
Mult par se tient a entrepris
320 que tant a esté el païs
que ne l'a veüe sovent.
Quant ceo ot dit, si se repent :
de sa femme li remembra,
e cum il li asseüra
325 que bone fei li portereit

Monté sur son destrier
et accompagné d'un chevalier,
285 il rend visite à la jeune fille.
Avant d'entrer dans sa chambre,
il envoie le chambellan en avant
et reste en arrière
jusqu'au retour de ce dernier.
290 Avec douceur et noblesse,
le visage ouvert,
il prend alors la parole
et remercie courtoisement la demoiselle Guilliadon,
qui est très belle,
295 d'avoir bien voulu le convier
à venir lui parler.
Celle-ci l'a pris par la main
et tous deux se sont assis sur un lit.
Ils ont longuement parlé.
300 Guilliadon contemple son visage,
sa personne, son attitude :
elle se dit que rien en lui ne peut déplaire
et se met à l'estimer fort.
Amour lance alors son message,
305 lui ordonnant d'aimer,
la faisant pâlir et soupirer.
Mais elle ne veut pas parler à Eliduc,
de peur de s'attirer son mépris.
Le chevalier, après une longue visite,
310 prend donc congé et la quitte.
Elle lui donne son congé à contrecœur
mais ne peut l'empêcher de partir.
De retour à son logis,
il est pensif et sombre,
315 bouleversé par la beauté
de la fille du roi son seigneur,
par ses douces paroles
et ses soupirs.
Il se trouve bien malheureux
320 de ne pas l'avoir vue plus souvent,
alors qu'il est depuis si longtemps dans le pays.
Mais aussitôt il se repent de cette pensée
en se rappelant sa femme
et le serment qu'il lui a prêté
325 de lui garder sa foi

e leialment se cuntendreit.

La pucele ki l'ot veü
voldra de lui faire sun dru.
Unkes mes tant nul ne preisa ;
330 se ele puet, sil retendra.
Tute la nuit veilla issi,
ne reposa ne ne dormi.
El demain est matin levee ;
a une fenestre est alee.
335 Sun chamberlenc a apelé,
tut sun estre li a mustré.
'Par fei', fet ele, 'mal m'estait !
Jo sui cheüe en malvés plait :
jeo eim le novel soldeier,
340 Eliduc, le bon chevalier.
Unkes anuit nen oi repos
ne pur dormir les uiz ne clos.
Se par amur me vuelt amer
e de sun cors asseürer,
345 jeo ferai trestut sun plaisir,
si l'en puet granz biens avenir,
de ceste terre sera reis.
Tant par est sages e curteis,
que, s'il ne m'aime par amur,
350 murir m'estuet a grant dolur.'
Quant ele ot dit ceo que li plot,
li chamberlens qu'ele apelot
li a duné cunseil leial ;
ne li deit hum turner a mal.
355 'Dame', fet il, 'quant vus l'amez,
enveiez i, si li mandez.
U ceinture u laz u anel
enveiez li, se vus ert bel.
Se il le receit bonement
360 e joius seit del mandement,
seüre seiez de s'amur !
Il n'a suz ciel empereür,
se vus amer le voliëz,
ki mult n'en deüst estre liez.'
365 La dameisele respundi,
quant le cunseil de lui oï :
'Coment savrai par mun present

et sa loyauté.

La jeune fille, après l'avoir vu,
décide de faire de lui son ami.
Jamais nul homme ne lui a inspiré tant d'estime :
330 si elle en est capable, elle le gardera auprès d'elle.
Elle veille ainsi toute la nuit
sans repos ni sommeil.
Le lendemain, levée de bon matin,
elle va à une fenêtre,
335 appelle son chambellan
et lui révèle son secret.
« Par ma foi, dit-elle, je suis bien malheureuse !
Me voici dans une terrible situation !
J'aime le nouveau chevalier,
340 Eliduc, le vaillant guerrier.
Cette nuit je n'ai pu trouver le repos
ni fermer l'œil.
S'il veut bien me donner son amour
et me prêter serment de fidélité,
345 je ferai tout ce qu'il souhaitera :
il peut en tirer grand profit
et devenir roi de ce pays.
Il est si sage et si courtois
que s'il me refuse son amour,
350 je n'ai plus qu'à mourir de douleur ! »
Quand elle a ainsi soulagé son cœur,
le chambellan qu'elle a appelé
lui donne un conseil loyal
que nul ne pourrait lui reprocher.
355 « Dame, dit-il, puisque vous l'aimez,
envoyez-lui un message !
Envoyez-lui ceinture, lacet ou anneau,
comme il vous plaira.
S'il reçoit votre cadeau de bonne grâce
360 et se montre heureux du message,
vous pouvez être sûre de son amour !
Le plus grand empereur du monde
devrait être joyeux
de vous voir l'aimer ! »
365 La demoiselle répond
à ce conseil :
« Comment mon cadeau peut-il me faire savoir

s'il a de mei amer talent?
Jeo ne vi unkes chevalier
370 ki se feïst de ceo preier,
se il amast u il haïst,
que volentiers ne retenist
cel present qu'um li enveiast.
Mult harreie qu'il me gabast.
375 Mes nepurquant par les semblanz
puet l'um conuistre les alquanz.
Aturnez vus e si alez!'
'Jeo sui', fet il, 'tuz aturnez.'
'Un anel d'or li porterez
380 e ma ceinture li durrez!
Mil feiz le me saluërez!'
Li chamberlens s'en est turnez.
Ele remeint en tel maniere,
pur poi que ne l'apele ariere,
385 e nequedent le lait aler,
si se cumence a dementer:
'Lasse! cum est mis quers suzpris
pur un hume d'altre païs!
Ne sai s'il est de halte gent,
390 si s'en ira hastivement,
jeo remeindrai cume dolente.
Folement ai mise m'entente.
Unkes mes n'i parlai fors ier
e or le faz d'amer preier.
395 Jeo quid que il me blasmera;
s'il est curteis, gre me savra,
(ore est del tut en aventure!)
e se il n'a de m'amur cure,
mult me tendrai a malbaillie;
400 ja mes n'avrai joie en ma vie.'

Tant cum ele se dementa,
li chamberlens mult se hasta.
A Eliduc esteit venuz.
A cunseil li a dit saluz
405 que la pucele li mandot,
e l'anelet li presentot,
la ceinture li a donee.
Li chevaliers l'a merciëe.
L'anelet d'or mist en sun dei,

s'il veut m'aimer?
Je n'ai jamais vu un chevalier
370 se faire prier
pour accepter
un cadeau qu'on lui envoie,
qu'il soit amoureux ou non!
Je ne supporterais pas qu'il se moque de moi.
375 Mais il est vrai qu'à leur réaction
on peut connaître les sentiments des gens.
Préparez-vous et allez le voir!
— Je suis tout prêt.
— Vous allez lui porter un anneau d'or
380 et lui donner ma ceinture.
Vous le saluerez mille fois de ma part!»
Le chambellan s'en est allé
et Guilliadon reste seule:
elle est prête à le rappeler
385 mais le laisse finalement partir.
Elle se met alors à gémir:
«Hélas, voici mon cœur subjugué
par un étranger!
Je ne sais pas s'il est de haut lignage,
390 il s'en ira bientôt
et moi, je resterai à me désoler.
Je suis folle d'avoir pensé à lui!
Je lui ai parlé hier pour la première fois
et maintenant je lui offre mon amour!
395 Je suis sûre qu'il va m'en blâmer.
Mais s'il est courtois, il m'en saura gré.
Le sort en est jeté!
S'il ne veut pas de mon amour,
je serai la plus infortunée des femmes
400 et ne connaîtrai plus jamais le bonheur!»

Pendant qu'elle se lamente,
le chambellan se hâte
d'arriver chez Eliduc.
En secret, il lui transmet
405 les salutations de la jeune fille
et lui offre l'anneau
et la ceinture.
Le chevalier l'a remercié:
il glisse l'anneau à son doigt,

₄₁₀ la ceinture ceinst entur sei ;
ne li vadlez plus ne li dist,
ne il niënt ne li requist
fors tant que del suen li offri.
Cil n'en prist rien, si est parti.
₄₁₅ A sa dameisele reva ;
dedenz sa chambre la trova.
De part celui la salua
e del present la mercia.
'Di va,' fet el, 'nel me celer !
₄₂₀ Vuelt il mei par amurs amer ?'
Il li respunt : 'Ceo m'est a vis :
li chevaliers n'est pas jolis ;
jeol tienc a curteis e a sage,
que bien set celer sun curage.
₄₂₅ De vostre part le saluai
e voz aveirs li presentai.
De vostre ceinture se ceinst,
parmi les flans bien s'en estreinst,
e l'anelet mist en sun dei.
₄₃₀ Ne li dis plus ne il a mei.'
'Nel receut il pur druërie ?
Puet cel estre, jeo sui traïe.'
Cil li a dit : 'Par fei, ne sai.
Ore oëz ceo que jeo dirai :
₄₃₅ s'il ne vus volsist mult grant bien,
il ne volsist del vostre rien.'
'Tu paroles', fet ele, 'en gas.
Jeo sai bien qu'il ne me het pas :
unc ne li forfis de niënt,
₄₄₀ fors tant que jeo l'aim durement ;
e se pur tant me vuelt haïr,
dunc est il dignes de murir.
Ja mes par tei ne par altrui,
de si que jeo parolge a lui,
₄₄₅ ne li voldrai rien demander ;
jeo meïsmes li vueil mustrer
cum l'amurs de lui me destreint.
Mes jeo ne sai se il remeint.'
Li chamberlens a respundu :
₄₅₀ 'Dame, li reis l'a retenu
desqu'a un an par sairement
qu'il le servira leialment.

410 la ceinture autour de sa taille.
Le serviteur n'a rien ajouté
et Eliduc ne lui a rien demandé de plus,
se contentant de lui faire un don.
Mais le chambellan refuse et s'en va
415 rejoindre sa maîtresse,
qu'il trouve dans sa chambre.
De la part d'Eliduc il la salue
et la remercie de son présent.
« Allons, dit-elle, ne me cache rien !
420 Veut-il me donner son amour ?
— Je le crois.
Ce chevalier n'est pas frivole,
je le trouve sage et courtois,
car il sait bien cacher ses sentiments.
425 Je l'ai salué de votre part
et lui ai offert vos cadeaux.
Il a mis votre ceinture
autour de sa taille
et l'anneau à son doigt.
430 Je n'ai rien dit de plus et lui non plus.
— Mais les a-t-il reçus comme des gages d'amour ?
Sinon, me voilà trahie dans mon espoir !
— Par ma foi, je ne sais pas.
Mais écoutez ce que je vais vous dire :
435 s'il ne vous voulait pas beaucoup de bien,
il n'aurait pas accepté vos cadeaux.
— Tu parles à la légère.
Je sais bien qu'il ne me hait pas :
je ne lui ai jamais fait d'autre mal
440 que de l'aimer passionnément !
Si malgré tout il veut me haïr,
il mérite bien la mort.
Jusqu'à ce que je puisse lui parler,
je ne veux plus rien lui demander
445 par ton entremise ou celle d'un autre.
Je veux lui expliquer moi-même
comme son amour me fait souffrir.
Mais je ne sais pas s'il reste ici.
— Dame, répond le chambellan,
450 le roi l'a pris à son service
pour un an en lui faisant prêter
serment de loyauté.

Asez purrez aveir leisir
de mustrer lui vostre plaisir.'
455 Quant ele oï qu'il remaneit,
mult durement s'en esjoeit;
mult esteit liee del sujur.
Ne saveit rien de la dolur
u il esteit, puis qu'il la vit.
460 Unkes n'ot joie ne delit,
fors tant cum il pensa de li.
Mult se teneit a malbailli,
kar a sa femme aveit premis,
ainz qu'il turnast de sun païs,
465 que il n'amereit se li nun.
Ore est sis quers en grant prisun.
Sa leialté voleit guarder;
mes ne s'en puet nïent oster
que il nen eint la dameisele,
470 Guilliadun, ki tant fu bele,
de li veeir e de parler
e de baisier e d'acoler;
mes ja ne li querra amur
ki li aturt a deshonur,
475 tant pur sa femme guarder fei,
tant pur ceo qu'il est od le rei.
En grant peine fu Elidus.
Il est muntez, ne targe plus;
ses cumpaignuns apele a sei.
480 Al chastel vet parler al rei.
La pucele verra s'il puet:
c'est l'achaisuns pur quei s'esmuet.
Li reis est del mangier levez,
es chambres sa fille est entrez.
485 As eschés cumence a juër
a un chevalier d'ultre mer
de l'altre part de l'eschekier,
ki deveit sa fille enseignier.
Elidus est alez avant.
490 Li reis li fist mult bel semblant,
dejuste lui seeir le fist.
Sa fille apele, si li dist:
'Dameisele, a cest chevalier
vus devriëz bien aquintier
495 e faire lui mult grant honur;

Vous aurez donc tout le loisir
de révéler vos sentiments. »
455 En apprenant qu'Eliduc restait,
la jeune fille se réjouit fort,
tout heureuse de ce long séjour.
Mais elle ne savait rien de la douleur
qu'il endurait depuis qu'il l'avait vue.
460 Sa seule joie et son seul plaisir
étaient désormais de penser à elle.
Il se tenait pour bien infortuné
car il avait promis à sa femme,
avant son départ,
465 de n'aimer qu'elle.
Et voilà son cœur prisonnier !
Il veut rester loyal
mais ne peut s'empêcher
d'aimer la demoiselle Guilliadon,
470 qui est si belle,
de désirer la voir et lui parler,
l'embrasser et la serrer dans ses bras.
Mais jamais il ne cherchera à obtenir un amour
qui puisse le déshonorer,
475 parce qu'il doit fidélité à sa femme
mais aussi parce qu'il est au service du roi.
Eliduc est en grand tourment.
Il monte à cheval sans tarder
et appelle ses compagnons :
480 il veut aller au château pour parler au roi.
Il verra peut-être la jeune fille :
c'est là la vraie raison de sa visite.
Le roi vient de se lever de table
et d'entrer dans l'appartement de sa fille.
485 Il commence à jouer aux échecs
contre un chevalier d'outre-mer
placé en face de lui,
qui devait enseigner le jeu à la fille du roi.
Eliduc s'avance ;
490 le roi l'accueille chaleureusement,
le fait asseoir à ses côtés
et appelle sa fille en lui disant :
« Demoiselle, vous devriez lier connaissance
avec ce chevalier
495 et le traiter avec honneur

entre cinc cenz nen a meillur.'
Quant la meschine ot esculté
ceo que sis sire ot cumandé,
mult en fu liee la pucele.
500 Dresciee s'est, celui apele;
luinz des altres se sunt asis.
Amdui erent d'amur espris.
El ne l'osot araisuner,
e il dutot a li parler,
505 fors tant que il la mercia
del present qu'el li enveia,
unkes mes n'ot aveir si chier.
Ele respunt al chevalier
que de ceo li esteit mult bel;
510 pur ceo li enveia l'anel
e la ceinturete altresi,
que de sun cors l'aveit saisi;
ele l'aime de tel amur,
de lui vuelt faire sun seignur;
515 e s'ele ne puet lui aveir,
une chose sace de veir:
ja mes n'avra hume vivant.
Or li redie sun talant!
'Dame', fet il, 'grant gre vus sai
520 de vostre amur, grant joie en ai.
Quant vus itant m'avez preisié,
durement en dei estre lié;
ne remeindra pas endreit mei.
Un an sui remés od le rei.
525 La fiance en a de mei prise;
n'en partirai en nule guise,
de si que sa guerre ait finee.
Puis m'en irai en ma cuntree
kar ne vueil mie remaneir,
530 se cungié puis de vus aveir.'
La pucele li respundi:
'Amis, la vostre grant merci!
Tant estes sages e curteis,
bien avrez purveü anceis
535 que vus voldrez faire de mei.
Sur tute rien vus aim e crei.'
Bien s'esteient aseüré.
A cele feiz n'unt plus parlé.

car sur cinq cents, il n'en est pas de meilleur. »
Dès qu'elle entend
ces recommandations de son père,
la jeune fille, toute joyeuse,
500 se lève et appelle Eliduc :
ils s'assoient à l'écart.
Tous deux sont profondément épris
mais elle n'ose pas prendre la parole
et lui a peur de lui parler ;
505 il se contente de la remercier
du présent qu'elle lui a envoyé :
jamais cadeau ne lui a été si précieux.
Elle répond au chevalier
qu'elle en est très heureuse :
510 si elle lui a envoyé l'anneau
et la ceinture,
c'est qu'elle lui a fait don de sa personne.
Elle l'aime d'un amour si fort
qu'elle veut faire de lui son époux.
515 Et si elle ne peut pas l'épouser,
qu'il sache bien
que jamais elle n'en épousera un autre.
À lui de lui ouvrir son cœur en retour !
« Dame, dit-il, je vous suis grandement reconnaissant
520 de votre amour, qui me comble de joie.
J'ai toutes les raisons d'être heureux
en voyant que vous m'estimez tant.
Et je ne demeurerai pas en reste.
Je dois rester un an auprès du roi :
525 je lui en ai prêté le serment
et pour rien au monde je ne le quitterai
avant la fin de la guerre.
Puis je retournerai dans mon pays,
si vous me donnez mon congé,
530 car je ne veux pas rester ici.
— Ami, répond la jeune fille,
grand merci de ces paroles !
Vous êtes si sage et si courtois
que d'ici là vous aurez bien décidé
535 ce que vous voulez faire de moi.
Je vous aime plus que tout et me fie complètement à vous ! »
Après ces promesses,
ils n'en ont pas dit davantage.

A sun ostel Elidus vet ;
540 mult est joius, mult a bien fet.
Sovent puet parler od s'amie,
granz est entre els la druërie.
Tant s'est de la guerre entremis
qu'il aveit retenu e pris
545 celui ki le rei guerreia,
e tute la terre aquita.
Mult fu preisiez pur sa pruësce,
pur sun sen e pur sa largesce.
Mult li esteit bien avenu !

550 Dedenz le terme que ceo fu,
sis sire l'ot enveié querre
treis messages fors de sa terre.
Mult ert grevez e damagiez
e encumbrez e empeiriez ;
555 tuz ses chastels alot perdant
e tute sa terre guastant.
Mult s'esteit sovent repentiz
que il de lui esteit partiz ;
mal cunseil en aveit eü
560 e malement l'aveit veü.
Les traïturs ki l'encuserent
e empeirierent e medlerent
aveit jetez fors del païs
e en eissil a tuz jurs mis.
565 Pur sun grant busuin le mandot
e sumuneit e conjurot
par la fiance qu'il li fist
quant il l'umage de lui prist,
que s'en venist pur lui aidier ;
570 kar mult en aveit grant mestier.

Elidus oï la novele.
Mult li pesa pur la pucele ;
kar anguissusement l'amot
e ele lui que plus ne pot.
575 Mes n'ot entre els nule folie,
joliveté ne vileinie ;
de duneier e de parler
e de lur beals aveirs doner
esteit tute la druërie

Eliduc retourne dans son logis,
540 plein de joie : il a agi comme il convenait.
Il peut parler souvent avec son amie :
leur amour est immense.
Il a si bien conduit la guerre
qu'il a fait prisonnier
545 l'ennemi du roi
et libéré tout le royaume.
Tous louent sa valeur,
sa sagesse et sa générosité.
Tout lui a vraiment réussi !

550 Pendant ce temps,
son suzerain avait envoyé de chez lui
trois messagers à sa recherche.
Il était accablé de malheurs
et d'épreuves,
555 perdait peu à peu tous ses châteaux,
voyait sa terre ravagée.
Il s'était bien souvent repenti
de s'être séparé d'Eliduc :
c'était sur la foi d'un mauvais conseil,
560 qu'il avait payé cher.
Mais les traîtres qui avaient accusé
et calomnié Eliduc
étaient maintenant chassés du pays
et bannis à jamais.
565 Dans sa grande détresse,
il faisait donc appel à son vassal
et le conjurait, au nom du serment prêté
le jour de l'hommage,
de venir à son aide,
570 car il en avait grand besoin.

À cette nouvelle,
Eliduc souffre cruellement ;
car il aime éperdument la jeune fille
et elle lui rend passionnément son amour.
575 Mais jamais ils ne se sont rendus coupables
de la moindre folie ;
leur liaison se résume
à de tendres entretiens
et à des échanges de beaux cadeaux :

580 par amur en lur cumpaignie.
    Ceo fu s'entente e sun espeir:
    el le quidot del tut aveir
    e retenir s'ele peüst;
    ne saveit pas que femme eüst.
585 'A las', fet il, 'mal ai erré!
    Trop ai en cest païs esté!
    Mar vi unkes ceste cuntree!
    Une meschine i ai amee,
    Guilliadun, la fille al rei,
590 mult durement e ele mei.
    Quant si de li m'estuet partir,
    un de nus dous estuet murir
    u ambedous, estre ceo puet.
    E nepurquant aler m'estuet;
595 mis sire m'a par brief mandé
    e par sairement conjuré
    e ma femme de l'altre part.
    Or me covient que jeo me guart!
    Jeo ne puis mie remaneir,
600 ainz m'en irai par estuveir.
    S'a m'amie esteie espusez,
    nel suferreit crestïëntez.
    De tutes parz va malement.
    Deus, tant est dur departement!
605 Mes qui qu'il turt a mesprisun,
    vers li ferai tuz jurs raisun;
    tute sa volenté ferai
    e par sun cunseil errerai.
    Li reis, sis sire, a bone pais,
610 ne quit que nuls le guerreit mais.
    Pur le busuin de mun seignur
    querrai cungié devant le jur
    que mis termes esteit asis
    que od lui sereie el païs.
615 A la pucele irai parler
    e tut mun afaire mustrer;
    ele me dira sun voleir
    e jol ferai a mun poeir.'

580 voilà comment ils se manifestent leur amour.
   Elle n'a qu'un désir et qu'un espoir,
   l'avoir tout à elle
   et le garder auprès d'elle, si elle en est capable :
   elle ne sait pas qu'il est marié.
585 « Hélas, se dit-il, j'ai mal agi !
   Je suis depuis trop longtemps dans ce pays,
   que j'ai vu pour mon malheur !
   J'y suis devenu éperdument amoureux d'une jeune fille,
   Guilliadon, la fille du roi,
590 et elle s'est éprise de moi.
   Puisqu'il me faut la quitter,
   l'un de nous devra en mourir,
   les deux peut-être.
   Et pourtant je dois m'en aller :
595 mon suzerain m'a écrit pour me rappeler,
   en me conjurant au nom de mon serment ;
   et ma femme également m'a fait prêter serment !
   Il me faut prendre une décision[3] !
   Il m'est impossible de rester.
600 Il me faut absolument partir !
   Épouser mon amie,
   la religion chrétienne ne me le permettrait pas.
   Ma situation est désespérée de tous les côtés !
   Dieu, que la séparation est cruelle !
605 Mais quelles qu'en soient les conséquences,
   je ferai toujours droit aux vœux de mon amie,
   j'accomplirai sa volonté
   et agirai suivant ses conseils.
   Le roi, son père, jouit d'une paix durable
610 et je ne pense pas qu'on lui fasse la guerre désormais.
   En raison de la détresse de mon suzerain,
   je demanderai mon congé
   avant le jour fixé
   pour la fin de mon séjour auprès du roi.
615 J'irai parler à la jeune fille
   et lui expliquer ma situation :
   elle me dira ce qu'elle désire
   et je lui obéirai de mon mieux. »

---

3. Le vers 597 a généralement été corrigé. J. Rychner réunit les vv. 597-598 et
corrige en *E de ma feme d'autre part*, traduisant « et il faut d'autre part que je me
soucie de ma femme ».

Li chevaliers n'a plus targié ;
620 al rei vait prendre le cungié.
L'aventure li cunte e dit,
le brief li a mustré e lit
que sis sire li enveia
ki par destresce le manda.
625 Li reis oï le mandement
e qu'il ne remeindra niënt ;
mult est dolenz e trespensez.
Del suen li a offert asez,
la tierce part de s'erité
630 e sun tresor abandoné
pur remaneir ; tant li fera
dunt a tuz jurs le loëra.
'Par Deu', fet il, 'a ceste feiz,
puis que mis sire est si destreiz
635 e il m'a mandé de si loin,
jo m'en irai par sun busoin,
ne remeindrai en nule guise.
S'avez mestier de mun servise,
a vus revendrai volentiers
640 od grant esforz de chevaliers.'
De ceo l'a li reis mercié
e bonement cungié doné.
Tuz les aveirs de sa maisun
li met li reis en abandun,
645 or e argent, chiens e chevals
e dras de seie bons e beals.
Il en prist mesurablement.
Puis li a dit avenantment
qu'a sa fille parler ireit
650 mult volentiers, se lui plaiseit.
Li reis respunt : 'Ceo m'est mult bel.'
Avant enveie un dameisel,
ki l'us de la chambre aovri.
Elidus vet parler a li.
655 Quant el le vit, si l'apela
e sis mil feiz le salua.
De sun afaire cunseil prent,
sun eire li mustre briefment.
Ainz qu'il li eüst tut mustré
660 ne cungié pris ne demandé,
se pasma ele de dolur

Sans plus tarder,
620 le chevalier s'en va prendre congé du roi
en lui expliquant ce qui lui arrive :
il lui montre et lui lit la lettre
que son seigneur lui a envoyée
pour l'appeler à son secours.
625 Le roi, en entendant cet appel,
comprend qu'Eliduc ne restera pas
et s'en désole.
Il lui offre une grande partie de ses biens,
le tiers de son héritage,
630 met son trésor à sa disposition
pour le convaincre de rester ; il promet de faire en sorte
qu'Eliduc n'ait toujours qu'à se louer de lui.
« Au nom de Dieu, répond Eliduc, pour cette fois,
mon seigneur est dans une telle détresse
635 et m'a lancé un appel de si loin
que j'irai à son secours :
je ne puis absolument pas rester.
Mais si vous avez besoin de mes services,
je me ferai un plaisir de revenir auprès de vous
640 avec un grand renfort de chevaliers. »
Le roi lui donne amicalement congé
avec force remerciements
et met à sa disposition
tout ce qu'il possède :
645 or et argent, chiens et chevaux
et les plus beaux vêtements de soie.
Eliduc se sert avec modération
et lui dit avec courtoisie
qu'il irait volontiers parler à sa fille,
650 avec sa permission.
Le roi accepte aussitôt
et envoie un écuyer
ouvrir la porte de l'appartement.
Eliduc va parler à la jeune fille
655 qui, dès qu'elle le voit, l'appelle
et le salue mille fois.
Il lui demande conseil
et lui expose rapidement sa situation.
Mais avant même qu'il ait achevé
660 et qu'il ait pu prendre ou demander son congé,
elle perd toutes ses couleurs

e perdi tute sa culur.
Quant Elidus la veit pasmer,
si se cumence a dementer.
665 La buche li baise sovent
e si plure mult tendrement;
entre ses braz la prist e tint,
tant que de pasmeisuns revint.
'Par Deu', fet il, 'ma dulce amie,
670 sufrez un poi que jo vus die:
vus estes ma vie e ma mort,
en vus est trestut mun confort;
pur ceo preng jeo cunseil de vus,
que fiances a entre nus.
675 Pur busuin vois en mun païs,
a vostre pere ai cungié pris;
mes jeo ferai vostre plaisir,
que que me deïë avenir.'
'Od vus', fet ele, 'm'en menez,
680 puis que remaneir ne volez!
U se ceo nun, jeo m'ocirai;
ja mes joie ne bien n'avrai.'
Elidus respunt par dulçur,
ki mult l'amot de bone amur:
685 'Bele, jeo sui par sairement
a vostre pere veirement
(se jeo vus en menoe od mei,
jeo li mentireie ma fei)
de si qu'al terme ki fu mis.
690 Leialment vus jur e plevis,
se cungié me volez doner
e respit metre e jur nomer,
se vus volez que jeo revienge,
n'est riens el mund ki me retienge,
695 pur ceo que seie vis e seins.
Ma vie est tute entre voz meins.'
Cele ot de lui la grant amur;
terme il dune e nume jur
de venir e pur li mener.
700 Grant duel firent al desevrer;
lur anels d'or s'entrechangierent
e dulcement s'entrebaisierent.

Il est desqu'a la mer alez.

et s'évanouit de douleur.
Eliduc se désespère
de la voir ainsi s'évanouir.
665 Il lui baise la bouche
en pleurant de tendresse,
la prend dans ses bras et la serre contre lui
jusqu'à ce qu'elle revienne à elle.
« Au nom de Dieu, dit-il, ma douce amie,
670 laissez-moi un peu vous parler !
Vous êtes ma vie et ma mort,
vous êtes mon seul réconfort.
Je vous demande conseil
à cause de l'engagement qui nous lie.
675 C'est la nécessité qui m'appelle dans mon pays
et j'ai déjà pris congé de votre père ;
mais je respecterai votre volonté,
quelles qu'en soient les conséquences.
— Emmenez-moi donc avec vous,
680 puisque vous ne voulez pas rester !
Sinon je me tuerai
car j'aurai perdu à jamais ma joie et mon bonheur ! »
Eliduc, qui l'aime tendrement,
lui répond doucement :
685 « Belle amie, je suis absolument lié
par mon serment à votre père,
jusqu'à la fin du délai fixé,
et si je vous emmenais avec moi,
ce serait le trahir.
690 Mais je vous jure et vous garantis en toute loyauté
que si vous consentez à me donner congé,
m'accorder un délai et fixer le jour
où vous voulez me voir revenir,
rien au monde ne pourra me retenir,
695 pourvu que je sois vivant et en bonne santé.
Ma vie est toute entre vos mains ! »
La jeune fille comprend la force de l'amour d'Eliduc,
lui accorde un délai et lui fixe un jour
pour revenir la chercher.
700 La séparation est douloureuse :
ils échangent leurs anneaux d'or
et s'embrassent tendrement.

Eliduc fait route vers la mer ;

Bon ot le vent, tost est passez.
705 Quant Elidus est repairiez,
sis sire en est joius e liez
e si ami e si parent
e li altre comunement
e sa bone femme sur tuz,
710 ki mult est bele, sage e pruz.
Mes il esteit tuz jurs pensis
pur l'amur dunt il ert suzpris;
unkes pur rien que il veïst
joie ne bel semblant ne fist,
715 ne ja mes joie nen avra,
de si que s'amie verra.
Mult se cuntint sutivement.
Sa femme en ot le quer dolent,
ne sot mie que ceo deveit;
720 a sei meïsmes se pleigneit.
Ele li demandot suvent,
s'il ot oï de nule gent
qu'ele eüst mesfet u mespris,
tant cum il fu hors del païs;
725 volentiers s'en esdrescera
devant sa gent, quant li plaira.
'Dame', fet il, 'pas ne vus ret
de mesprisun ne de mesfet.
Mes el païs u j'ai esté
730 ai al rei plevi e juré
que jeo dei a lui repairier;
kar de mei a mult grant mestier.
Se li reis mis sire aveit pais,
ne remeindreie uit jurs aprés.
735 Grant travail m'estuvra sufrir,
ainz que jeo puisse revenir.
Ja, de si que revenuz seie,
n'avrai joie de rien que veie;
kar ne vueil ma fei trespasser.'
740 A tant le lait la dame ester.
Elidus od sun seignur fu.
Mult li a aidié e valu;
par le cunseil de lui errot
e tute la terre guardot.
745 Mes quant li termes apreça,
que la pucele li numa,

le vent est favorable, la traversée rapide.
705 Son seigneur est plein de joie
de le voir revenir,
tout comme ses amis, ses parents
et tous les gens du pays,
et plus que tous, sa noble épouse,
710 si belle, si sage et si vertueuse.
Mais possédé par son amour,
il est toujours sombre ;
rien de ce qu'il voit
ne peut lui donner joie ni plaisir :
715 c'est qu'il ne pourra trouver la joie
qu'en revoyant son amie.
Il cache donc ses sentiments
et sa femme, affligée,
ne comprend pas la raison de son attitude
720 et se lamente de son côté.
Elle ne cesse de lui demander
s'il a entendu quelqu'un
l'accuser d'avoir commis une faute
pendant qu'il était à l'étranger ;
725 dans ce cas, elle est prête à s'en justifier
devant ses hommes, quand il le souhaitera.
« Dame, répond-il, je ne vous accuse
d'aucune faute.
Mais dans le pays où j'ai séjourné
730 j'ai prêté le serment au roi
de revenir auprès de lui
car il a grand besoin de moi.
Si la paix revenait sur les terres du roi mon seigneur,
je ne resterais pas huit jours de plus.
735 Bien des tourments m'attendent
avant de pouvoir retourner là-bas
et d'ici ce retour,
rien de ce que je vois ne pourra me réjouir
car je ne veux pas manquer à ma parole. »
740 Alors la dame laisse là la conversation.
Eliduc demeure donc près de son seigneur
et lui prodigue une aide précieuse.
Le roi se guide sur ses conseils
et lui confie la garde de toute sa terre.
745 Mais le jour fixé par la jeune fille
approche.

de pais faire s'est entremis :
tuz acorda ses enemis.
Puis s'est apareilliez d'errer
750 e quel gent il voldra mener.
Dous suens nevuz qu'il mult ama
e un suen chamberlenc mena
(cil ot de lur cunseil esté
e le message aveit porté)
755 e ses esquiërs sulement ;
il nen ot cure d'altre gent.
A cels fist plevir e jurer
de tut sun afaire celer.

En mer se mist, plus n'i atent.
760 Ultre furent hastivement.
En la cuntree est arivez,
u il esteit plus desirez.
Elidus fu mult veziëz,
luin des hafnes s'est herbergie,
765 ne voleit mie estre veüz
ne trovez ne recuneüz.
Sun chamberlenc apareilla
e a s'amie l'enveia,
si li manda que venuz fu,
770 bien a sun cuvenant tenu ;
la nuit quant tut fu avespré,
s'en eissist fors de la cité ;
li chamberlens od li ira,
e il encuntre li sera.
775 Cil aveit tuz changiez ses dras.
A pié s'en vet trestut le pas ;
a la cité ala tut dreit,
u la fille le rei esteit.
Tant aveit purchacié e quis,
780 que dedenz la chambre s'est mis.
A la pucele dist saluz
e que sis amis ert venuz.
Quant ele a la novele oïe,
tute fu murne e esbaïe ;
785 de joie plure tendrement
e celui a baisié suvent.
Il li a dit qu'a l'avesprer
l'en estuvra od lui aler.

Alors Eliduc s'est chargé de conclure la paix
et de réconcilier tous les ennemis.
Puis il s'est préparé au départ
750 et a choisi ses compagnons de voyage :
seulement deux neveux qu'il aimait beaucoup,
l'un de ses chambellans
(celui qui était dans le secret
et avait servi de messager)
755 et ses écuyers ;
il n'avait pas envie d'en emmener d'autres.
À tous ceux-là il fait prêter le serment
de garder le secret.

Il prend la mer sans plus attendre.
760 Les voilà vite de l'autre côté
et Eliduc arrive dans le pays
où il est le plus désiré.
Habilement,
il se loge loin des ports
765 pour éviter d'être vu
et reconnu.
Il donne ses instructions à son chambellan,
qu'il envoie à son amie
pour lui dire qu'il est arrivé,
770 fidèle à sa promesse :
cette nuit, quand il fera sombre,
qu'elle sorte de la ville
avec le chambellan :
lui-même viendra à sa rencontre.
775 Le chambellan, qui a changé de vêtements,
s'en va à pied, sans se presser,
droit à la cité
où résidait la fille du roi.
Il fait si bien
780 qu'il entre dans sa chambre
et salue la jeune fille
en lui disant que son ami est arrivé.
Elle était triste et abattue ;
mais à cette nouvelle,
785 elle se met à pleurer doucement de joie
et embrasse longuement le messager. (c'est le chambellan)
Il lui explique qu'à la tombée du jour
il faudra qu'elle parte avec lui.

Tut le jur unt issi esté
790 e lur eire bien devisé.
La nuit quant tut fu aseri,
de la vile s'en sunt parti
li dameisels e ele od lui,
e ne furent mais que il dui.
795 Grant poür a qu'um ne la veie.
Vestue fu d'un drap de seie
menuëment a or brosdé,
e un curt mantel afublé.

Luinz de la porte al trait d'un arc
800 la ot un bois, clos d'un bel parc.
Suz le paliz les atendeit
sis amis, ki pur li veneit.
Li chamberlens la l'amena,
e il descent, si la baisa.
805 Grant joie funt a l'assembler.
Sur un cheval la fist munter,
e il munta, sa resne prent,
od li s'en vet hastivement.
Al hafne vient a Toteneis.
810 En la nef entrent demaneis ;
n'i ot hume se les suens nun
e s'amie Guilliadun.
Bon vent ourent e bon oré
e tut le tens aseüré.
815 Mes quant il durent ariver,
une turmente ourent en mer,
e uns venz devant els leva
ki luin del hafne les geta ;
lur verge bruisa e fendi
820 e tut lur sigle desrumpi.
Deu recleiment devotement,
seint Nicholas e seint Clement
e madame seinte Marie
que vers sun fiz lur querge aïe,
825 qu'il les guarisse de perir
e qu'al hafne puissent venir.
Une hure ariere, une altre avant
issi alouent costeiant.
Mult esteient pres de turment.
830 Uns des eschipres haltement

Ils passent donc la journée
790 à organiser leur départ.
Et la nuit, quand il fait bien sombre,
ils quittent la ville,
le jeune homme et la fille du roi,
seuls tous les deux.
795 Elle a très peur d'être vue.
Elle porte un vêtement de soie
finement brodé d'or,
sous un manteau court.

À une portée d'arc de la porte de la ville
800 se trouvait un bois bien clôturé.
Devant la palissade les attendait
son ami, venu à sa rencontre.
Le chambellan amène la jeune fille
et Eliduc descend de cheval pour l'embrasser.
805 Quelle joie à ces retrouvailles !
Il la fait monter à cheval,
monte lui-même en selle, saisit les rênes
et part au galop avec elle.
Au port de Totness,
810 ils montent à bord du navire :
il n'y avait que ses hommes
et son amie Guilliadon.
Le vent était favorable
et le temps paraissait calme.
815 Mais au moment d'aborder,
la tempête se lève en mer
et un vent contraire
les rejette loin du port ;
la vergue est en pièces,
820 les voiles déchirées.
Ils invoquent Dieu avec ferveur,
ainsi que saint Nicolas et saint Clément,
et supplie Notre Dame sainte Marie
d'intercéder pour eux auprès de son fils
825 afin qu'il les préserve de la mort
et leur permette de venir au port.
Ils dérivent ainsi le long du rivage,
tantôt plus près, tantôt plus loin :
le naufrage semble inévitable.
830 L'un des matelots s'écrie alors :

s'est escriëz : 'Que faimes nus ?
Sire, ça enz avez od vus
cele par qui nus perissuns.
Ja mes a terre ne vendruns !

835 Femme leial espuse avez
e sur celi altre en menez
cuntre Deu e cuntre la lei,
cuntre dreiture e cuntre fei.
Laissiez la nus geter en mer,

840 si poüm sempres ariver.'
Elidus oï que cil dist,
a poi de l'ire ne mesprist.
'Fiz a putain', fet il, 'malvais,
fel traïtre, nel dire mais !'

845 Se s'amie peüst laissier,
il li eüst vendu mult chier.
Mes entre ses braz la teneit
e cunfortout ceo qu'il poeit
del mal que ele aveit en mer

850 e de ceo qu'ele oï numer
que femme espuse ot sis amis,
altre que li, en sun païs.
Desur sun vis cheï pasmee,
tute pale, desculuree.

855 En la pasmeisun demura,
qu'el ne revint ne suspira.
Cil ki ensemble od lui l'en porte
quidot pur veir qu'ele fust morte.
Mult fet grant doel. Sus est levez,

860 vers l'eschipre en est tost alez.
De l'avirun si l'a feru
qu'il l'abati tut estendu.
Par le pié l'en a jeté fors ;
les undes en portent le cors.

865 Puis qu'il l'ot lancié en la mer,
a l'estiere vait governer.
Tant guverna la nef e tint,
le hafne prist, a terre vint.
Quant il furent bien arivé,

« Que faisons-nous ?
Seigneur, vous avez ici près de vous
celle qui cause notre perte.
Jamais nous ne toucherons terre !
835 Vous avez une loyale épouse
et vous voulez en amener une autre,
contre Dieu et contre la religion,
contre le droit et contre la foi jurée !
Laissez-nous la jeter à la mer :
840 alors nous pourrons aborder[4] ! »
Eliduc, à ces mots,
est presque fou de rage :
« Fils de putain, félon,
misérable traître, tais-toi ! »
845 S'il avait pu laisser son amie,
il lui aurait fait payer cher ses paroles.
Mais il la tenait dans ses bras
et la réconfortait de son mieux.
Car aux souffrances de la tempête
850 s'ajoutait celle d'apprendre
que son ami avait dans son pays
une autre épouse qu'elle.
Elle s'affaisse contre le visage d'Eliduc, évanouie,
livide et sans couleurs
855 et demeure ainsi évanouie
sans revenir à elle, sans pousser un soupir.
Il la prend dans ses bras
et, persuadé qu'elle est morte,
s'abandonne à sa douleur. Mais il se relève
860 pour se précipiter sur le matelot
et lui donner un coup d'aviron si violent
qu'il le renverse à terre.
Puis il le prend par les pieds et le jette par-dessus bord :
les vagues emportent le corps.
865 Après l'avoir jeté à l'eau,
il prend le gouvernail
et pilote si bien le navire
qu'il vient au port et aborde.
Quand ils ont bien accosté,

---

4. La croyance selon laquelle la présence à bord d'un coupable provoque une tempête qui ne s'apaisera qu'avec la mort de celui-ci est un motif folklorique bien attesté : voir *Motif Index* S.264.1, *Man thrown overboard to placate Storm*.

870 le pont mist jus, ancre a geté.
Encor jut ele en pasmeisun,
nen ot semblant se de mort nun.
Elidus faiseit mult grant doel;
iluec fust morz od li sun voel.
875 A ses cumpaignuns demanda
quel cunseil chescuns li durra
u la pucele portera;
kar de li ne se partira,
si sera enfuïe e mise
880 od grant honur, od bel servise
en cimiterie beneeit;
fille ert a rei, si'n aveit dreit.
Cil en furent tuit esguaré,
ne li aveient rien loé.
885 Elidus prist a purpenser
quel part il la purra porter.
Sis recez fu pres de la mer,
estre i peüst a sun digner.
Une forest aveit en tur,
890 trente liwes ot de lungur.
Uns seinz hermites i maneit
e une chapele i aveit;
quarante anz i aveit esté.
Meinte feiz ot od lui parlé.
895 A lui, ceo dist, la portera,
en sa chapele l'enforra:
de sa terre tant i durra,
une abeïe i fundera,
si i metra cuvent de moignes
900 u de nuneins u de chanoignes,
ki tuz jurs preierunt pur li;
Deus li face bone merci!
Ses chevals a faiz amener,
sis cumande tuz a munter.
905 Mes la fiance prent d'icels
que il n'iert descuverz par els.
Devant lui sur sun palefrei
s'amie porte ensemble od sei.

Le dreit chemin unt tant erré
910 qu'il esteient el bois entré.
A la chapele sunt venu,

870 il fait descendre la passerelle et jeter l'ancre.
Mais la jeune fille était toujours évanouie,
donnant toutes les apparences de la mort.
Accablé de douleur,
Eliduc aurait voulu mourir sur-le-champ avec elle.
875 Il demande à chacun de ses compagnons
de le conseiller et de lui dire
où transporter la jeune fille ;
car il ne veut pas la quitter
avant qu'elle soit ensevelie
880 avec tous les honneurs
dans la terre bénie d'un cimetière :
elle était fille de roi et avait droit à des funérailles
Mais ses amis, éperdus,   [magnifiques.
ne savent que lui conseiller.
885 Alors Eliduc cherche un endroit
où il pourra la transporter.
Son château était près de la mer,
il pouvait y être pour l'heure du repas.
Tout autour s'étendait une forêt
890 de trente lieues de long
où vivait depuis quarante ans
un saint ermite,
près d'une chapelle.
Il lui avait souvent parlé.
895 Il décide de lui amener la jeune fille,
qu'il enterrera dans la chapelle.
Puis il donnera une partie de sa terre
pour fonder une abbaye
avec un couvent de moines,
900 de religieuses ou de chanoines
qui prieront pour elle sans relâche :
que Dieu ait pitié d'elle !
Il fait amener ses chevaux
et ordonne à tous de monter en selle.
905 Mais il leur fait d'abord jurer
de ne rien révéler.
Il porte son amie devant lui,
sur son palefroi.

Ils sont allés tout droit
910 dans la forêt.
À la chapelle,

apelé i unt e batu;
n'i troverent kis respundist
ne ki la porte lur ovrist.
915 Un des suens fist ultre passer,
la porte ovrir e desfermer.
Uit jurs esteit devant finiz
li seinz hermites, li parfiz.
La tumbe novele trova.
920 Mult fu dolenz, mult s'esmaia.
Cil voleient la fosse faire,
(mes il les fist ariere traire),
u il deüst metre s'amie.
Il lur a dit: 'Ceo n'i a mie;
925 ainz en avrai mun conseil pris
a la sage gent del païs,
cum purrai le liu eshalcier
u d'abeïe u de mustier.
Devant l'alter la culcherum
930 e a Deu la cumanderum.'
Il a fet aporter ses dras,
un lit li funt ignelepas;
la meschine desus culchierent
e cum pur morte la laissierent.
935 Mes quant ceo vint al departir,
dunc quida il de doel murir;
les uiz li baisa e la face.
'Bele', fet il, 'ja Deu ne place
que ja mes puisse armes porter
940 n'el siecle vivre ne durer!
Bele amie, mar me veïstes!
Dulce chiere, mar me siwistes!
Bele, ja fussiez vus reïne,
ne fust l'amurs leials e fine,
945 dunt vus m'amastes leialment.
Mult ai pur vus mun quer dolent.
Le jur que jeo vus enforrai,
ordre de moigne recevrai;
sur vostre tumbe chescun jur
950 ferai refreindre ma dolur.'
A tant s'en part de la pucele,
si ferme l'us de la chapele.

A sun ostel a enveié

ils ont appelé et frappé à la porte
mais personne n'est venu leur répondre
ni leur ouvrir la porte.
915 Alors Eliduc fait entrer l'un de ses hommes
pour qu'il leur en ouvre la porte.
Le bon ermite, le saint homme
était mort depuis huit jours :
il trouve la tombe toute fraîche
920 et en éprouve un profond chagrin.
Ses compagnons voulaient creuser ici
la tombe de son amie
mais il leur ordonne de reculer
en leur disant : « Il n'en est pas question !
925 Je veux d'abord demander conseil
aux sages du pays
pour savoir comment je peux ennoblir ce lieu
en y construisant une abbaye ou une église.
Nous la déposerons devant l'autel
930 en la recommandant à Dieu. »
Il ordonne que l'on apporte les vêtements de la jeune fille,
dont on lui fait aussitôt un lit ;
on l'y étend
et on la laisse pour morte.
935 Mais au moment de la quitter,
Eliduc croit mourir de chagrin.
Il lui embrasse les yeux et le visage.
« Belle amie, dit-il, à Dieu ne plaise
que je continue à porter les armes
940 et à vivre en ce monde !
Belle, c'est pour votre malheur que vous m'avez vu !
Douce et chère amie, c'est pour votre malheur que vous
Belle, vous seriez reine maintenant,   [m'avez suivi !
si vous ne m'aviez aimé
945 de cet amour loyal et parfait !
Mon cœur est plein de douleur !
Le jour où je vous ensevelirai,
je me ferai moine
et chaque jour, sur votre tombe,
950 j'essaierai d'apaiser ma peine ! »
Puis il quitte la jeune fille
et referme la porte de la chapelle.

Il envoie un messager chez lui

```
       sun message, si a nuncié
 955   a sa femme que il veneit,
       mes las e travailliez esteit.
       Quant el l'oï, mult en fu liee.
       Cuntre lui s'est apareilliee.
       Sun seignur receit bonement,
 960   mes poi de joie l'en atent ;
       kar unkes bel semblant ne fist
       ne bone parole ne dist.
       Nuls ne l'osot metre a raisun.
       Dous jurs esteit en la maisun.
 965   La messe oeit bien par matin,
       puis se meteit suls al chemin.
       El bois alot a la chapele
       la u giseit la dameisele.
       En la pasmeisun la trovot :
 970   ne reveneit, ne suspirot.
       De ceo li semblot granz merveille
       qu'il la veeit blanche e vermeille ;
       unkes la colur ne perdi
       fors un petit qu'ele enpali.
 975   Mult anguissusement plurot
       e pur l'alme de li preiot.
       Quant aveit faite sa preiere,
       a sa maisun alot ariere.

       Un jur a l'eissir del mustier
 980   l'aveit sa femme fet guaitier
       un suen vadlet ; mult li premist,
       de luinz alast e si veïst
       quel part sis sire turnereit,
       chevals e armes li durreit.
 985   Cil a sun comandement fait.
       El bois se met, aprés lui vait
       si qu'il ne l'a aparceü.
       Bien a esguardé e veü
       cument en la chapele entra ;
 990   le duel oï qu'il demena.
       Ainz qu'Elidus s'en seit eissuz,
       est a sa dame revenuz.
       Tut li cunta que il oï,
```

pour annoncer
955 à sa femme qu'il revient,
mais qu'il est las et épuisé.
Tout heureuse de cette nouvelle,
elle se prépare pour aller à sa rencontre.
Elle accueille son époux avec tendresse
960 mais y gagne peu de joie ;
car il ne lui manifeste aucune affection,
n'a pas une parole de tendresse.
Nul n'osait lui adresser la parole.
Il ne bougeait pas de ses terres[5].
965 Il allait écouter la messe de bon matin
puis se mettait en route, seul,
gagnait la forêt et la chapelle
où gisait la demoiselle.
Il la retrouvait, toujours évanouie :
970 elle ne revenait pas à elle et ne respirait pas.
Mais il s'émerveillait
de lui voir conserver ses couleurs
et rester blanche et vermeille ;
elle était seulement un peu plus pâle.
975 Il pleurait amèrement
et priait pour le repos de l'âme de Guilliadon.
Après sa prière,
il regagnait sa demeure.

Un jour, à la fin de la messe,
980 sa femme le fait épier
par l'un de ses serviteurs à qui elle promet un riche présent,
des chevaux et des armes,
pour qu'il suive de loin son époux
et découvre où il se rend.
985 Le serviteur, obéissant,
suit Eliduc sans se faire voir
quand il entre dans la forêt.
Il l'a bien vu
entrer dans la chapelle,
990 il l'a entendu exprimer sa douleur.
Avant même qu'Eliduc ne quitte la chapelle,
il est de retour auprès de sa dame,
lui raconte tout ce qu'il a entendu :

---

5. Au vers 964, il faut corriger, avec J. Rychner, *dous jours* en *tous jours*.

la dolur, la noise e le cri
995 cum fet sis sire en l'ermitage.
Ele en mua tut sun curage.
La dame dist: 'Sempres iruns!
Tut l'ermitage cercheruns!
Mis sire deit, ceo quit, errer;
1000 a la curt vet al rei parler.
Li hermites fu morz pieç'a;
jeo sai asez que il l'ama,
mes ja pur lui ceo ne fereit
ne tel dolur ne demerreit.'
1005 A cele feiz le lait issi.

Cel jur meïsme aprés midi
vait Elidus parler al rei.
Ele prent le vadlet od sei;
a l'ermitage l'a menee.
1010 Quant en la chapele est entree
e vit le lit a la pucele,
ki resemblot rose nuvele,
del cuvertur la descovri
e vit le cors tant eschevi,
1015 les braz luns e blanches les meins
e les deiz grailes, luns e pleins.
Or set ele la verité,
pur quei sis sire a duel mené.
Le vadlet avant apela
1020 e la merveille li mustra.
'Veiz tu', fet ele, 'ceste femme,
ki de belté resemble gemme?
Ceo est l'amie mun seignur,
pur qui il meine tel dolur.
1025 Par fei, jeo ne m'en merveil mie,
quant si bele femme est perie.
Tant par pitié, tant par amur
ja mes n'avrai joie nul jur.'
Ele cumença a plurer
1030 e la meschine regreter.
Devant le lit s'asist plurant.
Une musteile vint curant,
de suz l'alter esteit eissue;
e li vadlez l'aveit ferue
1035 pur ceo que sur le cors passa,

l'explosion de douleur
995 à laquelle s'est livré son époux dans l'ermitage.
La dame, bouleversée,
déclare : « Nous allons y aller
et fouiller tout l'ermitage !
Mon époux doit, je crois, partir en voyage
1000 et se rendre à la cour du roi pour lui parler.
L'ermite est mort il y a quelque temps :
je sais bien qu'il l'aimait beaucoup,
mais ce n'est certes pas pour lui
qu'il manifesterait une telle douleur ! »
1005 Pour cette fois, elle en reste là.

Le jour même, après midi,
Eliduc se rend auprès du roi.
La dame emmène son serviteur,
qui la guide jusqu'à l'ermitage.
1010 En entrant dans la chapelle,
elle voit, sur le lit, la jeune fille,
qui ressemble à une rose fraîche éclose.
Elle enlève la couverture,
voit son corps gracieux,
1015 les bras longs, les mains blanches
aux doigts minces, longs et pleins.
Elle sait maintenant la vérité,
la cause du deuil de son mari.
Elle appelle son serviteur
1020 et lui montre ce prodige.
« Vois-tu, dit-elle, cette femme
à la beauté de pierre précieuse ?
C'est l'amie de mon époux,
c'est pour elle qu'il souffre tant.
1025 Par ma foi, je n'en suis pas surprise,
quand je vois la beauté de la disparue.
Elle m'inspire tant de pitié et d'affection
que je ne connaîtrai plus jamais la joie ! »
Elle se met alors à pleurer
1030 et à se lamenter sur le sort de la jeune fille,
assise en larmes sur le lit.
Mais voici qu'arrive en courant une belette,
de dessous l'autel.
Le serviteur,
1035 la voyant passer sur le corps,

d'un bastun qu'il tint la tua.
En mi l'aire l'aveit getee.
Ne demura qu'une loëe,
quant sa cumpaigne i acurut,
1040 si vit la place u ele jut.
Entur la teste li ala
e del pié suvent la marcha.
Quant ne la pot faire lever,
semblant faiseit de doel mener.
1045 De la chapele esteit eissue ;
as herbes est el bois venue.
Od ses denz a prise une flur,
tute de vermeille colur.
Hastivement revait ariere.
1050 Dedenz la buche en tel maniere
a sa cumpaigne l'aveit mise,
que li vadlez aveit ocise,
en es l'ure fu revescue.
La dame l'a aparceüe.
1055 Al vadlet crie : 'Retien la !
Getez, frans huem ! mar s'en ira !'
E il geta, si la feri,
que la florete li cheï.
La dame lieve, si la prent.
1060 Ariere va hastivement.
Dedenz la buche a la pucele
meteit la flur ki tant fu bele.
Un petitet i demura,
cele revint e suspira ;
1065 aprés parla, les uiz ovri.
'Deus', fet ele, 'tant ai dormi !'
Quant la dame l'oï parler,
Deu cumença a merciër.
Demande li ki ele esteit,
1070 e la meschine li diseit :
'Dame, jo sui de Loegres nee,

la tue d'un coup de son bâton
et la jette au milieu de la chapelle.
Un moment après,
accourt la compagne de la belette,
1040 qui, voyant l'animal étendu,
tourne autour de sa tête
en la poussant souvent de sa patte.
Elle voit qu'elle ne peut pas la faire se lever
et donne toutes les apparences de la douleur.
1045 Puis elle sort de la chapelle
et s'en va dans la forêt à la recherche d'herbes médicinales.
De ses dents elle cueille une fleur
toute vermeille,
revient vite sur ses pas
1050 la mettre dans la bouche
de sa compagne,
victime du serviteur ;
et voici l'animal aussitôt ressuscité[6] !
La dame a tout vu.
1055 Elle crie au serviteur : « Retiens-la !
Lance ton bâton, mon ami ! Il ne faut pas la laisser partir ! »
Il lance son bâton et atteint la belette
qui laisse tomber la fleur.
La dame se lève, s'en saisit,
1060 revient vite sur ses pas
pour mettre la fleur
dans la bouche de la belle jeune fille.
Peu après,
celle-ci revient à elle et se met à soupirer,
1065 ouvre les yeux et dit :
« Dieu, comme j'ai longtemps dormi ! »
En l'entendant parler,
la dame rend grâce à Dieu
et lui demande qui elle est.
1070 La jeune fille lui répond :
« Dame, je suis du royaume de Logres,

6. Les Bestiaires attestent deux croyances relatives aux belettes : « Certains disent que les belettes conçoivent par l'oreille et enfantent par la bouche ; d'autres, au contraire, qu'elles conçoivent par la bouche et enfantent par l'oreille. On prétend aussi que si leurs petits ont été tués et qu'elles puissent les retrouver, elles connaissent un remède qui les ressuscite » (*Le Bestiaire Ashmole*, trad. M.F. Dupuis et S. Louis, Philippe Lebaud, 1988 ; cf. *Le Livre du Trésor* de Brunetto Latini, trad. G. Bianciotto dans *Bestiaires du Moyen Âge*, Stock, 1980, p. 220.

fille a un rei de la cuntree.
Mult ai amé un chevalier,
Eliduc, le bon soldeier.
1075 Ensemble od lui m'en amena.
Pechié a fet qu'il m'engigna !
Femme ot espuse, nel me dist
ne unkes semblant ne m'en fist.
Quant de sa femme oï parler,
1080 de duel que oi m'estut pasmer.
Vileinement descunseilliee
m'a en altre terre laissiee.
Traïe m'a, ne sai que deit.
Mult est fole, ki hume creit !'
1085 'Bele', la dame li respunt,
'n'a rien vivant en tut le munt
ki joie li feïst aveir ;
ceo vus puet hum dire pur veir.
Il quide que vus seiez morte,
1090 a merveille se descunforte ;
chescun jur vus a reguardee,
bien quid qu'il vus trova pasmee.
Jo suis s'espuse veirement ;
mult ai pur lui mun quer dolent.
1095 Pur la dolur que il menot
saveir voleie u il alot.
Aprés lui vinc, si vus trovai :
que vive estes, grant joie en ai.
Ensemble od mei vus en merrai
1100 e a vostre ami vus rendrai.
Del tut le vueil quite clamer,
e si ferai mun chief veler.'
Tant l'a la dame confortee
qu'ensemble od li l'en a menee.

1105 Sun vaslet a apareillié
e pur sun seignur enveié.
Tant erra cil qu'il le trova.
Avenantment le salua,
l'aventure li dit e cunte.
1110 Sur un cheval Elidus munte,
unc n'i atendi cumpaignun,
la nuit revint a sa maisun.
Quant vive a trovee s'amie,

fille d'un roi du pays.
J'ai tendrement aimé un chevalier,
Eliduc, le vaillant guerrier,
1075 qui m'a amenée ici avec lui.
Il a commis un péché en me trompant :
il avait une épouse légitime mais il ne me l'a pas dit
et n'y a jamais fait la moindre allusion.
Quand j'ai entendu parler de sa femme,
1080 j'ai tant souffert que je me suis évanouie.
Il m'a abandonnée lâchement, dans ma détresse,
en terre étrangère.
Il m'a trahie, je ne comprends pas pourquoi.
Elle est bien folle, celle qui fait confiance à un homme !
1085 — Belle amie, lui répond la dame,
nulle créature au monde
ne peut plus lui donner de joie :
on peut vous le dire en toute vérité.
Il vous croit morte
1090 et se désespère ;
chaque jour il est venu vous contempler
et vous a trouvée évanouie, je crois.
Je suis son épouse, c'est vrai,
et mon cœur souffre pour lui.
1095 Il montrait tant de douleur
que j'ai voulu savoir où il allait ;
je l'ai suivi et je vous ai trouvée.
Mais vous êtes vivante et cela me comble de joie.
Je vais vous emmener avec moi
1100 et vous rendre à votre ami.
Je veux lui redonner sa liberté
et puis je prendrai le voile. »
La dame a donc réconforté la jeune fille
et l'a emmenée avec elle.

1105 Elle a envoyé son serviteur
à la recherche de son mari
et celui-ci a fini par le trouver.
Il le salue courtoisement
et lui raconte l'aventure.
1110 Sans attendre ses compagnons,
Eliduc monte à cheval
et revient le soir même dans sa demeure.
En retrouvant son amie vivante,

dulcement sa femme mercie.
1115 Mult par est Elidus haitiez,
unkes nul jur ne fu si liez.
La pucele baise suvent
e ele lui mult dulcement;
ensemble funt joie mult grant.
1120 Quant la dame vit lur semblant,
sun seignur a a raisun mis;
cungié li a rové e quis
qu'ele puisse de lui partir,
nune vuelt estre, Deu servir;
1125 de sa terre li doint partie
u ele face une abeïe;
cele prenge qu'il eime tant;
kar n'est pas bien ne avenant
de dous espuses meintenir,
1130 ne la leis nel deit cunsentir.
Elidus li a otreié
e bonement doné cungié;
tute sa volunté fera
e de sa terre li durra.
1135 Pres del chastel enz el boscage
a la chapele a l'ermitage,
la a fet faire sun mustier
e ses maisuns edifiër.
Grant terre i met e grant aveir:
1140 bien i avra sun estuveir.
Quant tut a fet bien aturner,
la dame i fet sun chief veler,
trente nuneins ensemble od li;
sa vie e sun ordre establi.

1145 Elidus a s'amie prise;
a grant honur, od bel servise
en fu la feste demenee
le jur qu'il l'aveit espusee.
Ensemble vesquirent meint jur,
1150 mult ot entre els parfite amur.
Granz almosnes e granz biens firent,
tant que a Deu se cunvertirent.
Pres del chastel de l'altre part
par grant cunseil e par esguart
1155 une eglise fist Elidus,

il remercie tendrement sa femme.
1115 Il est maintenant bien heureux :
de sa vie il n'a connu pareille allégresse.
Il ne cesse d'embrasser la jeune fille
et elle lui rend ses baisers tendrement :
ils s'abandonnent tous deux à leur joie.
1120 La dame, voyant leur attitude,
s'adresse à son mari.
Elle lui demande la permission
de se séparer de lui :
elle veut devenir religieuse et servir Dieu.
1125 Qu'il lui donne une partie de son domaine
pour qu'elle y fonde une abbaye
et qu'il épouse celle qu'il aime tant !
Car il est contraire à la morale et aux usages   *religion
de garder deux épouses ;   drétien
1130 et la religion ne saurait l'admettre.
Eliduc consent à tout
et lui donne volontiers sa permission :
il fera tout ce qu'elle voudra
et lui donnera une partie de sa terre.
1135 Près du château, dans la forêt,
sur la chapelle et l'ermitage,
elle a fait bâtir son église
et dresser les bâtiments du couvent.
On ne ménage ni le terrain ni l'argent :
1140 elle aura tout ce qu'il lui faudra.
Quand tout est prêt,
elle prend le voile,
se retire avec trente religieuses
et établit la règle de son ordre.

1145 Eliduc a épousé son amie :
le jour des noces,
des fêtes somptueuses
ont marqué la cérémonie.
Ils ont vécu ensemble pendant de longues années,
1150 s'aimant toujours d'un parfait amour,
distribuant aumônes et bienfaits,
jusqu'au jour où ils se sont donnés à Dieu.
De l'autre côté du château,
Eliduc a mis tous ses soins
1155 à faire bâtir une église,

       e de sa terre i mist le plus
       e tut sun or e sun argent;
       humes i mist e altre gent
       de mult bone religiün
1160   pur tenir l'ordre e la maisun.
       Quant tut aveit apareillié,
       nen a puis guaires atargié:
       ensemble od els se dune e rent
       pur servir Deu omnipotent.
1165   Ensemble od sa femme premiere
       mist sa femme que tant ot chiere.
       El la receut cum sa serur
       e mult li porta grant honur;
       de Deu servir l'amonesta
1170   e sun ordre li enseigna.
       Deu preiouent pur lur ami
       qu'il li feïst bone merci,
       e il pur eles repreiot.
       Ses messages lur enveiot
1175   pur saveir cument lur estait
       e cum chescune cunfort ait.
       Mult se pena chescuns pur sei
       de Deu amer par bone fei
       e mult par firent bele fin,
1180   la merci Deu, le veir devin!

       De l'aventure de cez treis
       li anciën Bretun curteis
       firent le lai pur remembrer,
       qu'um nel deüst pas obliër.

pour laquelle il a donné la plus grande partie de sa terre,
tout son or et son argent :
il y a installé des vassaux à lui et d'autres hommes
de la plus grande piété
1160 pour respecter la règle de ce nouveau couvent.
Quand tout a été prêt,
il les a rejoints
sans plus attendre
et a fait vœu de servir Dieu tout-puissant.
1165 À sa première épouse
il a confié la seconde, qu'il aimait tant ;
et elle l'a reçue comme sa sœur,
avec les plus grands égards.
Guildeluec a encouragé Eliduc à se mettre au service de
1170 lui enseignant la règle de son ordre.   [Dieu,
Les deux femmes priaient Dieu
pour le salut de leur ami
et lui priait pour elles en retour.
Il leur envoyait des messagers
1175 pour avoir de leurs nouvelles
et s'assurer que chacune avait trouvé le réconfort.
Tous les trois ne pensaient plus
qu'à aimer Dieu de tout leur cœur
et eurent une sainte mort,
1180 par la grâce de Dieu, qui seul connaît l'avenir[7].

Pour perpétuer le souvenir de la triple aventure,
les anciens Bretons, en gens courtois,
composèrent ce lai,
afin de sauver l'histoire de l'oubli.

7. Sur le lai d'*Eliduc* et la légende du mari aux deux femmes, voir G. Paris, « Le mari aux deux femmes », dans *La Poésie au Moyen Âge,* Paris, 1895, pp. 109-130 ; J. de Caluwé, « La conception de l'amour dans le lai d'*Eliduc* », *Le Moyen Âge,* 77, 1971, pp. 53-77.

INDICATIONS BIBLIOGRAPHIQUES

Pour une bibliographie complète des *Lais*, on se reportera à :

G.S. Burgess, *Marie de France : an Analytic Bibliography*, Londres, 1977, et *Supplement*, 1, Londres, 1986.

P. Menard, *Les Lais de Marie de France*, Paris, Presses Universitaires de France, 1979.

Principales éditions

Die Lais der Marie de France, herausgegeben von K. Warnke, mit vergleichenden Anmerkungen von R. Köhler, Halle, Bibliotheca Normannica, 1885 ; 2. verbesserte Auflage, Halle, 1900 ; 3. verbesserte Auflage, Halle, 1925 : le texte ici reproduit est celui de cette troisième édition.

Marie de France, *Lais*, edited by A. Ewert, Oxford, 1944, Blackwell's French Texts.

Les Lais de Marie de France, publiés par J. Lods, Paris, 1959, Champion, Classiques français du Moyen Age.

Les Lais de Marie de France, publiés par J. Rychner, Paris, 1971, Champion, Classiques français du Moyen Age.

Traduction

Les Lais de Marie de France, traduits de l'ancien français par P. Jonin, Paris, Champion, 1978.

Études

J.-C. Aubailly, *La Fée et le Chevalier, Essai de mythanalyse de quelques lais féeriques des XIIe et XIIIe siècles*, Paris, Champion, 1986.

H. Baader, *Die Lais: zur Geschichte einer Gattung der altfranzösischen Kurzererzählung*, Francfort, 1966.

R. Baum, *Recherches sur les œuvres attribuées à Marie de France*, Heidelberg, 1968.

C. Bullock-Davies, "The Form of the Breton Lay", *Medium Aevum*, 42, 1973, pp. 18-31.

R. Dubuis, *Les Cent Nouvelles Nouvelles et la Tradition de la nouvelle au Moyen Age*, Grenoble, 1973.

M.H. Ferguson, "Folklore in the *Lais* of Marie de France", *Romanic Review*, 57, 1966, pp. 3-24.

J. Frappier, « Remarques sur la structure du lai », *La Littérature narrative d'imagination*, Paris, 1961, pp. 23-39.

L. Harf-Lancner, *Les Fées au Moyen Age*, Paris, Champion, 1984, chap. 10 (« Les lais féeriques »).

E. Hoepffner, *Les Lais de Marie de France*, Paris, 1935.

R. Kroll, *Der narrative Lai als eigenständige Gattung in der Literatur des Mittelalters*, Tübingen, 1984.

P. Menard, *Les Lais de Marie de France*, Paris, PUF, 1979.

E.J. Mickel, *Marie de France,* New York, 1974.

J.C. Payen, *Le Lai narratif*, Brepols, 1975, Typologie des sources du Moyen Age occidental, 13.

K. Ringger, *Die Lais: zur Struktur der dichterischen Einbildungskraft der Marie de France*, Tübingen, 1973.

M. de Riquer, "La *aventure,* el *lai* y el *conte* en Maria de Francia", *Filología Romanza*, 2, 1955, pp. 1-19.

E. Sienaart, *Les Lais de Marie de France: du conte merveilleux à la nouvelle psychologique*, Paris, Champion, 1978.

L. Spitzer, "Marie de France Dichterin von Problemmärchen", *Zeitschrift für romanische Philologie* 50, 1930, pp. 29-67, repris dans ses *Romanische Stil- und Literaturstudien*, I, Marburg, 1932, pp. 55-102.

Les lais anonymes

Les Lais anonymes des XIIe et XIIIe siècles, éd. P. M. O'Hara Tobin, Genève, Droz, 1976.

Le Cœur mangé, récits érotiques et courtois traduits par D. Regnier-Bohler, Paris, Stock, 1979.

Pour les études relatives à un lai particulier, on se reportera aux bibliographies citées ci-dessus, ainsi qu'aux notes qui accompagnent sa traduction.

Annexes

LES FABLES

Les trois fables ici présentées figurent parmi les plus célèbres de la tradition ésopique et ont été reprises par La Fontaine dans ses *Fables* (Le Loup et l'Agneau, Le Corbeau et le Renard) ou dans ses *Contes* (La Matrone d'Ephèse)[1].

---

1. Sur les *Fables* de Marie et leurs sources, voir *Die Fabeln der Marie de France*, éd. K. Warnke, Halle, Niemeyer, 1898. Le texte qui suit est celui de cette édition. Voir également *Aus dem Esope der Marie de France, eine Auswahl von dreissig Stücken*, éd. K. Warnke, Halle, Niemeyer, 1926; Marie de France, *Fables*, selected and edited by A. Ewert and R.C. Johnston, Oxford, Backwell, 1942.

Del lou e de l'aignel

Ci dit del lou e de l'aignel,
ki beveient a un duitel.
Li lous en la surse beveit,
e li aignels a val esteit.
5 Irieement parla li lous,
ki mult esteit cuntrarious ;
par maltalent parla a lui.
'Tu me fes', dist il, 'grant ennui.'
Li aignelez a respundu :
10 'Sire, de quei ?' 'Dunc ne veiz tu ?
Tu m'as ceste ewe si trublee,
n'en puis beivre ma saülee.
Altresi m'en irai, ceo crei,
cum jeo vinc ça, murant de sei.'
15 Li aignelez dunc li respunt :
'Sire, ja bevez vus a munt !
De vus me vint ceo qu'ai beü.'
'Quei !' fet li lous, 'maldiz me tu ?'
Cil li a dit : 'N'en ai voleir.'
20 Li lous respunt : 'J'en sai le veir.
Cest meïsmes me fist tis pere
a ceste surse, u od lui ere,
ore a sis meis, si cum jeo crei.'
'Que retez ceo', fet il, 'a mei ?
25 Ne fui pas nez, si cum jeo quit.'
'E quei pur ceo ?' li lous a dit,
'ja me fez tu ore cuntraire
e chose que tu ne deis faire.'
Dunc prist li lous l'aignel petit,
30 as denz l'estrangle, si l'ocit.

Ço funt li riche robeür
li vescunte e li jugeür
de cels qu'il unt en lur justise.
False achaisun par coveitise
35 truevent asez pur els confundre ;
suvent les funt a plait somundre :
la char lur tolent e la pel,
si cum li lous fist a l'aignel.

Le loup et l'agneau

Voici l'histoire du loup et de l'agneau,
qui buvaient dans un ruisseau.
Le loup buvait à la source
et l'agneau en contrebas.
5 Le loup, plein de rage
et cherchant la querelle,
lui dit avec colère :
« Tu me causes grand tort ! »
L'agnelet lui répond :
10 « Seigneur, en quoi ? — Tu ne le vois pas ?
Tu as si bien troublé mon eau
que je ne peux plus boire tout mon saoul.
Il me faudra repartir, je crois,
comme je suis venu, mourant de soif ! »
15 L'agnelet lui répond alors :
« Mais, seigneur, vous buvez en amont !
L'eau que j'ai bue me venait de vous.
— Quoi ! dit le loup, tu me contredis ?
— Je n'y songe pas », répond l'agneau.
20 Le loup répond : « Je sais ce qu'il en est !
Ton père m'a fait le même tort
à cette source, où j'étais avec lui,
il y a six mois, je crois.
— Quelle querelle me cherchez-vous donc ? dit l'agneau.
25 Je n'étais pas né à cette date, je crois.
— Quoi qu'il en soit, dit le loup,
tu me nuis maintenant
et tu es coupable ! »
Le loup s'empare alors du petit agneau,
30 le serre dans ses crocs, l'étrangle et le tue.

Voilà comment agissent les brigands puissants,
les vicomtes et les juges,
avec ceux qu'ils tiennent en leur pouvoir.
Ils ont vite fait de trouver, par convoitise,
35 un faux prétexte pour les perdre,
et de les appeler en jugement :
ils leur prennent la chair et la peau
tout comme le loup fit à l'agneau.

Del corp e del gupil

Issi avint e bien puet estre
que par devant une fenestre,
ki en une despense fu,
vola uns cors, si a veü
5 furmages ki dedenz esteient
e sur une cleie giseient.
Un en a pris, od tut s'en va.
Uns gupiz vint, si l'encuntra.
Del furmage ot grant desirier
10 qu'il en peüst sa part mangier;
par engin voldra essaier
se le corp purra engignier.
'A, Deus sire!' fet li gupiz,
'tant par est cist oisels gentiz!
15 El munde nen a tel oisel!
Unc de mes ueiz ne vi si bel!
Fust tels sis chanz cum est sis cors,
il valdreit mielz que nuls fins ors.'
Li cors s'oï si bien loër
20 qu'en tut le munde n'ot sun per.
Purpensez s'est qu'il chantera:
ja pur chanter los ne perdra.
Le bec ovri, si comença:
li furmages li eschapa,
25 a la terre l'estut chaïr,
e li gupiz le vet saisir.
Puis n'ot il cure de sun chant,
que del furmage ot sun talant.

C'est essamples des orguillus
30 ki de grant pris sunt desirus:
par losengier e par mentir
les puet hum bien a gre servir;
le lur despendent folement
pur false losenge de gent.

Le corbeau et le renard

Un jour, par aventure,
un corbeau passait en volant
devant la fenêtre
d'un cellier et vit
5 à l'intérieur des fromages
qui séchaient sur une claie.
Il en prend un, repart avec sa proie.
Il rencontre un renard
qui, fort désireux
10 de manger sa part du fromage,
décide d'essayer la ruse
pour tromper le corbeau.
« Seigneur Dieu ! dit le renard,
quel magnifique oiseau !
15 Il n'a pas son pareil au monde !
Jamais je n'en ai vu de si beau !
Si son chant égalait sa beauté,
il vaudrait bien plus que l'or le plus fin ! »
Le corbeau entend bien le flatteur
20 proclamer qu'il n'a pas son pareil au monde.
Il décide de chanter pour ne pas perdre
ces flatteries, faute de faire entendre son chant.
Il ouvre le bec pour commencer
et laisse échapper le fromage,
25 qui tombe à terre.
Le renard a tôt fait de l'attraper.
Il se moquait bien du chant du corbeau,
maintenant qu'il possédait le fromage.

Cette histoire devrait servir de leçon aux orgueilleux
30 désireux d'un grand renom :
par les flatteries et les mensonges
on a vite fait de gagner leurs bonnes grâces ;
et ils dilapident follement leur bien
pour entendre autour d'eux flatteries et faussetés.

De la vedve e del chevalier

D'un hume cunte li escriz,
ki esteit morz e enfuïz;
sa femme meine grant dolur
desur sa tumbe nuit e jur.
5 Pres d'iluec aveit un larrun,
ki ert penduz pur mesprisun.
Uns chevaliers le despendi
(sis parenz ert), si l'enfuï.
Par la cuntree fu crié :
10 ki le larrun aveit osté,
sun jugement meïsme avreit;
s'il ert ateinz, penduz sereit.
Dunc ne sot il cunseil trover
cum il se peüst delivrer;
15 kar seü ert de mainte gent
qu'il le teneit pur sun parent.
Al cimitiere vet tut dreit
la u la prude femme esteit,
ki sun seignur ot tant pluré.
20 Cuintement a a li parlé;
dit li qu'ele se cunfortast,
mult sereit liez, s'ele l'amast.
La prude femme l'esguarda;
grant joie fist, si otria
25 qu'ele fera sa volenté.
Li chevaliers li a cunté
que mult li ert mesavenu
del larrun qu'il ot despendu;
s'el ne l'en set cunseil doner,
30 hors del païs l'estuet aler.
La prude femme respundi :
'Desfuum mun barun de ci,
puis sil pendum la u cil fu :
si n'iert ja mes aparceü.
35 Delivrer deit hum par le mort
le vif dunt l'em atent cunfort.'

Par iceste signefiance

La veuve et le chevalier

Le livre raconte l'histoire d'un homme
qui venait de mourir et d'être enterré ;
sa femme passait ses nuits et ses jours
à se lamenter sur sa tombe.
5 Près de là, on avait pendu un voleur
pour le punir de ses crimes.
Un chevalier, qui était de ses parents,
détacha le corps du gibet et l'enterra.
On proclama alors dans le pays
10 que celui qui avait détaché le voleur du gibet
subirait le même sort :
si on le retrouvait, on le pendrait.
Le chevalier ne savait à quoi se résoudre
pour se tirer d'embarras ;
15 car bien des gens savaient
que le voleur était son parent.
Il s'en va tout droit au cimetière,
là où se trouvait la noble femme
qui avait tant pleuré son mari.
20 Il lui parle avec douceur,
lui demande de se consoler :
il serait plein de joie si elle voulait bien l'aimer.
La noble femme l'examine :
tout heureuse, elle consent
25 à exaucer sa prière.
Le chevalier lui conte alors
le malheur qui l'attend
pour avoir détaché le voleur du gibet ;
à moins qu'elle ne puisse lui venir en aide,
30 il sera obligé de quitter le pays.
La noble femme lui répond :
« Déterrons donc mon mari
pour le pendre à la place du voleur !
Personne ne s'en apercevra.
35 Il faut bien s'aider du mort pour sauver
le vivant qui vous apporte le réconfort ! »

L'exemple de cette fable nous enseigne

poum entendre quel creance
deivent aveir li mort es vis.
40 Tant est li munz fals e jolis.

quelle confiance
les morts peuvent faire aux vivants,
40 dans ce monde plein de fausseté et de frivolité.

LE PURGATOIRE
DE SAINT PATRICK

Le *Tractatus de Purgatorio sancti Patricii* du cistercien anglais
Henri de Saltrey a été composé après 1189 et traduit ensuite par
Marie de France[1].

Quand saint Patrick évangélisait l'Irlande, Jésus lui montra
une fosse, dans un lieu écarté : tout pénitent qui accepterait de
passer un jour et une nuit dans la fosse serait lavé de ses péchés
et pourrait voir l'Enfer et le Paradis. A l'époque du roi Étienne
(1135-1154), le chevalier Owein, devant le poids de ses péchés,
décide de tenter l'aventure. Au fond de la fosse, il découvre
d'abord une sorte de monastère où on lui explique les règles de
l'épreuve. Les démons vont tenter de le mettre en leur pouvoir.
Contre eux, il n'a qu'un recours : invoquer le nom du Christ.

Les démons arrivent et promènent Owein d'un champ de
supplices à l'autre pour l'effrayer et l'amener à s'avouer vaincu.
Il apprendra plus tard qu'il vient de traverser le Purgatoire. Il
surmonte chaque épreuve en invoquant le nom du Christ. Sa foi
lui permet de franchir sur un pont étroit le fleuve de feu qui mène
à l'Enfer. Il découvre au-delà le Paradis terrestre, où les morts
purifiés attendent de monter au ciel. A son retour, il racontera
sa vision, partira comme croisé en Terre sainte et finira ses jours
au service de l'ordre cistercien.

1. Voir *Das Buch vom Espurgatoire S. Patrice der Marie de France*,
éd. K. Warnke, Halle, Niemeyer, 1938. Voir également J. Le Goff, *La Naissance
du Purgatoire*, Paris, Gallimard, 1981, pp. 259-273.

L'Espurgatoire seint Patrice

940 [...]
En un grant champ l'unt puis mené,
plein de miseire e d'amerté.
Li chevaliers ne pout veeir
la grandur del champ ne saveir.
945 De tute maniere de gent
vit plein cest champ veraiement.
A la terre erent estendu
envers, e si esteient nu;
od clous de fer e meins e pié
950 a la terre sunt enfichié.
Pur l'anguisse de lur dolur
mangierent la terre a tristur.
Sovent diseient od halt cri:
'Espargniez nus! Merci! Merci!'
955 N'i aveit nul kis aleĝast
ne ki de rien les espargnast.
Li diablë entr'els alouent,
sis bateient e turmentouent.
Al chevalier diënt sovent:
960 'Vus suferrez icest turment,
s'a nus ne vus volez tenir
e a noz conseilz obeïr.
Se vus volez certeinement
laissier vostre purposement,
965 hors vus remerruns seinement:
n'i avrez nul blemissement;
s'od nus remanez finement,
tuz jurs avrez peine e turment.'
Il retint bien en sun pensé
970 cum Deus l'aveit einz delivré.
Nule rien ne lur respundi,
einz les despist e sis haï.
Envers a terre le meteient,
tut nu, si cum li altre esteient,
975 e sil voleient cloufichier.
Mes il membra al chevalier
del nun Deu, ki l'out delivré,

Le Purgatoire de saint Patrick

940 [...]
Les démons l'ont mené dans un grand champ
plein de misère et d'amertume.
Le chevalier ne pouvait voir
ni deviner la grandeur de ce champ.
945 Il le vit entièrement rempli
de gens de toutes sortes.
Ils étaient étendus à terre,
sur le dos, nus,
des clous de fer enfoncés dans les mains et les pieds
950 pour les fixer au sol.
Dans leur angoisse et leur douleur,
dans leur misère, ils mangeaient la terre.
Ils ne cessaient de s'écrier :
« Épargnez-nous ! Pitié ! Pitié ! »
955 Mais nul ne cherchait à les soulager
ou à leur épargner la moindre souffrance.
Les démons marchaient au milieu d'eux,
les battaient et les suppliciaient.
Ils répètent au chevalier :
960 « Vous connaîtrez ces supplices
si vous refusez de vous rallier à nous
et de nous obéir.
Mais si vous acceptez
de renoncer à votre entreprise,
965 nous vous ramènerons dehors sain et sauf,
sans le moindre mal.
Et si pour finir vous restez avec nous,
vous subirez à jamais peines et supplices. »
Mais Owein se rappelait bien
970 comment déjà Dieu l'avait délivré.
Plein de mépris et de haine pour les démons,
il ne leur répondit mot.
Ils l'étendirent à terre sur le dos,
nu, comme les autres suppliciés,
975 et voulaient le clouer au sol.
Mais le chevalier se souvint
du nom de Dieu, qui l'avait délivré,

si a Ihesucrist reclamé.
Cil turmenz ne li pout nuisir :
980 li nuns Deu les fit departir.

D'iluec le traistent e menerent.
Dedenz un altre champ entrerent,
u greignurs turmenz a veüz
qu'en cel dunt il esteit eissuz.
985 De chascun eage de gent
out en cel champ diversement ;
a la terre furent culchié
cume li altre e cloufichié.
Tels esteit la diversetez
990 de cels qu'en cel champ a trovez
e des altres qu'il vit devant :
sur les ventres erent gesant ;
li altre geseient envers,
cloufichié a la terre od fers.
995 Dedenz cest champ u est venuz
plusurs de cels i a veüz
ki a denz esteient gisanz :
sur els veeit draguns ardanz,
kis poigneient a turmentouent ;
1000 od denz ardanz les devorouent.
Plusurs i vit ki erent ceint
e, de serpenz ardanz, estreint
e par les cols e par les braz :
mult i aveit dolerus laz !
1005 Od lur langues ki sunt fuïnes
percent lur cors e lur peitrines ;
od l'aguësce traient fors,
ço li ert vis, les quers des cors.
Crapolz i vit, merveilles granz,
1010 ço li ert vis, trestuz ardanz.
Sur les piz des alquanz seeient ;
od lur bes, qu'orribles aveient,
a grant force erent ententis
de traire les quers des chaitis.
1015 Cil, ki erent ici tenuz
es granz turmenz qu'il a veüz,
ne finerent de doluser,
de griefment pleindre e de plurer.
Li diable sur els cureient

et il a invoqué Jésus Christ.
Le supplice ne lui fit pas le moindre mal :
980 le nom de Dieu contraignit les démons à s'éloigner.

Ils l'entraînèrent plus loin pour le mener
dans un autre champ,
où il a vu des supplices plus terribles encore
que là d'où il venait.
985 Dans ce champ il y avait toutes sortes de gens,
de tous les âges,
couchés et cloués au sol
comme les autres.
Dans ce champ il a découvert
990 les supplices les plus divers
en continuant à avancer :
les uns gisaient sur le ventre,
les autres sur le dos,
fichés au sol par des clous de fer.
995 Dans ce champ
il a bien vu des suppliciés
couchés à plat ventre
sous des dragons de flammes
qui les torturaient
1000 en les dévorant de leurs dents de flammes.
Il en vit bien d'autres,
entourés par des serpents de flammes
qui leur étreignaient le cou et les bras :
quelle cruauté dans cet enlacement !
1005 De leur langue enflammée et acérée,
ils leur perçaient le corps et la poitrine
pour leur arracher le cœur,
sous ses yeux.
Il vit aussi des crapauds de flammes
1010 d'une taille prodigieuse.
Assis sur la poitrine de quelques autres,
ils mettaient toute leur force
à leur arracher le cœur
de leur horrible bec.
1015 Les suppliciés
à qui il voyait infliger ce sort,
ne cessaient de gémir,
de se plaindre douloureusement et de pleurer.
Les démons couraient de l'un à l'autre

1020 e flaeloënt e bateient.
     Chaitis est cil ki en tel peine
     pur ses pechiez se trait e meine !
     Il ne poeit niënt veeir
     la grandur del champ ne saveir
1025 fors de tant qu'il i fu entrez
     e que de travers fu menez.
     Le chevalier unt apelé
     li diable e a lui parlé :
     'Tuz cez turmenz que vus veez
1030 avrez, se vus ne nus creez.'
     Il les despit. Cil s'entremetent
     cum il en cez turmenz le metent.
     Il apela le nun Ihesu :
     par cel apel delivres fu.

1035 D'iluec l'unt trait, si sunt alé
     al tierz champ, u il l'unt mené,
     plein de miseire e de dolur
     e de criëment e de plur.
     De tute maniere d'eé
1040 i aveit gent trop grant plenté,
     e jurent a denz e envers,
     fichié en terre, od clous de fers
     ardanz, des chiés de ci qu'as piez.
     Par tuz les membres sunt fichiez
1045 si espés que nuls n'i metreit
     sun dei qu'a clou n'i tuchereit.
     En si tresgrant anguisse esteient
     qu'a vis unkes criër poeient
     fors cume gent atendant mort :
1050 tant esteient lur torment fort.
     Nu esteient e li freiz venz
     les turmentout e hors e enz,
     e li diable les bateient,
     que nule pitié n'en aveient.
1055 A las, se nuls deit deservir
     que tel peine deie sufrir !

     Aprés unt li diable dit
     al chevalier, senz nul respit :
     'Itels peines suferrez vus,
1060 se vus ne consentez a nus.

1020 pour les torturer et les battre.
     Malheureux celui qui pour ses péchés
     se prépare de tels tourments !
     Owein ne pouvait nullement voir
     ni deviner la grandeur du champ,
1025 sinon d'après la traversée qu'il en fit
     après y être entré.
     Les démons ont appelé le chevalier
     et lui ont dit :
     « Tous ces supplices que vous voyez,
1030 vous les subirez, si vous ne nous croyez pas. »
     Mais il leur répondit par le mépris. Alors ils entreprirent
     de le livrer au supplice.
     Mais il invoqua le nom de Jésus
     et fut ainsi délivré.

1035 Ils l'entraînent loin de là pour le mener
     au troisième champ,
     plein de misère et de douleur,
     de gémissements et de pleurs.
     Il y avait là une foule de gens
1040 de tous les âges,
     couchés sur le ventre ou le dos,
     fichés au sol par des clous de fer enflammés,
     de la tête aux pieds.
     Les clous sont si nombreux sur tous les membres
1045 qu'on ne pourrait toucher le corps
     sans rencontrer un clou.
     Les misérables souffraient tant
     qu'ils pouvaient à peine crier,
     et c'était comme des gens qui attendent la mort :
1050 leur supplice était trop cruel.
     Ils étaient nus et le vent glacé
     les suppliciait de tous côtés,
     et les démons les battaient
     sans la moindre pitié.
1055 Hélas ! peut-on mériter
     de subir pareil tourment ?

     Les démons ont dit alors
     au chevalier sans plus attendre :
     « Vous subirez les mêmes tourments,
1060 si vous ne nous cédez pas.

U laissiez ço qu'avez empris
u turmentez serrez tuz vis!'
Il desdeigna e si despist
lur cunseilz e niënt n'en fist.
1065 Il le voleient ferm liër
e a la terre cloufichier,
si cum esteient li pené
ki la furent : il a nomé
le nun Ihesucrist dulcement,
1070 si fu delivres erranment.

Tant l'unt trait e sachié entre els
qu'el quart champ le meinent od els.
Tute maniere de tormenz
la vit li chevaliers dedenz.
1075 Par les piez esteient pendanz
plusur a chaeines ardanz,
e par les mains e par les braz
li plusur, en dolerus laz.
E si i aveit mulz de cels
1080 ki pendirent par les chevels ;
li plusur, les testes a val,
pendirent en flame enfernal,
faite de sulphre ki ne funt,
par les ǵambes liǴ a munt.
1085 Li un pendeient cruëlment
a cros ardanz diversement :
par ueilz, par nes e par oreilles,
— de cels i aveit il merveilles —
par col, par buche e par mentun
1090 e par mameles, ço trovun,
par genitailles, par aillurs,
e par les joues les plusurs.
Cels vit li chevaliers pendanz
el feu ki est tuz jurs ardanz :
1095 e vit alquanz ki erent mis
en forneises, de sulphre espris ;
alquanz en vit ars e bruïz,
ki sur graeilz erent rostiz ;
alquanz en vit mis en espeiz
1100 e rostiz od sulphre e od peiz.
Li diable les rostisseient,
divers metals sur els fundeient ;

Renoncez à votre entreprise,
ou vous serez supplicié tout vif ! »
Mais il méprisa leurs conseils
et refusa de leur obéir.
1065 Ils voulaient l'attacher
et le clouer au sol
comme les malheureux
qui étaient là. Il prononça
doucement le nom de Jésus Christ,
1070 et fut aussitôt délivré.

Ils l'ont entraîné et tiré
jusqu'au quatrième champ.
Le chevalier y découvrit
toutes sortes de supplices.
1075 Il y avait là, attachés par des chaînes de flammes,
bien des gens pendus par les pieds,
par les mains et par les bras,
dans ces liens douloureux.
Il y en avait aussi beaucoup
1080 pendus par les cheveux,
ou la tête en bas,
plongés dans les flammes infernales,
dont le soufre ne s'éteint jamais,
attachés par les jambes.
1085 Les uns étaient pendus cruellement
à d'horribles crochets de flammes,
par les yeux, le nez ou les oreilles
— c'était une vision prodigieuse —
par le cou, la bouche et le menton,
1090 ou par les seins, à ce que nous trouvons,
ou par le sexe,
et bien d'autres par les joues.
Le chevalier les vit suspendus
dans les flammes éternelles ;
1095 il en vit d'autres
plongés dans des fournaises où brûlait du soufre ;
il en vit d'autres enflammés et brûlés
que l'on rôtissait sur des grils ;
il en vit d'autres mis à la broche
1100 et rôtis dans le soufre ou la poix.
Les démons les rôtissaient
en versant sur eux des métaux en fusion ;

li altre diable teneient
maces de fer, sis debateient.
1105 Tute maniere de torment
i vit cist Oweins en present.
De ses compaignuns a veüz
plusurs qu'il a reconeüz,
ki el siecle aveient esté,
1110 mes malement orent ovré.
Nuls n'i porreit mostrer ne dire
les plurs, les criz n'en livre escrire.

d'autres démons tenaient
des masses de fer dont ils les torturaient.
1105 Owein eut sous les yeux
les supplices les plus divers.
Il a reconnu
plusieurs de ses compagnons
qui, de leur vivant,
1110 s'étaient mal conduits.
Tous ces pleurs, tous ces cris,
nul ne pourrait les dire ni même les évoquer dans un livre.

Table

IMPRIMÉ EN FRANCE PAR BRODARD ET TAUPIN
La Flèche (Sarthe).
N° d'imprimeur : 23964 – Dépôt légal Édit. 47371-07/2004
Edition 09
LIBRAIRIE GÉNÉRALE FRANÇAISE - 43, quai de Grenelle - 75015 Paris.

ISBN : 2 - 253 - 05271 - X   ◈ 30/4523/4